静岡 富士 伊豆 おさんぽマップ

静岡県…
約280…
本書で…
御朱印…
マップを…
御朱印めぐりをスタートしてみませんか!

神社

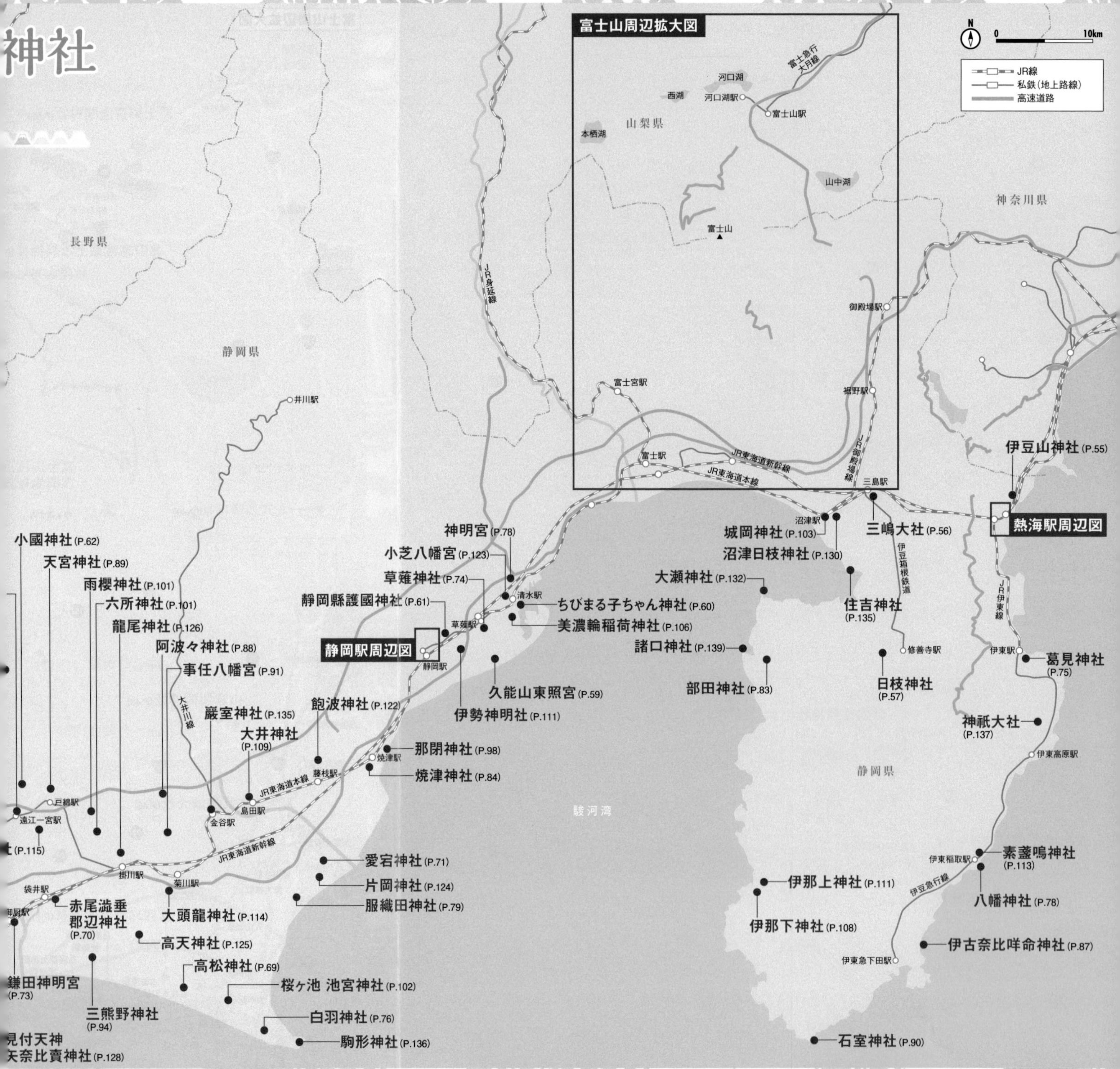
富士山周辺拡大図
富士急行大月線
河口湖
西湖
河口湖駅
富士山駅
山梨県
本栖湖
山中湖
富士山
御殿場駅
富士宮駅
裾野駅
JR御殿場線
富士駅
JR東海道新幹線
JR東海道本線
三島駅
N
0
10km
JR線
私鉄（地上路線）
高速道路
神奈川県
長野県
静岡県
JR身延線
井川駅
伊豆山神社(P.55)
熱海駅周辺図
三嶋大社(P.56)
沼津駅
城岡神社(P.103)
沼津日枝神社(P.130)
伊豆箱根鉄道
大瀬神社(P.132)
住吉神社(P.135)
修善寺駅
日枝神社(P.57)
JR伊東線
伊東駅
葛見神社(P.75)
神祇大社(P.137)
伊東高原駅
静岡県
駿河湾
素盞嗚神社(P.113)
伊東稲取駅
伊豆急行線
八幡神社(P.78)
伊古奈比咩命神社(P.87)
伊東急下田駅
石室神社(P.90)
伊那上神社(P.111)
伊那下神社(P.108)
部田神社(P.83)
諸口神社(P.139)
神明宮(P.78)
小芝八幡宮(P.123)
草薙神社(P.74)
清水駅
ちびまる子ちゃん神社(P.60)
美濃輪稲荷神社(P.106)
静岡縣護國神社(P.61)
草薙駅
静岡駅周辺図
静岡駅
久能山東照宮(P.59)
伊勢神明社(P.111)
飽波神社(P.122)
那閉神社(P.98)
焼津駅
焼津神社(P.84)
藤枝駅
JR東海道本線
大井神社(P.109)
島田駅
金谷駅
巖室神社(P.135)
大井川線
事任八幡宮(P.91)
阿波々神社(P.88)
龍尾神社(P.126)
六所神社(P.101)
雨櫻神社(P.101)
天宮神社(P.89)
小國神社(P.62)
戸綿駅
遠江一宮駅
(P.115)
掛川駅
菊川駅
JR東海道新幹線
袋井駅
御厨駅
赤尾澁垂郡辺神社(P.70)
大頭龍神社(P.114)
高天神社(P.125)
愛宕神社(P.71)
片岡神社(P.124)
服織田神社(P.79)
高松神社(P.69)
桜ヶ池 池宮神社(P.102)
白羽神社(P.76)
駒形神社(P.136)
三熊野神社(P.94)
鎌田神明宮(P.73)
見付天神 矢奈比賣神社(P.128)

集めるごとに
運気アップ！

御朱印でめぐる静岡 富士 伊豆の神社

改訂版

週末開運さんぽ

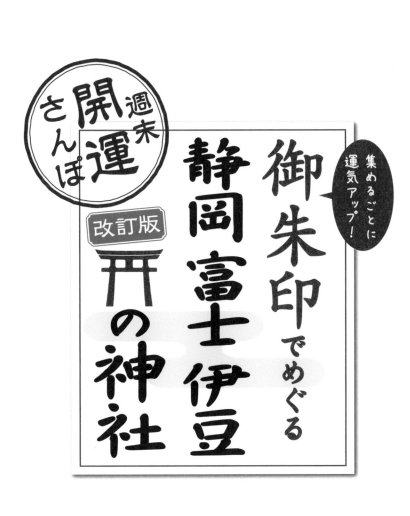

御朱印、頂けますか？
のひと言からはじまる幸せ

この本と御朱印帳を
持って出かければ
もっと楽しくなる！
もっと幸せになる!!

もともと、お寺で納経をしたときに、
その証として授与していた御朱印。

今では参拝の証として、
気軽に頂けるようになり、
最近では女性を中心に
集める人が増えています。

集めてみたいけれど
なんだかハードルが高そうで
踏み出すのをためらっていませんか？

富士山本宮浅間大社（富士宮市）

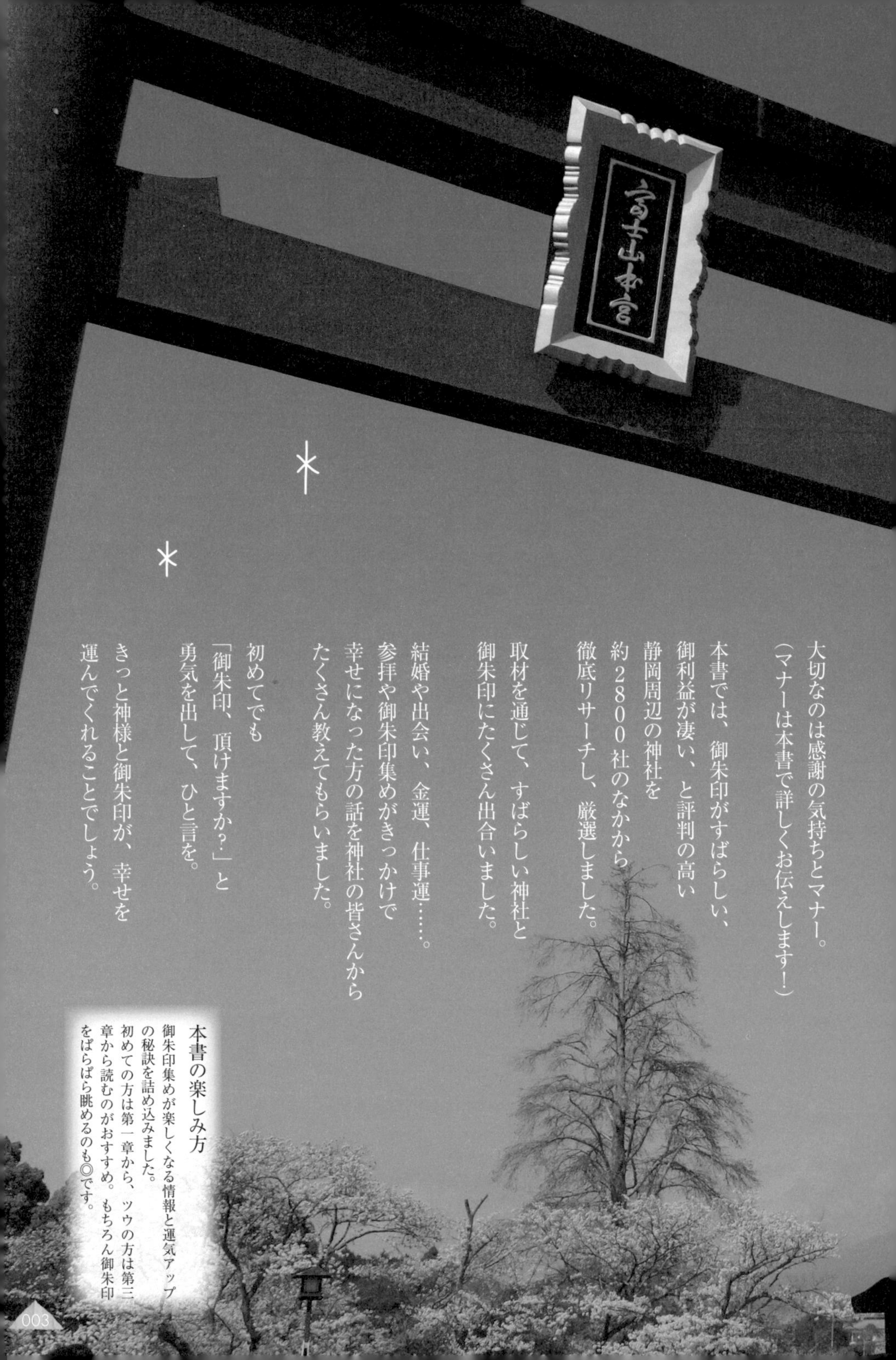

大切なのは感謝の気持ちとマナー。
（マナーは本書で詳しくお伝えします！）

本書では、御朱印がすばらしい、
御利益が凄い、と評判の高い
静岡周辺の神社を
約2800社のなかから
徹底リサーチし、厳選しました。

取材を通じて、すばらしい神社と
御朱印にたくさん出合いました。

結婚や出会い、金運、仕事運……。
参拝や御朱印集めがきっかけで
幸せになった方の話を神社の皆さんから
たくさん教えてもらいました。

初めてでも
「御朱印、頂けますか？」と
勇気を出して、ひと言を。

きっと神様と御朱印が、幸せを
運んでくれることでしょう。

本書の楽しみ方

御朱印集めが楽しくなる情報と運気アップの秘訣を詰め込みました。初めての方は第一章から、ツウの方は第三章から読むのがおすすめ。もちろん御朱印をぱらぱら眺めるのも◎です。

目次　御朱印でめぐる静岡 富士 伊豆の神社 週末開運さんぽ

Part3 金運

Part4 美容◆健康

Part5 仕事◆学業

Part6 レア御利益

COLUMN

本書をご利用になる皆さんへ

※本書に掲載の神社はすべて写真・御朱印の掲載など許可を頂いています。掲載許可を頂けなかった神社は掲載していません。

※掲載の神社のなかには神職が少なく、日によっては対応が難しい神社や留守の神社、書き置きで対応している神社などもあります。あらかじめご了承ください。

※本書のデータはすべて2023年7月現在のものです。参拝時間、各料金、交通機関の時刻、お祭りの日程などは時間の経過により変更されることもあります。また、アクセスやモデルプランなどにある所要時間はあくまで目安としてお考えください。

※第三章でご紹介している「みんなのクチコミ！」は、読者の皆さんからの投稿を編集部にて抜粋しております。クチコミの内容を優先するため、ご投稿者のお名前などを省略させていただいておりますのでご了承ください。

※神社名・神様の名称・施設名などは各神社で使用している名称に準じています。

笑顔と感謝を大切に。祓って禊《みそ》いで参拝すれば開運につながります

神社ナビゲーターとして、これまで多くの人に神社参拝の基本や意義をレクチャーしてきたもちゆりさん。目からウロコの参拝作法と懇切ていねいなガイドにリピーター続出。神社で御利益を頂くために大切にしたいポイントや御朱印の思い出を教えていただきました。

富士山麓在住の
人気神社ナビゲーター
もちゆりさん

生まれも育ちも富士山1合目。7年間の中学英語教諭時代を経て、神社ナビゲーターとして活躍中。全国で神社参拝を企画実施するとともに、ヒーリングカウンセリングやセミナーを開催。参加者が本来の幸せに気づき、自分の足で人生を切り開くためのサポートをしています。
URL https://mochiyuri.com

御朱印は禊いで参拝してから頂いて

わが家では弟が好きだったこともあり、昔から家族旅行の目的地は神社仏閣ばかりでした。私はどちらかというと滝とか川などの自然が大好き。例えば弟が図書室で崖の上にある神社を見つけて「ここに行きたい」と言うと、私はすかさず「滝に行きたい」って言うんです。だから、幼少期から滝に行って禊いでから神社に行くという本来のお参り（※P.7 Q&A）を意識せずにやっていました。

御朱印を初めて頂いたのも家族旅行です。小学生のときに行った長野県の善光寺さんでした。「本来の御朱印は納経してから頂くもので、スタンプラリーではない」ということを最初に聞いたうえで頂きました。そのこともあって、神社ナビゲーターを始めたときは、御朱印を頂くことをおすすめしていませんでした。頂くことに喜びを見いだしてしまうと、お参りが簡単なものになってしまうから。最近は頂きたいという方が多いので、「お参りした証なのでちゃんと参拝してから頂いてね」としっかりお伝えしています。

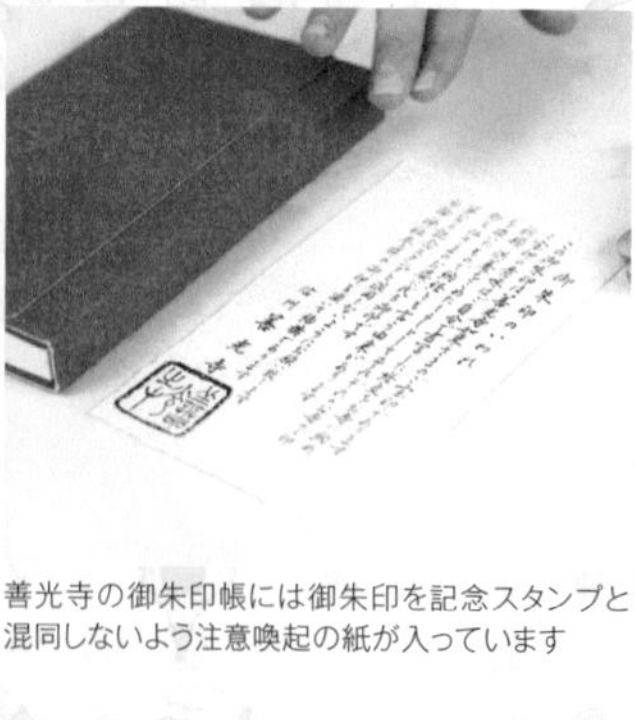

善光寺の御朱印帳には御朱印を記念スタンプと混同しないよう注意喚起の紙が入っています

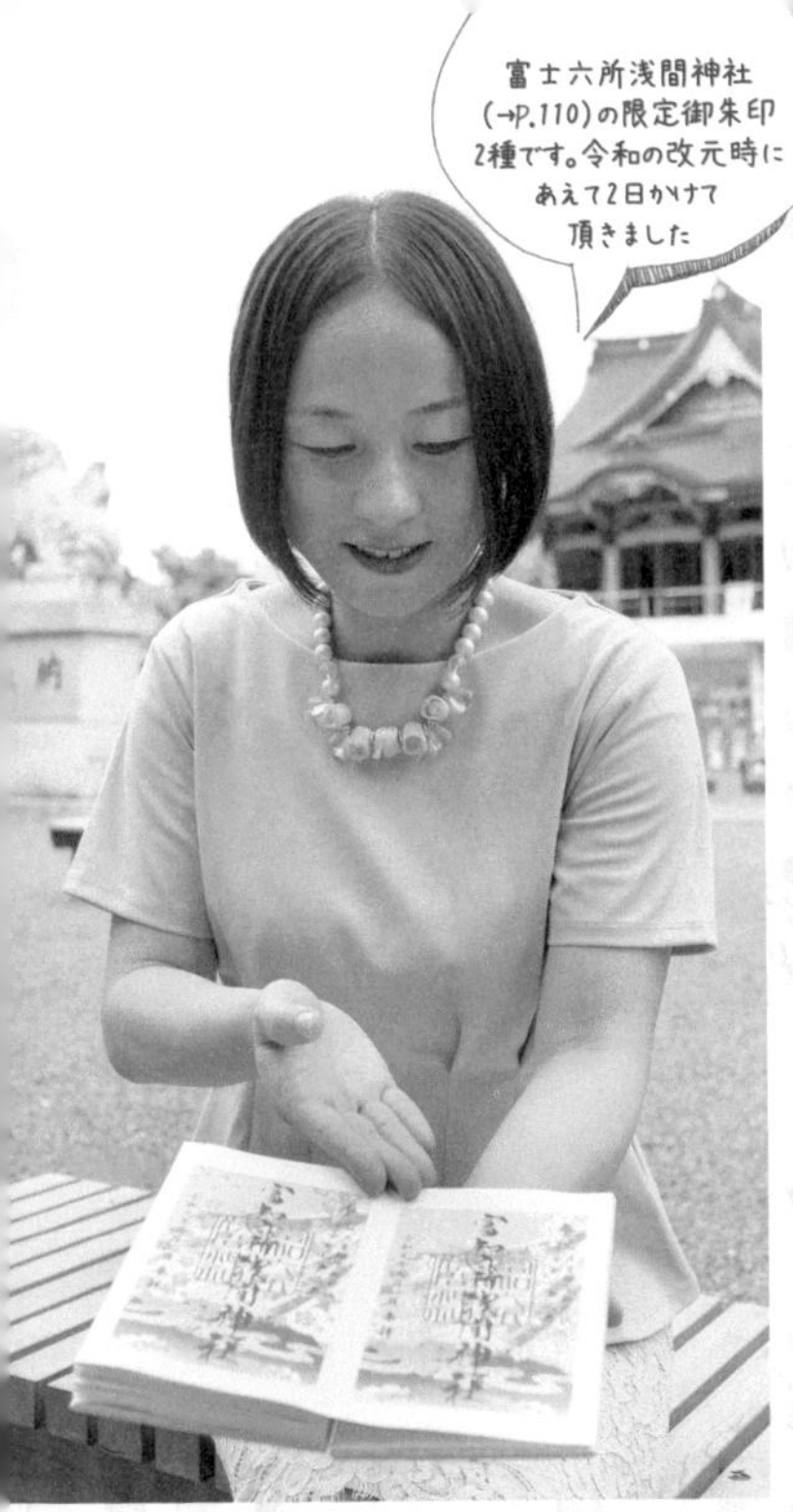

神社へは「ゼロ状態」で参拝して感謝を伝えよう

昔の人は、神社は「あの世の世界」だと思っていました。だから、神社の太鼓橋を渡るのは、三途の川を渡る行為に見立てています。私たちが普段生きているホームで自分の望みをわかっていれば、いわゆるアウェイである神社で願いごとを言う必要はありません。神社は「いつも見てくれてありがとう」とただ感謝を伝えに行く場所なんです。

悪気はなくても飴玉の包み紙を落としてしまったり、歩きたばこの人に「ちっ」と思ってしまったり。私たちは日頃気づかないうちに罪や穢れをためているので、神社へ行く前に自身を清めることが大事です。私たちの基本は「ゼロ状態」。ただ、最近の参拝は汚れたままマイナスのスタートで神社へ行き、御神気でお掃除してもらって、参拝後に「スッキリした」という人が多いんですよ。それで「御利益がない」というのはこちらの準備不足で失礼な話です。できるだけ祓って禊いで、すがすがしいゼロ状態でお参りすれば、あとは神様の御神気でプラスに転じるだけだから、開運につながっていきます。

特に大切にしたいのが産土《うぶすな》神社と近所の神社

伊勢神宮など大きな神社へ行くのはもちろんよいのですが、特別大切にしてほしいのはあなたが「産」まれた「土」地の神様である産土神様。ゆりかごから墓場まで人生を応援してくれる今世限りの神様界の保護者であり、バディです。人の人生は神社とともにあり、産土神社がキレイで活性化されていくと、その人の人生も上がっていきます。神社が「寂《すた》」れて見えるのは、神社が「寂《さび》」しがっているということ。人の気がいちばん神社を盛りたててくれるので、足しげく通うことで神社は元気になります。産土神社と、今住んでいる土地の神社を大切にすれば、人生は今よりもっと豊かになるはずです。

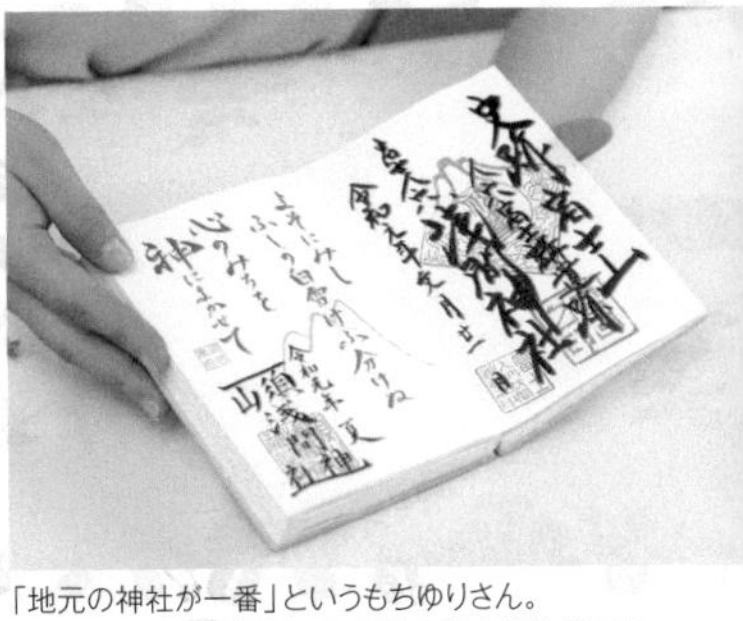
「地元の神社が一番」というもちゆりさん。写真は須山浅間神社(→P.51)の限定御朱印です

まだまだ知りたい!

Q 参拝前に簡単に身を清める方法はありますか?

A 頭のてっぺんにある「百会(ひゃくえ)」というツボは、神様と出会う唯一のツボ。滝行で禊ぐのがいちばんですが(→P.6※)、簡単な方法として出かける前にシャワーを浴びたり、神社の手水舎で手を洗わせていただくときに「百会」もちょんちょんって洗うだけでもOKです。

Q 「産土神社」についてもっと教えてほしい !

A 基本は産まれた土地の神社ですが、生年月日などで詳しく特定できます。トータルで約1万1000人の産土神社を鑑定してきましたが、双子でも違いますし、家族でお父さんとお姉ちゃんだけ一緒だったということもありました。

もちゆりさんのMy御朱印はこちら!

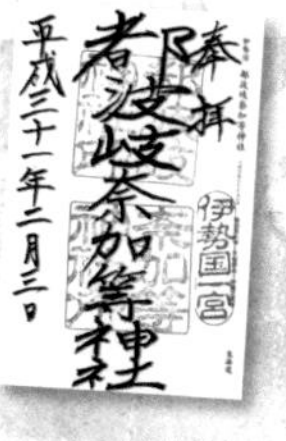

一之宮神社をめぐるきっかけになった三重県の都波岐奈加等神社の御朱印。近所の方に「神職さんがいるのは不定期だからラッキーだったね」とうかがい、ご縁を感じました

山宮浅間神社(→P.48)のオリジナル御朱印帳です。富士山で育った「富士ひのき」が使用されています

【もちゆりさんの「産土神社リーディング」】 URL https://mochiyuri.com/ubusuna

2023年版

静岡 富士 伊豆　神社のお祭り&限定御朱印カレンダー

静岡周辺の神社で催されるおもなお祭りや神事の開催日と
限定御朱印が頂ける期間がひと目でわかるカレンダーです。
こちらで紹介しているのはほんの一部。
詳細は神社にお問い合わせください。

1月

1/1　歳旦祭
（高塚熊野神社／P.68）限定御朱印あり

1/1　歳旦祭
（五社神社 諏訪神社／P.75）

1/1　元旦祭
（城岡神社／P.103）

1/1　元旦祭
（伊勢神明社／P.111）

1/1　歳旦祭
（静岡天満宮／P.119）

1/1　歳旦祭
（小芝八幡宮／P.123）

1/2　江浦の水祝儀・裸まいり
（住吉神社／P.135）

1/3　元始祭
（北口本宮冨士浅間神社／P.51）

1/9 頃　消防第三十一分団安全祈願祭
（須倍神社／P.77）

1/25　初天神祭
（静岡天満宮／P.119）

1/28　焼納祭
（秋葉神社／P.131）

2月

2/2　追儺式
（浜松八幡宮／P.81）

2/3　節分祭
（五社神社 諏訪神社／P.75）

2/3　節分祭
（白羽神社／P.76）

2/3　節分祭
（今宮神社／P.86）

2/3　節分祭
（米之宮浅間神社／P.116）

2/3　節分祭
（小芝八幡宮／P.123）

2/3 に近い日曜　節分星祭
（駒形神社／P.136）

2/11　建国祭
（須倍神社／P.77）

2/11　紀元祭
（五社神社 諏訪神社／P.75）

2/18　祈年祭
（須倍神社／P.77）

2/28　特別鎮火祭
（秋葉神社／P.131）

2月初午の日　浦祭
（那閉神社／P.98）

2月初午の日　初午祭
（城岡神社／P.103）

3月

3/3　水神祭
（秋葉山本宮秋葉神社／P.121）

3月第1日曜　流しひな神事
（井伊谷宮／P.118）

3/14～16　例祭
（美濃輪稲荷神社／P.106）

3/15　雷電社例祭
（伊豆山神社／P.55）

3/17　春祭り
（神場山神社／P.92）

3/20　春分祭・末社祭
（府八幡宮／P.82）

春分の日　春季霊社祭
（秋葉山本宮秋葉神社／P.121）

3/25　三神社祭
（北口本宮冨士浅間神社／P.51）

3月最終日曜　例大祭
（高天神社／P.125）

季節や月ごとに変わる限定御朱印
大歳神社→P.18・112
井伊谷宮→P.19・118
富知六所浅間神社→P.20・110

4月

4/3　石廊権現祭
（石室神社／P.90）

4/4　大瀬まつり
（大瀬神社／P.132）

4/4　例大祭
（諸口神社／P.139）

4/5　例祭
（静岡浅間神社／P.58）

4月第1土・日曜　例大祭
（三熊野神社／P.94）

4月第1土・日曜　例大祭
（天宮神社／P.89）

4/10　例祭
（阿波々神社／P.88）

4/10に近い日曜　例祭
（白羽神社／P.76）

4/14～16　例大祭
（伊豆山神社／P.55）

4月第2土曜
おんぞ祭・おんぞ行列
（初生衣神社／P.66）

4月上旬　鎮花祭
（沼津日枝神社／P.130）

4/18　例祭
（小國神社／P.62）

4月中旬　勧学祭
（小芝八幡宮／P.123）

4月第3日曜
高塚稲荷神社大祭
（高塚熊野神社／P.68）

4/25　春季大祭（はな祭）
（冨士御室浅間神社／P.50）

4/29　武田流流鏑馬神事
（冨士御室浅間神社／P.50）

5月

5/1　春季大祭
（見付天神 矢奈比賣神社／P.128）

5/2　例大祭
（米之宮浅間神社／P.116）

5/3　例祭
（富知六所浅間神社／P.110）

5/3　手揉献茶祭
（秋葉山本宮秋葉神社／P.121）

5/4　例大祭
（五社神社 諏訪神社／P.75）

5/5　例大祭「初申祭」
（北口本宮冨士浅間神社／P.51）

5/5　大楠祭
（來宮神社／P.54）

5/14　走湯神社例祭
（伊豆山神社／P.55）

5/14　安座石社祭
（秋葉山本宮秋葉神社／P.121）

5月下旬の土・日曜　例大祭
（城岡神社／P.103）

5月下旬　例大祭
（城岡神社／P.103）

6月

6/4　東照宮祭
（府八幡宮／P.82）

6月上旬　例大祭
（松尾神社／P.127）

6/25　例祭・梅風祭
（静岡天満宮／P.119）

6/30　夏越大祓式（茅の輪神事）
（高塚熊野神社／P.68）　限定御朱印あり

6/30　大祓式・茅の輪神事
（五社神社 諏訪神社／P.75）

6/30　夏越大祓・茅の輪くぐり
（白羽神社／P.76）

6/30　夏越大祓
（服織田神社／P.79）

6/30　夏越の大祓
（先宮神社／P.102）

6/30　夏越の祓
（城岡神社／P.103）

6/30　夏越の大祓
（井伊谷宮／P.118）

6/30　夏越の大祓
（小芝八幡宮／P.123）

6/30　夏越大祓・茅の輪くぐり
（駒形神社／P.136）

五節句って何?

「節句」の「節」とは季節の変わり目のこと。季節の変わり目に邪気を祓う目的があり、神社でも節句に関する行事が行われています。節句は1/7の「七草の節句」、3/3の「桃の節句」、5/5の「端午の節句」、7/7の「七夕の節句」、9/9の「重陽の節句」があります。

夏越《なごし》の祓

「大祓」は日々の暮らしのなかでたまってしまった穢れや過ちを祓い、心身を清める神事です。多くの神社で6月末と12月末の年2回行ううち、6月末の神事が「夏越の祓」。清く正しく本来あるべき姿に戻り、新たな気持ちで半年を過ごしましょう。

※2023年7月時点の情報です。お祭りの日程や限定御朱印の授与日は変更・中止となることもありますので、最新情報をご確認ください。

7月

7/1　大祓式（茅の輪くぐり）
（冨士御室浅間神社／ P.50）

7/1　足立権現社例祭
（伊豆山神社／ P.55）

7/7　七夕祭
（静岡浅間神社／ P.58）

7/14　天王祭
（蜂前神社／ P.64）

7月上旬の8日間
垂木の祇園祭
（六所神社・雨櫻神社／ P.101）

7/14 ~ 15　例大祭
（八幡神社／ P.78）

7/14 ~ 16　例大祭
（來宮神社／ P.54）

7/15 ~ 16　例祭
（素盞嗚神社／ P.113）

7/15 に近い土・日曜
山名神社天王祭
（山名神社／ P.115）

7月第3土・日曜　祇園祭
（細江神社／ P.65）

7/27　例祭
（小梳神社／ P.113）

7月第4土曜
手筒花火奉納祭
（秋葉山本宮秋葉神社／ P.121）

8月

8/1　天津神国 津神社祭
（冨士御室浅間神社／ P.50）

8/1　御注連下ろし祭
（焼津神社／ P.84）

8/1　夏祭り　七夕祭り
（大井神社／ P.109）

8/7　白山権現社例祭
（伊豆山神社／ P.55）

8月第1土・日曜　例祭
（濱名惣社神明宮／ P.80）

8月第1土・日曜　例大祭
（大歳神社／ P.112）

8月第1日曜　神幸祭
（片岡神社／ P.124）

8/8　風神祭
（秋葉山本宮秋葉神社／ P.121）

8/12 ~ 13　荒祭
（焼津神社／ P.84）

8/13　梅の湯祭
（見付天神 矢奈比賣神社／ P.128）

8/14 ~ 15　例大祭
（浜松八幡宮／ P.81）

8月中旬　夏祭り
（富知六所浅間神社／ P.110）

8/23　本宮社例祭
（伊豆山神社／ P.55）

8/26 ~ 27　鎮火祭
（北口本宮冨士浅間神社／ P.51）

8月第4日曜　例祭
（大頭龍神社／ P.114）

8月最終土曜　棚機祭
（初生衣神社／ P.66）

限定御朱印あり

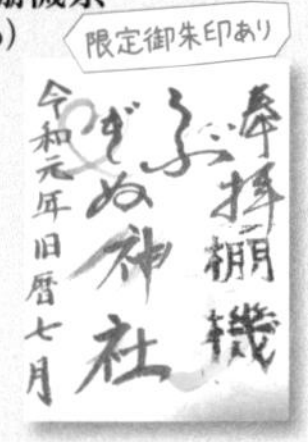

9月

9/1　五社神社祭
（事任八幡宮／ P.91）

9/9　秋季大祭（神輿祭）
（冨士御室浅間神社／ P.50）

9/11 ~ 12
見付天神裸祭
（見付天神
矢奈比賣神社
／ P.128）

限定御朱印あり

9/20　秋季例大祭
（草薙神社／ P.74）

9月下旬
仲秋の管弦祭・
観月祭
（來宮神社／ P.54）

限定御朱印あり

9/22　例祭
（井伊谷宮／ P.118）

敬老の日前の金~日曜　例大祭
（事任八幡宮／ P.91）

秋分の日　秋分の日当日祭
（焼津神社／ P.84）

彼岸の中日（秋分の日）　納櫃祭
（桜ヶ池 池宮神社／ P.102）

秋分の日　秋季霊社大祭
（秋葉山本宮秋葉神社／ P.121）

9/23 ~ 24　例祭
（沼津日枝神社／ P.130）

9月最終土・日曜　例大祭
（曽許乃御立神社／ P.138）

10月

10/8 ～ 9　例祭
（小芝八幡宮／ P.123）

10/8 ～ 9 に近い土・日曜　例大祭
（部田神社／ P.83）

10/9 に近い土・日曜　例大祭
（巖室神社／ P.135）

10 月上旬の日曜　例祭
（駒形神社／ P.136）

10 月第 2 土曜　例祭
（高松神社／ P.69）

10 月第 2 日曜　例大祭
（高塚熊野神社／ P.68）

10 月第 2 日曜　例祭
（分器稲荷神社／ P.105）

10 月第 2 週の週末　例祭
（赤尾澁垂郡辺神社／ P.70）

10/14 ～ 15　例大祭
（須倍神社／ P.77）

10 月中旬　例祭
（日枝神社／ P.57）

10 月中旬　例大祭
（蒲神明宮／ P.72）

10 月中旬　例大祭
（鎌田神明宮／ P.73）

10/17　例大祭
（伊勢神明社／ P.111）

10 月第 3 土・日曜　掛塚まつり
（貴船神社／ P.134）

10/19 ～ 20　例大祭
（今宮神社／ P.86）

10/28　鎮火祭
（巖室神社／ P.135）

11月

11/2 ～ 3　秋まつり
（伊那下神社／ P.108）

11/3　例大祭　限定御朱印あり
（伊那上神社／ P.111）

11/3　式年神幸祭
（秋葉山本宮秋葉神社／ P.121）

11 月第 1 土曜の前後 1 日を含む 3 日間　例祭
（服織田神社／ P.79）

11 月第 1 日曜　温泉感謝祭
（伊豆山神社／ P.55）

11/15　七五三祭
（須倍神社／ P.77）

11/17　例大祭
（神場山神社／ P.92）

11/23　新嘗祭
（北口本宮冨士浅間神社／ P.51）

11/23　新穀感謝祭・新嘗祭
（來宮神社／ P.54）

11/23　新嘗祭
（五社神社 諏訪神社／ P.75）

11/23　新嘗祭
（須倍神社／ P.77）

11 月最終土曜　開運高尾祭
（高尾山穂見神社／ P.104）

新嘗祭《にいなめさい》

天皇がその年の収穫を神に感謝する宮中行事のひとつです。天皇が即位後に初めて行う新嘗祭を大嘗祭（だいじょうさい）といい、その中心儀式が 2019 年 11 月 14 ～ 15 日に行われました。新嘗祭は全国の神社でも行われていて、神社によっては一般の人も参加することができます。

12月

12/3　神宮大麻
（須倍神社／ P.77）

12/14　応神天皇誕生祭
（事任八幡宮／ P.91）

12/15　地の神様家内安全祈願祭
（見付天神 矢奈比賣神社／ P.128）

12/16　火まつり（防火祭）
（秋葉山本宮秋葉神社／ P.121）

12/10 ～ 16 の間の日曜　例大祭
（秋葉神社／ P.131）

12/23　上皇陛下御誕生奉祝祭
（北口本宮冨士浅間神社／ P.51）

12/25　終天神祭
（静岡天満宮／ P.119）

12/30　除夜祭
（小芝八幡宮／ P.123）

12/31　師走大祓式
（冨士御室浅間神社／ P.50）

12/31　大祓・古神札焼納祭
（來宮神社／ P.54）

12/31　大祓式・除夜祭
（五社神社 諏訪神社／ P.75）

12/31　年越大祓
（服織田神社／ P.79）

12/31　年越の大祓
（井伊谷宮／ P.118）

12/31　年越しの祓

多くの神社では形代（かたしろ／人の形をした紙）で体をなで、息を吹きかけて体の穢れや罪を移したり、大祓詞（おおはらえのことば）を唱えたり、境内に作られた茅や藁の輪をくぐったりして、心身を清めます。

静岡 富士 伊豆　神社 INDEX

本書に掲載している静岡周辺の神社を県市町別五十音順でリストアップ。

御朱印さんぽの参考にしてみてください。御朱印を頂いたら□にチェック✓しましょう！

第一章

まずはここから！
神社の御朱印入門

御朱印の見方から頂き方のマナーまで、御朱印デビューする前に知っておきたい基本をレクチャー。基礎知識を知っているだけで御朱印めぐりがだんぜん楽しくなります。

御朱印ってナニ？

御朱印は、もともとお経を納めた証に寺院で頂いていたもの。それがいつしか、神社でも、参拝によって神様とのご縁が結ばれた証として頂けるようになりました。ですから、単なる参拝記念のスタンプではありません。

？ 御朱印の本来の役割って

御朱印はもともと、自分で書き写したお経を寺院に納め、その証に頂くものでした。寺院で「納経印」ともいわれているのはこのためです。いつしか、納経しなくても参拝の証として寺社で頂けるようになりました。お寺で始まった御朱印ですが、江戸時代にはすでに神社でも出されていたといわれています。

？ 神社で御朱印を頂くってどういうこと

神社で御朱印を頂ける場所はお守りやお札の授与所がほとんどです。書いてくださるのは神職の方々。御祭神の名前や神社名が墨書され、神社の紋などの印が押されます。

神社で御朱印を頂くというのはその神社の神様との絆が結ばれたといえるでしょう。決して記念スタンプではありません。ていねいに扱いましょう。

？ 世界でひとつの御朱印との出合いを楽しみましょう

御朱印は基本的に印刷物ではありません。神職の皆さんがていねいに手書きしてくださる、世界にひとつのもの。ですから、墨書には書き手の個性が表れます。そのため、本書に掲載した御朱印と同じものが頂けるとは限りません。同じ神社でも書き手によって、頂くたびに墨書や印の押し方が違うからです。印も季節によって変わったり、新しいものに作り替えられたりすることもあります。御朱印自体が頂けなくなることさえあるのです。二度と同じ御朱印は頂けない、それが御朱印集めの楽しみでもあります。

神社の御朱印の見方

白い紙に鮮やかな朱の印と黒々とした墨書が絶妙なバランスで配置されている御朱印。まさにアートを見ているような美しさがあります。では、いったい、墨書には何が書かれ、印は何を意味しているのでしょう。御朱印をもっと深く知るために墨書や印の見方をご紹介します。

御朱印帳を持ち歩くときは袋に入れて

神社によっては神社オリジナルの御朱印帳と御朱印帳袋を頒布している所があります。御朱印帳袋は御朱印帳を汚れから守ってくれ、ひとつあると御朱印帳を持ち歩くときに便利です。

御朱印帳は大切に保管しましょう。御朱印帳とお揃いの御朱印帳袋もあります

神紋

神社には古くから伝わる紋があります。これを神紋あるいは社紋といいます。神紋の代わりに祭神のお使いを表す印や境内に咲く花の印、お祭りの様子を表した印などが押されることもあります。

奉拝

奉拝とは「つつしんで参拝させていただきました」という意味です。参拝と書かれることも。

社名の押し印

神社名の印です。印の書体は篆刻（てんこく）という独特の書体が多いのですが、なかには宮司自らが考案したオリジナルの書体の印もあります。

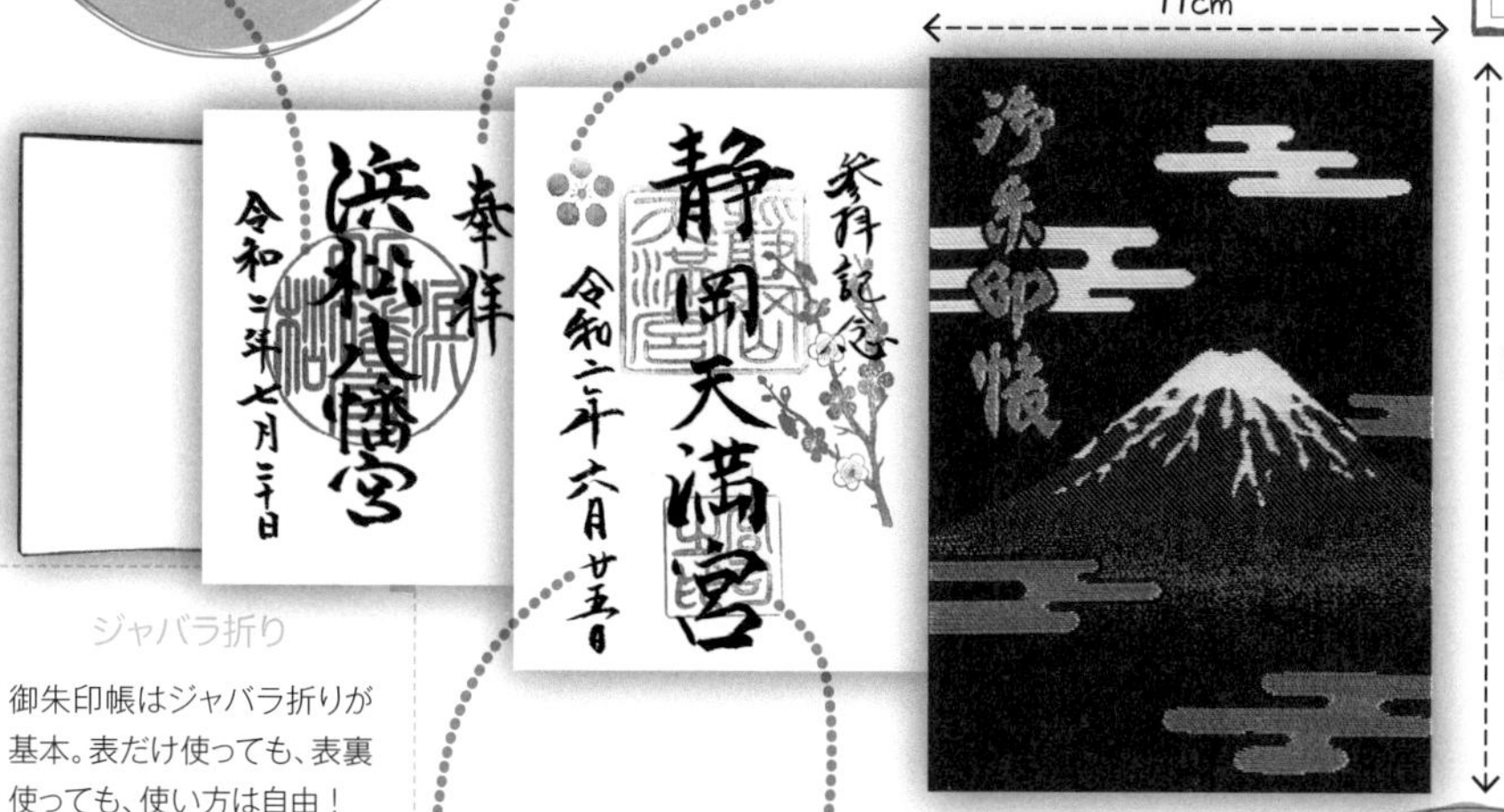

御朱印帳のサイズは「約16㎝×11㎝」が一般的で、ひと回り大きな「約18㎝×12㎝」などもありま

ジャバラ折り

御朱印帳はジャバラ折りが基本。表だけ使っても、表裏使っても、使い方は自由！

参拝した日にち

何年たっても、御朱印を見れば自分がいつ参拝したのか、すぐわかります。同時に日付を見るとその日の行動も思い出せるので、旅の記録にもなるでしょう。

社名など

中央には朱印の上に神社名が墨書されることが多く、社名のほかに御祭神の名前を書く場合もあります。また、朱印だけで神社名の墨書がない御朱印もあります。八百万神だけあって、史実の人名やおとぎ話の登場人物の名前が書かれることも。

表紙

神社ではオリジナルの御朱印帳を作っている所が多くあります。表紙には、社殿、境内、神紋や祭礼、御神木、花、紅葉など、その神社を象徴するシンボルがデザインされていることが多いです。

個性がキラリ 御朱印ギャラリー

御朱印は参拝の証であるだけではなく、祭神とのご縁を結んでくれるものです。
墨書や印に各神社の個性が現れた御朱印の数々を一気にご紹介します。

迫力の絵画入り！　見開き御朱印

見開きで頂ける御朱印はまるで美しいアート作品のようです。
祭神や縁起物など御利益を感じるものが絵のモチーフになっています。

吾妻神社 P.100

通年頂ける御朱印や、季節で替わる300枚限定御朱印があります。絵は印刷ですが、文字は手書き。神社近くの「和菓処 大田屋」で書き置きを授与（通常版800円、限定版各1000円）

通常版

墨書／奉拝、吾妻神社、御殿場東照宮、徳川家康公御殿跡　印／吾妻神社、三つ葉葵紋、御殿場発祥の地　●初夢に見ると縁起がよいという「一富士二鷹三茄子」が描かれています

限定版「春」

墨書／春、吾妻大祭、奉拝、吾妻神社、御殿場東照宮、徳川家康公御殿跡　印／三つ葉葵紋、吾妻神社　●モチーフはヤタガラスと神武天皇をメインに、笠鉾や正月の縁起物（富士山と鷹とナス）です

限定版「疫病退散」

金書／奉拝、吾妻神社　墨書／疫病退散、御殿場東照宮、徳川家康公御殿跡　印／吾妻神社、三つ葉葵紋　●速素戔嗚尊（はやすさのおのみこと）が大蛇を退治する圧巻の場面を描画

限定版「冬」／御守殿稲荷神社

墨書／冬、奉拝、御守殿稲荷神社　印／三つ葉葵紋、神紋　●吾妻神社の近くにある御守殿稲荷神社の御朱印。御守殿稲荷大明神が盗賊から稲を守るため、キツネをおともに山へ隠しに行く様子です

お祭りや慶賀時限定で頂ける御朱印

神社で斎行されるお祭りや、正月などのおめでたいときに頒布される期間限定御朱印。
特別感がある一体を頂くと、御朱印帳が一気に華やかになります。

來宮神社 P.54

通常授与されるのはシンプルな御朱印ですが、行事に合わせて頂ける限定御朱印もあります。正月なら松や鳥居、仲秋の観月祭なら満月とススキなど、イラストがプリントされた色和紙を使用（各300円）

正月

観月祭

［共通］墨書／熱海、來宮神社、元旦または仲秋　印／來宮神社、日本三大大楠天然記念物

冨士御室浅間神社 P.50

流れるような筆致で社名が書かれる通常御朱印とは異なり、季節限定版は社名が墨書されません。代わりに富士山や桜、笹につるされた七夕の短冊などをデザインした印を押していただけます（各300円）

桜まつり

墨書／奉拝　印／桜まつり、冨士御室、桜·富士山·社殿

夏詣

印／夏詣、富士山と冨士御室浅間神社·夏詣、短冊

部田神社

P.83

慶賀時に頒布。時折デザインが変更され、変わった御朱印に出合えることも(300円)

印／奉拝、子孫繁栄こぶ付大楠、部田神社、部田神社御璽、五三桐紋

諸口神社

P.139

慶賀時に授与(書き置き)。宮司の気まぐれで、用紙の色やデザインが変わる場合あり(300円)

印／奉拝、直、式内諸口神社、諸口神社御璽、丸に左三つ巴紋

初生衣神社

P.66

8月下旬斎行の棚機祭当日のみ授与。ハートがかわいい！(500円)

墨書／奉拝、うぶぎぬ神社　印／棚機

見付天神 矢奈比賣神社 P.128

見付天神裸祭の限定御朱印。9月の8日間限定で授与（300円）

墨書／奉拝、見付天神 矢奈比賣神社　印／式内矢奈比賣神社、国指定無形民俗文化財、見付天神裸祭

季節を感じる月替わり御朱印

デザインや添え印が月ごとに変化する、神社のこだわりたっぷりの限定御朱印。
定期的にお参りして、御朱印を頂くとともに境内の四季の移ろいを感じましょう。

大歳神社 P.112

バリエーション豊かな御朱印が揃う神社。季節の花をモチーフにした月替わり御朱印のほか、一日（朔日）参り限定御朱印などが頂けます。ライダーが集まる「二輪サポート神社」だけあり、バイク印を押印するバージョンもあります（各500円）。参拝者の名前を記載する誕生月御朱印も人気。誕生月記念参拝としてミニ御朱印帳を頂けます

[共通] 墨書／奉拝、天王宮大歳神社（1～4月のみ）　印／式内大歳神社、天王宮大歳神社（5～7月のみ）、式内大歳神社之印章、季節の印

1月

＼自動二輪バージョンはこちら！／

バイクに乗ったライダーの押印

2～3月

3～4月

5月

＼一日（朔日）参り限定御朱印です／

墨書／水無月御朔参り　印／式内大歳神社、式内大歳神社之印章

6月

7月

まだあります！　大歳神社の御朱印

金文字

社名だけでなく日付まで金字で書かれた特別な御朱印。キラキラと輝く文字を見ているだけで運気がアップしそうです！

ウナギ

浜松名産のウナギがまるで鯉のように滝のぼりに挑戦しています。御朱印を頂けば、物事が「うなぎ昇り」にうまくいくかも？

東海道五十三次「濱松」

東海道五十三次の浜松宿がモチーフ。よく見るとライダーの姿が！　バイク乗りに愛される神社らしい遊び心あふれる御朱印

井伊谷宮 P.118

月に応じた文言と図柄が入る特別御朱印。季節の変わり目に邪気を祓う目的で行う節句祭を斎行する3･5･7月は特別の印が押されます（各500円）

［共通］墨書／月の文言、井伊谷宮　印／（2･4･6月）菊紋、官幣中社井伊谷宮、スモモ紋　（3･5･7月）官幣中社井伊谷宮

2月　節分追儺

3月　おひなまつり

4月　鎮花祭

5月　端午祭

6月　夏越大祓

7月　七夕まつり

毎月参拝したくなる一日参り限定御朱印

「一日(朔日)参り」とは、毎月1日に神社へ参拝し、神様に先月までの感謝を伝え、新しい月の恵みを頂くこと。神社専用の御朱印帳を決めて集めるのもおすすめです。

富知六所浅間神社 P.110

一日参り御朱印のほか、月替わりの御朱印や祭礼限定の御朱印などが頂けます。神職の方による手彫りのカラフルなイラスト印がかわいいと評判。郵送での授与も可能です（片面各300円、見開き各500円）

[共通]（2～12月）和風月名＋御一日参り　印／富知六所浅間神社、季節の印

1月限定

墨書／令和初詣、富知六所浅間神社　印／富知六所浅間神社　●令和2年1月限定で授与された御朱印。鳳凰と富士山の縁起がよいイラスト入り。金・赤・青の3色展開

如月（2月）

弥生（3月）

卯月（4月）

皐月（5月）

水無月（6月）

文月（7月）

葉月（8月）

御朱印の“隠れ富士山”を探して

境内から富士山が見える富知六所浅間神社。実は御朱印の印にこっそり富士山が隠れていることがあります。御朱印を頂いたら富士山がいないか探してみて

長月（9月）

神無月（10月）

霜月（11月）

師走（12月）

※内容は変更の場合あり

まだあります！　富知六所浅間神社の限定御朱印

8月　夏祭り

墨書／奉拝、富知六所浅間神社、夏祭　印／富知六所浅間神社、富士山・社殿・花火など　●夏祭りで奉納DJをしていることにちなんだ御朱印。音楽が聞こえてきそうです

10月　御日待祭

墨書／御日待祭、富知六所浅間神社、三日市浅間神社　印／富知六所浅間神社、三日市浅間神社、しめ縄・稲穂・法被など　●神社の通称「三日市浅間神社」が併記された珍しい御朱印

境内各社で頂ける御朱印

静岡浅間神社

P.58

神社の境内には、縁結び・安産・病気平癒・開運など御利益の異なる御本社、境内社があわせて7社も鎮座していて、それぞれの御朱印を授与。一度の参拝でたくさんの御朱印を頂けます（各300円）

神部神社

墨書／奉拝、神部神社　印／静岡浅間神社、駿河國總社、神部神社

浅間神社

墨書／奉拝、浅間神社　印／静岡浅間神社、冨士新宮、浅間神社

大歳御祖神社

墨書／奉拝、大歳御祖神社　印／静岡浅間神社、安倍の市守護、大歳御祖神社

麓山神社

墨書／奉拝、麓山神社　印／静岡浅間神社、麓山神社

八千戈神社

墨書／奉拝、八千戈神社　印／静岡浅間神社、八千戈神社

少彦名神社

墨書／奉拝、少彦名神社　印／静岡浅間神社、少彦名神社

玉鉾神社

墨書／奉拝、玉鉾神社　印／静岡浅間神社、玉鉾神社

ファースト御朱印帳をゲットしよう！

御朱印を頂きにさっそく神社へ！
その前にちょっと待って。
肝心の御朱印帳を持っていますか？
まずは１冊、用意しましょう。

1 あなたにとって、御朱印帳は思い入れのある特別なもの

御朱印はあなたと神様とのご縁を結ぶ大事なもの。きちんと御朱印帳を用意して、御朱印を頂くのがマナーです。御朱印帳はユニークでかわいい表紙のものがいっぱいあるので、御朱印帳を集めることも楽しいでしょう。御朱印帳が御朱印でいっぱいになって、何冊にもなっていくと、神様とのご縁がどんどん深まっていくようでとてもうれしいものです。御朱印には日付が書いてありますから、御朱印帳を開くと、参拝した日の光景を鮮明に思い出すこともできるでしょう。

2 御朱印帳は、神社はもちろん文具店やネットでも入手できます

どこで御朱印帳を入手すればよいのかを考えると、まず、思い浮かぶのは神社。本書で紹介している神社の多くは、お守りなどを頒布している授与所で御朱印帳も頂くことができます。ファースト御朱印と同時に、その神社の御朱印帳を入手するとよい記念になりますね。神社以外で御朱印帳を入手できるのは、和紙などを扱っている大きな文房具店やインターネット通販。自分が行きたい神社に御朱印帳がないようなら、こうした取扱店であらかじめ入手しておきましょう。最近は御朱印帳を手作りするのも人気です。

3 御朱印帳を手に入れたらまず名前、連絡先を書き入れます

御朱印帳を入手したら、自分の名前、連絡先を記入しましょう。神社によっては参拝前に御朱印帳を預け、参拝の間に御朱印を書いていただき、参拝後に御朱印帳を返してもらうところがあります。混雑しているとき、同じような表紙の御朱印帳があると、自分のものと間違えてほかの人のものを持ち帰ってしまう……なんてことも。そうならないよう裏に住所・氏名を記入する欄があれば記入しましょう。記入欄がなければ表紙の白紙部分に「御朱印帳」と記入し、その下などに小さく氏名を書き入れておきます。

4 カバーを付けたり専用の入れ物を作ったり、大切に保管

御朱印帳は持ち歩いていると表紙が擦り切れてきたり、汚れがついたりすることがしばしばあります。御朱印帳をいつまでもきれいに保つためにカバーや袋を用意することをおすすめします。御朱印帳にはあらかじめビニールのカバーが付いているものや神社によっては御朱印帳の表紙とお揃いの柄の御朱印帳専用の袋を用意しているところがあります。何もない場合にはかわいい布で御朱印帳を入れる袋を手作りしたり、カバーを付けたりしてはいかがでしょう。

わたしにピッタリ♥の
御朱印帳って
どんな御朱印帳
なのかな？

やっぱり欲しい！　富士山が描かれた御朱印帳

富士山本宮浅間大社
P.46

富士山を背景にして桜と浅間造の本殿が見える境内からの風景を表現しています。濃紺を基調とした、浅間神社の総本宮らしい格調高い一冊です（1500円）

富士山頂上浅間大社奥宮
P.82

富士山頂上でしか頒布していない特別な御朱印帳です（1500円）

須山浅間神社
P.51

富士山と境内にあるハートの小窓が付いた石灯籠が描かれています（1500円）

北口本宮冨士浅間神社
P.51

富士山と桜花流水が描かれた優美なデザイン。紺色と朱色が選べます（各1500円）。「郡内織物」で奉製した全面桜柄の御朱印帳（2000円）もあります

富知六所浅間神社
P.110

和の要素に洋の雰囲気を取り入れ、伝統的でありながらモダンな雰囲気が漂います。裏面は社名の印と、社殿のイラストの2バージョン（各1500円）

富士山東口本宮冨士浅間神社
P.52

黒地に赤富士を配したシックなデザイン。上品な印象（2000円）

特別感のある木製御朱印帳

來宮神社
P.54

御神木であり、国の天然記念物にも指定された樹齢2100年超のオオクスが描かれた「楠木御朱印帳」（2500円）。持っているだけで御利益がありそう

山宮浅間神社
P.48

霊峰·富士山で育まれた霊験あらたかな「富士ひのき」で作られた「富士ひのき御朱印帳」（2700円）。裏面には「世界遺産」の文字が刻まれています

社殿や祭神をデザインした特別な御朱印帳

大歳神社

P.112

東海道五十三次の浜松宿の絵の中に大歳神社と浜松のランドマーク･浜松アクトタワーを描き入れたユニークな一冊です(1000円)

伊那下神社

P.108

朱色の社殿と黄色く色づいた大イチョウが黒地に映えます。裏面は舞い散るイチョウの葉と神紋、「伊那下」の文字のみ(2000円、御朱印含む)

五社神社
諏訪神社

P.75

表紙に五社神社と諏訪神社の拝殿、裏面に金糸で2社の神紋と社名、狛犬が織り込まれています。淡い色合いと光沢のある素材が上品(1500円)

久能山東照宮

P.59

表紙には社殿と駿河湾、裏面には葵の御紋が刺繍されています。久能特産の石垣イチゴが配されているのがかわいいと評判(1500円)

静岡浅間神社

P.58

古文書に描かれた神社の境内を表紙に見開きで採用。広大な境内に社殿が点在する様子がわかる落ち着いた色調の御朱印帳です(1000円)

事任八幡宮

P.91

雅楽で舞われる華やかな「羅陵王（らりょうおう）の舞」が描かれています。原画は社宝として所蔵している掛け軸です(1500円)

井伊谷宮

P.118

美しい花を背景に祭神である宗良親王(むねながしんのう)と、その妻である井伊家の姫君･駿河姫の仲睦ましい様子を描いています(1700円)

三熊野神社

P.94

神紋と社名のみのシンプルなデザインですが、金色の箔押しが格式の高さを感じさせます。男女問わず持ちやすい一冊です(1200円)

神社ゆかりの動物や植物がモチーフの御朱印帳

伊豆山神社

P.55

紅白の龍が勇ましい御朱印帳。赤龍は火、白龍は水の力をつかさどり、二龍の力を合わせて温泉を生み出すのだとか（1500円）

桜ヶ池
池宮神社

P.102

祭神の龍神と桜ヶ池を描画。中央に見えるのは、9月に行われる神事・納櫃祭で池に沈められるお櫃です（1300円）

静岡天満宮

P.119

7色刺繍織の御朱印帳。神社に祀られる菅原道真公ゆかりの紅白梅がモチーフになっています（デザインは全国天満宮梅風会）

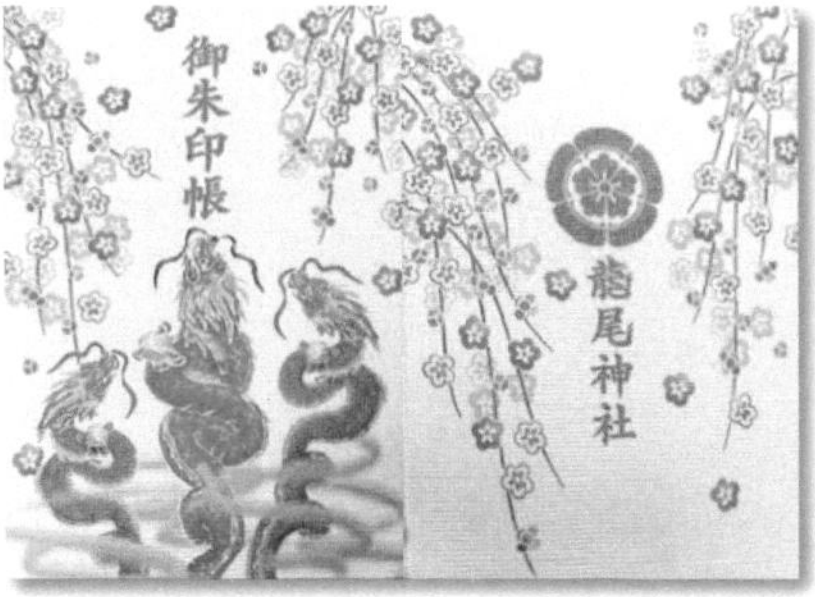

龍尾神社

P.126

枝垂れ梅と天へ昇る3匹の龍が描かれたものと、祭礼で曳き回される屋台と枝垂れ梅が紺地に金糸で刺繍されたものを頒布。まったく趣が異なるだけに選ぶのに迷いそう（各1000円）

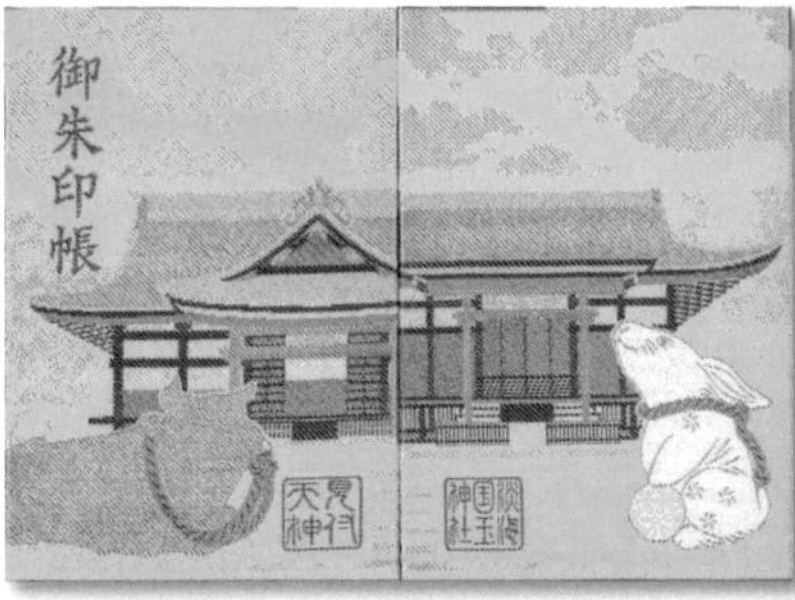

見付天神
矢奈比賣神社

P.128

天神様を象徴する梅の柄と、見付天神＆淡海國玉神社の社殿となで牛、ウサギ像の絵柄、怪物を退治した霊犬・悉平（しっぺい）太郎の像が描かれた御朱印帳が選べます（各1000円）

ユニークな授与品にも注目！

授与品は、神職が参拝者の願いがかなうよう祈りをささげ、神様のパワーを封じ込めたもの。個性的な授与品は、身に付けているだけでよいことがありそうです。

三熊野神社 P.94　ヤタガラスが願いをかなえる

神社には後の神武天皇の道案内をし、導きの神様として信仰されている三本足のカラス、ヤタガラスをモチーフにした授与品がたくさん。「導き守」はあらゆる願いごとをかなえ、正しい方向へ導いてくださるお守りです。

左三つ巴紋とヤタガラスが織り込まれた「導き守」（各500円）は全3色

絵馬もあります！

前を見つめたヤタガラスが凛々しい「祈願絵馬」（500円）

草薙神社 P.74　三種の神器が厄を祓う

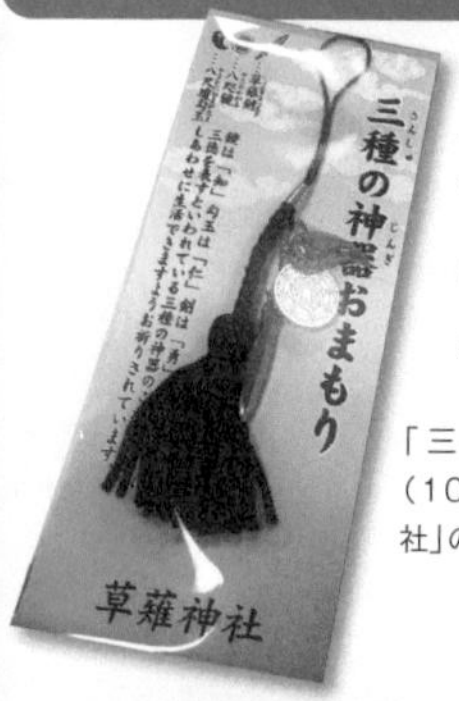

「三種の神器」のひとつ、草薙剣《くさなぎのつるぎ》で運を切り開いたとされる祭神の日本武尊《やまとたけるのみこと》にあやかったお守りは、所有者が災いを除け、幸せな生活を送れるように祈願されています。

「三種の神器おまもり」（1000円）。鏡に「草薙神社」の文字が書かれています

高塚熊野神社 P.68　災いや苦難を退ける

かつて神主が夢のお告げで作った塚が大地震から地域の人々を救ったという由緒から、神社は災難除けの強い御利益で知られています。授与品にもそのパワーが満ちています。

「災難除御守」（各800円）。身に付ければ、諸々の災いから守ってくださいます

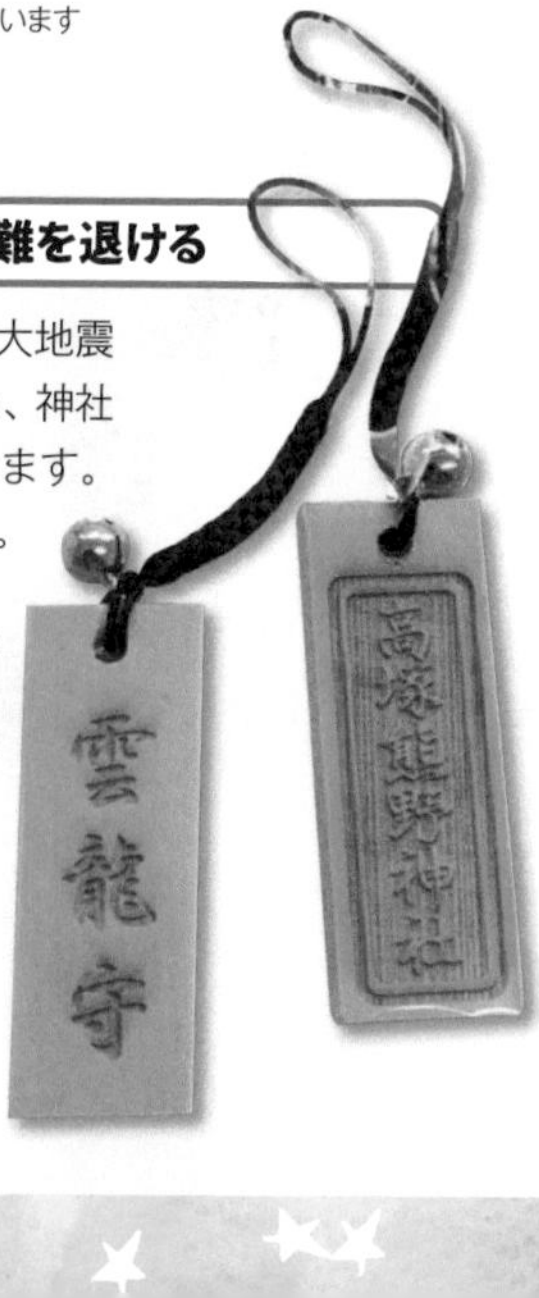

御神木・雲龍椎（うんりゅうしい）の力を込めた「雲龍守」（700円）

來宮神社 P.54　お酒に悩む人の強い味方

來宮神社は「禁酒・節酒」の御利益でも有名です。江戸時代に書かれた平安時代の物語『をぐり』にもこちらの神社が登場し、悩める人を助けてきた記録が残っています。

酒を断って体は健康に、家業が繁栄するよう祈願された「酒難除」守り

濱名惣社神明宮 P.80　手筒花火がきらめく

8月第1土曜に斎行される例祭の夜に、拝殿前で手筒花火が奉納されます。お守りの裏面に金糸で織り込まれているのは、この手筒花火の様子。花火とともに運気もアップ！

「御守」（600円）。ピンクバージョンもあります

井伊谷宮　P.118　サイクリングの安全を願う授与品。ユニークな絵馬もたくさん♡

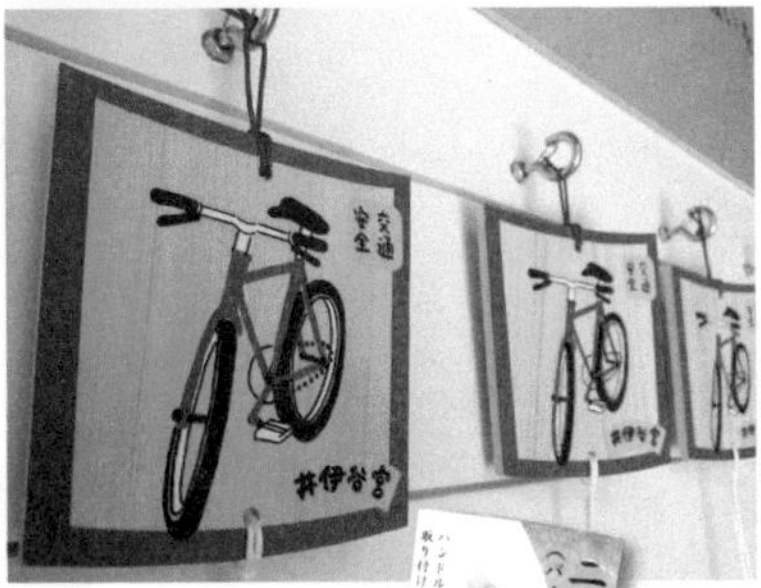

神社が鎮座する浜名湖周辺はサイクリングが盛ん。そのため、二輪車の交通安全を祈願したお守りや絵馬を頒布しています。希望者は自転車のお祓いも可能。祭神とその妻をモチーフにした縁結びの絵馬や、神事で厄祓いする絵馬などもあります。

浜松の大凧の形をした「自転車絵馬」（1000円）。凧のように風を味方につけ、快適で安全なサイクリングを祈願！

かわいい絵馬がいっぱい

ハート型の「恋絵馬」（1000円）は、祭神とその妻が描かれています。プライバシー保護のため、希望者は記載内容を隠すシールを頂けます

カラーバリエーション豊富なお守りです

「二輪車専用交通安全御守」（800円）は、ハンドルなど運転に支障がない場所に取り付ける輪っか型の交通安全お守りです

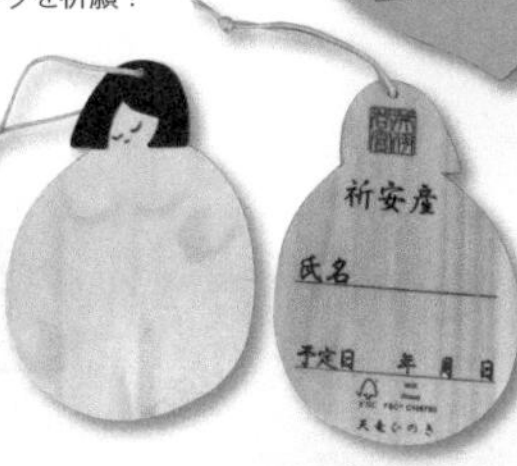

妊婦さんをイメージした「安産絵馬」（1000円）。地元の名木・天竜材を使用しています

3月の流しひな神事で川に流して厄祓いする「流しひな絵馬」（500円）

初生衣神社　P.66　織物のように縁を紡ぐ

織物の神様を祀る神社で頂ける「えん紬《つむぎ》」守りは、遠州綿紬で奉製したお守りです。「縁」と遠州の「遠」をかけて、さまざまなご縁が結ばれるように力が込められています。

「えん紬」守り（各600円）。あたたかな風合いと柔らかな質感がすてきです

天宮神社　P.89　道中の安全はおまかせ

どちらもステッカー付き！

「自転車御守」（各1000円）は通常タイプとフレームに付けるタイプの2種

天宮神社はあらゆる「道」を守護する神様を祀ります。迷える人に正しい道を示す御神徳にあやかって、人生の守護や交通安全・通学安全のお守りを頂けます。サイクリストに人気のお守りも。

小芝八幡宮　P.123　スポーツをする人向け

スポーツに必要なのは、勝運と健康な体です。「身体健全必勝守」は、ラベンダー入りの香守り。ラベンダーの香りで心身をリラックスさせて、けがなく勝利を目指しましょう。

ゴルフ・野球・サッカーのモチーフが付いた「身体健全必勝守」（各1000円）

今宮神社　P.86　お買い物のおともに！

女性宮司が奉仕する神社だけあって、カラフルでキュートな授与品を頂けます。神社のオリジナルキャラクター「いまみやちゃん」を描いたバッグや御朱印帳も人気です。

さり気なく日常使いできる「いまみやちゃんエコバッグ」（1200円）

変化する時代に対応して神社も挑戦を

年齢を問わずお参りに来てもらうために必要なのは、神社からのアプローチ!

神社を気軽に立ち寄れる存在に——。そんな思いからスタートしたカラフルな御朱印や著名ミュージシャンを招いた奉納DJで注目を集める富知六所浅間神社。イベントの反響や神社のあり方について、兄弟で神社に奉仕する櫻井紀彦さん・洸彦さんにうかがいました。

富知六所浅間神社の詳しい紹介はP.110へ

約250年ぶりに改築された社殿は、2016（平成28）年に竣功しました

日々の喧騒を束の間忘れて心落ち着く都会のオアシス

広々とした参道を歩き、階段を上った先に鎮座するのは、平成の大造営で建て替えられた新社殿。晴れた日には右手奥に富士山がその雄姿を見せてくれます。富知六所浅間神社は、岳南地域と呼ばれる富士市の大氏神として、地域の人に崇敬される由緒ある神社です。

社殿右手前には、強い存在感を放つクスノキがたたずんでいます。「樹齢１２００年といわれる静岡県指定天然記念物のクスノキなのですが、実は真っぷたつに割れていて、中は空洞なんです。1本の大木が落雷などで分かれてしまったにもかかわらず、2本の木としてたくましく生きているという。そこから信仰が生まれて御神木になったんじゃないかと考えています」

静岡県の天然記念物に指定されている御神木。中央に空洞があるとは思えないほど樹勢は盛んで、力強い生命力に満ちています

現代版盆踊りで老若男女がダンス!

「普段お参りに来ない人が神社に来るきっかけに」と考えて行ったのが奉納ＤＪです。きっかけになったのは、兄の紀彦さんが以前奉職していた神奈川県の寒川神社で8月15日に斎行される相模薪能《さがみたきぎのう》でした。「約２０００人を無料招待して、特設舞台で能・狂言を奉納します。終戦記念日に日本のために尊い命をささげた英霊と犠牲者の御霊を慰めるため、平和祈願祭を行い、それから伝統芸能を奉納するというストーリーがすばらしいと思いました。当社もそれにならい、現代版盆踊りをイメージして夏祭りを開催しました」

1年目にゲストとして招いたのは音楽プロデューサーやＤＪとして活躍するＦＰＭの田中知之さん。「富士市という片田舎にプロのアーティストが来るというのはショッキングなこと。富士市を盛り上げたいという気持ちで相談したところ、神社を特別な表現の場として捉えて参加してくださいました」

イベントの開始直前まではまさかの土砂降り。しかし、ＤＪプレイを始めた途端、ピタッと雨が止んだそうです。「まさに神がかっていました。田中さんは〝フジロッ

夏祭りでは奉納DJとともに社殿でのプロジェクションマッピングを実施。近所のおばあさんも爆音のなかで踊っていたのが衝撃だったそう

クも第1回目は雨が降って伝説になったから、「フジロック所（＝富知六所）」も一緒だな〃なんて言ってくださいました。地域の方には普段神社に来ないような若い人たちがたくさん神社に来てくれたと喜んでもらえました。今は何かきっかけがないと神社に来ていただけません。世の中の移り変わりは早いので、常に新しいことに挑戦して、若い方にも参拝してもらえるようにアプローチしています」

気になる今後のイベント情報は、神社の公式インスタグラムやツイッターでチェックしましょう。

「御朱印のおかげで神社に来ていただきやすくなった」と語る櫻井さん

手彫りのイラスト印がかわいい御朱印が話題に

カラフルな御朱印を頒布し始めたのは2019年3月から。「観光地の神社は毎日のように参拝者が来ますが、地方の神社は1年に一度お正月にだけ参拝するという方が多いと思います。1年に一度だったお参りを月に一度来てもらえるように、月替わりの御朱印を始めました。季節感のある御朱印を受けていただけば、御朱印帳を見返したときに〃あのときに参拝したな〃と思い出してもらえると思うんです。日記のようなものですよね」

神社の御朱印はかわいらしい季節のイラスト印で評判を集め、多いときには1日1000体授与することもあるとか。「御朱印の印は、神職が手作りしています。得意な職員がひとりいて、一生懸命彫っているんです。現在は郵送での対応も始めました。遠方で参拝が難しい場合は、家で手を合わせてお参りしてもいいと思います」

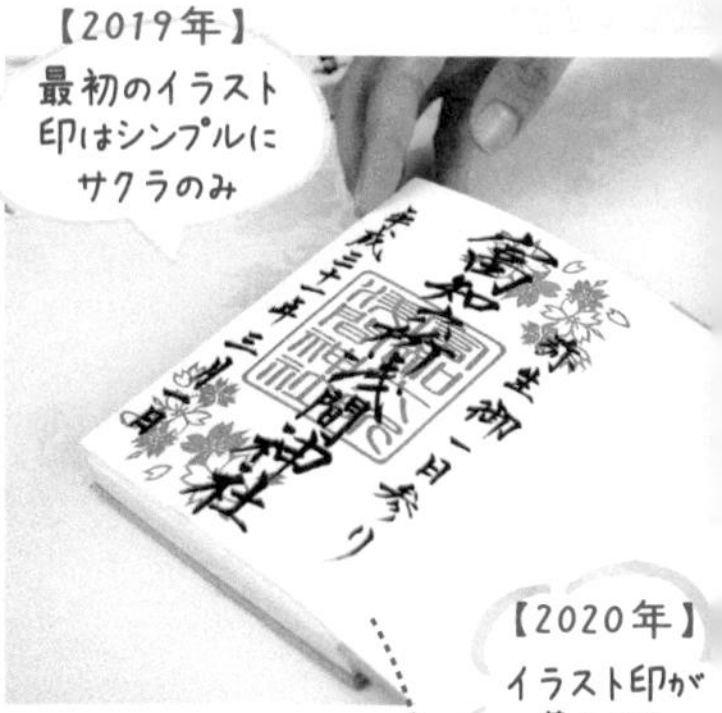

大切なものを守るためときには変化が必要

のあり方について悩むことも多いそう。「文明文化の発達にともない、御朱印や神社、参拝のあり方も多様になっています。神社として守るべきものを明確にし、必要なものは取り入れて、変えるべきものは変えることで大切なものを守りたいと思っています。最も重要なのは神様への崇拝の念や、手を合わせて日々感謝するという気持ちです。用がなくても神社に来て、神社の空気を感じて神様に手を合わせる、そのうえでほかのことにも興味をもっていただけたら、神職としては非常にうれしいです」

御神徳が込められた授与品はこちら！

神社で頂ける授与品の一部をご紹介。常に身に付けて神様の加護を頂いて

「安産御守」（桐箱入り各1500円）。ピンクは通常、白は戌の日限定です

「交通安全御守」（各800円）はカバンや鍵に付けて

色によって御利益が異なる「社殿くん御守」（各800円）。紫は交通安全、赤は家内安全、黄は金運・商売繁盛、黒は厄除け・方位除けです

デビュー前に教えて！

もっと知りたい御朱印Q&A

御朱印に関するマナーから素朴なギモン、御朱印帳の保管場所、御朱印帳を忘れたときのことまで、デビューの前に知っておきたいことがいろいろあるはず。御朱印の本を制作して10年以上の編集部がお答えします。

Q この本で紹介している神社でしか御朱印は頂けませんか？

A 神職常駐の神社ならたいてい頂けます

本書に掲載している神社以外でも、神職が常駐しているところなら頂けます。ただし、なかには神職がいても御朱印を頒布していない神社もあります。社務所に問い合わせてください。

Q ひとつの神社に複数御朱印があるのはなぜですか？

A 複数の神様をお祀りしているからです

主祭神のほかに、主祭神と関係が深い神様など、さまざまな神様を境内にお祀りしている神社では主祭神以外の御朱印を頒布するところもあります。いずれにせよ、参拝を済ませてから、授与所で希望の御朱印を伝えて、頂きましょう。

Q 御朱印を頂く際に納める初穂料（お金）はどのくらいですか？ また、おつりは頂けますか？

A ほとんどが300円。小銭を用意しておきましょう

ほとんどの神社では 300～500 円ですが、限定御朱印など特別な御朱印ではそれ以上納める場合もあります。おつりは頂けます。とはいえ、1万円札や 5000円札を出すのはマナー違反。あらかじめ小銭を用意しておきましょう。「お気持ちで」という場合も 300～500円を目安にしましょう。

Q ジャバラ式の御朱印帳ではページの表裏に書いてもらうことはできますか？

A 裏にも書いていただけます

墨書や印などが裏写りしないような厚い紙が使用されているものなら裏にも書いていただけます。

撮影地：富知六所浅間神社

Q 御朱印帳の保管場所は、やはり神棚ですか？

A 本棚でも大丈夫です

神棚がベストですが、大切に扱うのであれば保管場所に決まりはありません。本棚、机の上など、常識の範囲でどこでも大丈夫です。ただし、お札だけは神棚に祀ってください。

Q 御朱印帳を忘れたら？

A 書き置きの紙を頂きます

たいていの神社にはすでに御朱印を押してある書き置きの紙があります。そちらを頂き、あとで御朱印帳に貼りましょう。ノートやメモ帳には書いていただけません。

Q 御朱印を頂くと御利益がありますか？

A 神様を身近に感じられます

神様とのご縁ができたと思ってください。御朱印帳を通し、神様を身近に感じ、それが心の平穏につながれば、それは御利益といえるかもしれません。

Q 御朱印はいつでも頂けますか？すぐ書いていただけますか？

A 9:00〜16:00の授与が多いです

授与時間は9:00〜16:00の神社が多いです。本書では各神社に御朱印授与時間を確認し、データ欄に明記しているので、参照してください。また、どちらの神社もすぐに授与できるよう心がけてくださいますが、混雑していると時間がかかることも。時間がない場合は、御朱印を頂く前に神職に確認しましょう。

Q 御朱印帳は神社と寺院では別々にしたほうがいいですか？

A 一緒にしてもかまいません

特に分ける必要はありませんが、気になる人は分けてもよいでしょう。たいていの御朱印には日付が入っていて、前回の参拝日や参拝の回数がすぐわかるため、気に入った神社専用の御朱印帳を作るのもおすすめです。

Q 御朱印を頂くときに守りたいマナーはありますか？

A 静かに待ちましょう

飲食しながら、大声でおしゃべりしながらなどは慎んだほうがよいでしょう。

Q 御朱印を頂いたあと、神職に話しかけても大丈夫ですか？

A 行列ができていなければ大丈夫です

行列ができているときなどは避けましょう。しかし、待っている人がいないときなどには、御朱印や神社のことなどをお尋ねすると答えてくださる神社もあります。

Q 御朱印ビギナーが気をつけたほうがいいことはありますか？

A 自分の御朱印帳かどうか確認を！

難しいことを考えずにまずは御朱印を頂いてください。ちょっと気をつけたいのは書いていただいたあと、戻ってきた御朱印帳をその場で必ず確認すること。他人の御朱印帳と間違えることがあるからです。後日ではすでに遅く、自分の御朱印帳が行方不明……ということもあるので気をつけましょう。

お作法講座

GOOD MANNERS

いざ！御朱印を頂きに

さまざまなお願いごとをかなえていただき、そして、御朱印を頂くためにも、正しい参拝の方法、御朱印の頂き方をマスターしておきましょう。神様は一生懸命、祈願する人を応援してくれます。難しく考えずに、こちらに書いてある最低限のマナーさえおさえればOK!　それにきちんと参拝すると背筋が伸びて、気持ちもびしっとしますよ。ここでは身につけておきたいお作法を写真で解説します。

撮影地：富知六所浅間神社

1 鳥居をくぐる

POINT

神道のお辞儀は数種類あり、軽く頭をさげることを「揖(ゆう)」といいます。

鳥居は「神様の聖域」と「人間界」を分ける結界という役目を担っています。まずは、鳥居の前で一礼(揖)。これは神域に入る前のごあいさつです。鳥居がいくつもある場合には一の鳥居(最初の鳥居)で一礼を。真ん中より左にいれば左足から、右にいれば右足から進みます。帰りも「参拝させていただき、ありがとうございました」という気持ちで、振り返って一礼します。

2 参道を歩く

参道を歩いて社殿を目指しましょう。歩くときは神様の通り道である真ん中「正中」を避けましょう。神社によって右側か左側か歩く位置が決まっている場合があります。

3 手水舎で清める

古来、水は罪や穢れを洗い流し清めるとされてきました。ですから、参拝前に必ず手水舎へ行って、身を清めます。

POINT

新型コロナウイルスの影響で柄杓がない神社や柄杓が使えない神社が増えています！

〈柄杓がない場合〉

①まずは流水で両手を清めましょう。

②手で水を取り、口をすすぎ、両手をまた流水で清めます。

〈柄杓がある場合〉

①柄杓を右手で取り、まず左手を清め、次に柄杓を左手に持ち替えて右手を清めます。

②右手に柄杓を持ち、左手に水を受けて口をすすぎ、口をつけた左手をまた水で清めます。

③最後に柄杓を立て、残った水を柄杓の柄にかけて清め、もとに戻します。

※手水舎にお作法の案内板がある場合は、それに従って身を清めましょう。

4 お賽銭を入れる

POINT
鈴があれば鈴を静かに鳴らします。鳴らすタイミングは、賽銭を投じてからという方が多いようです。

参拝の前に、まずお賽銭を静かに投じましょう。金額に決まりはなく、「いくら払うか」よりも、「神様へ感謝の心を込めてお供えする」ことが大切です。

拝礼は二拝二拍手
一拝と覚えましょう

5 拝殿で拝礼

幸せを
ありがとう
ございます

2回お辞儀をします。これを二拝といいます。お辞儀の角度は90度、お辞儀が済んだら二拍手。二拍手はパンパンと2回手をたたく動作です。手を合わせ、感謝の気持ちを神様にささげ、祈願を伝えましょう。次にまたお辞儀。二拝二拍手一拝と覚えましょう。拝礼が済んだら静かに拝殿から離れます。

POINT

手をたたく際、一度揃えてから、右手を左手の第一関節くらいまでさげ、たたいたら戻します。

6 御朱印を頂く

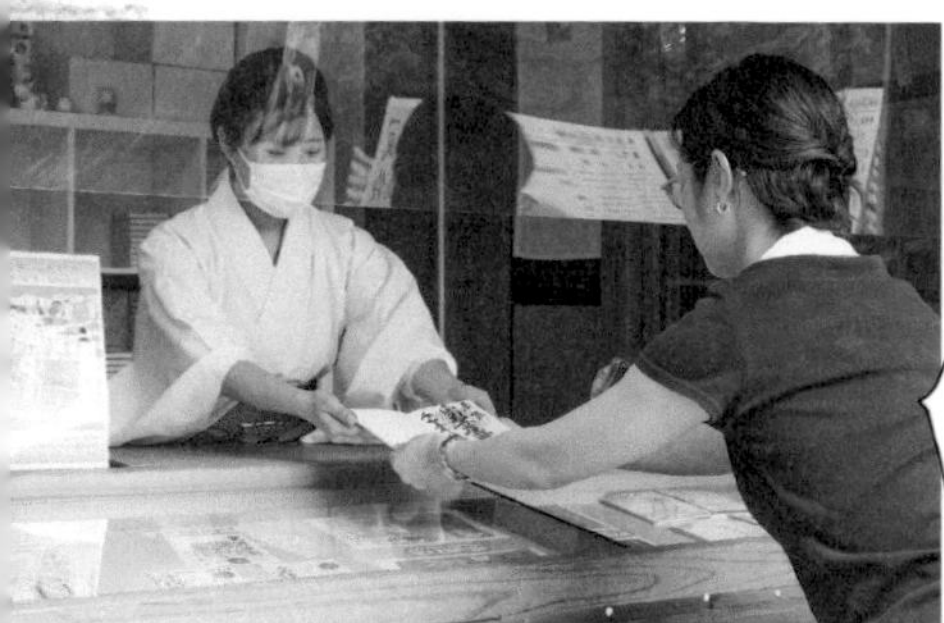

POINT
御朱印を書いていただいている間は飲食や大声でのおしゃべりは慎み、静かに待ちましょう。受け渡しは両手で。

無事、御朱印を頂きました!

拝礼を済ませたら、いよいよ御朱印を頂きます。御朱印はお守りやお札などを授与している「授与所」や「社務所」、「御朱印受付」と表示してある場所で、「御朱印を頂けますか?」とひと言添えて頂きましょう。御朱印帳を出すときは、カバーを外したり、ひもでとじてあるものは開きやすいように緩めてから、挟んである紙などは外し、書いてほしいページを開いて渡します。御朱印代はほとんどの神社で300〜500円。できればおつりのないよう、小銭を用意しておきます。御朱印帳を返していただいたら、必ず自分のものか確認しましょう。最近は番号札を渡されて、番号で呼ぶ神社も多いです。

神社の基本

開運さんぽに行く前におさえておくべき！

そもそも神社ってどういうところ？　祈願やお祓いって何？　そんな疑問に答えます。

協力：神田神社

神社の始まり

日本人は古代からあらゆる物に神が宿っていると考え、天変地異、人間の力ではどうにもならないような災害は神の戒めだと思っていました。ですから、平穏無事を願いました。自然のなかに神を見いだし、特に大きな山や岩、滝や木などに神の力を感じ、拝んでいた場所に社を建てたのが神社の始まりです。

神社とお寺の違いは？

大きな違いは、神社が祀っているのは日本古来の神様、お寺が祀っているのはインドから中国を経由して日本に伝わった仏様ということです。日本に仏教が伝わったのは6世紀ですが、100年ほどたつと神様と仏様は一緒であるという神《しん》仏習合《ぶつしゅうごう》という考えが生まれます。そして明治時代になり、神様と仏様を分ける神《しん》仏分離《ぶつぶんり》令が出されました。一般的に神社は開運などの御利益をお願いに行くところ。お寺は救いを求めたり、心を静めに行くところといわれています。

神社で祀られている神様って?

日本人は「日本という国は神が造り、神が治めてきた」と思ってきました。そこで神社では日本を造り治めた神々、風や雨、岩や木に宿る神々を祀っています。さらに菅原道真公や織田信長公など歴史上に大きな功績を残した人物も神としてあがめてきました。それは一生懸命生きたことに対するリスペクトからです。

神主さんってどういう人?

神社で働く人のこと。神社内の代表者を宮司《ぐうじ》といいます。位階は宮司、権宮司《ごんぐうじ》、禰宜《ねぎ》、権禰宜《ごんねぎ》、出仕《しゅっし》の順となっています。宮司から出仕まで神に奉職する人を神職と呼び、神職を補佐するのが巫女《みこ》です。神職になるには神道系の大学で所定の課程を修了するか、神社庁の養成講習会に参加するなどの資格が必要ですが、巫女は特に資格は必要ありません。

神社という場所とは

神社は神様のパワーが満ちている場所です。一般的には、神社に参拝するのは神様に感謝し、神様からパワーをもらうため。そのためには自分の望みは何か、意思を神様に伝え、祈願することが大事です。感謝の気持ちを忘れず、一生懸命にお願いし、行動している人に神様は力を与えてくれるからです。また災難を除けるお祓いを受ける場所でもあります。

「お祓い」を受ける理由

穢れを落とすためです。「穢れ」は洋服などの汚れと同じと考えればよいでしょう。生きるためには食事をしますが、食事は動植物の命を奪い、頂くことです。いくら必要とはいえ、他者の命を奪うことはひとつの穢れです。穢れは災難を呼びます。その穢れを浄化するのがお祓いです。ときにはお祓いを受けて、生き方をリセットすることも必要です。

神社めぐりを
もっとディープに楽しむために

知っておきたい『古事記』と神様

日本を造った神様の興味深いエピソードが
書かれているのが『古事記』です。
『古事記』を読むと、神社に祀られている
神様のことが深く理解できます。
難しそうだけど、ポイントをおさえれば
神社めぐりがより楽しくなること間違いなし！

『古事記』でわかる神様の履歴

『古事記』には神々がどのように誕生し、どんな力をもっているのかなど、さまざまなエピソードが紹介されています。つまり神様のプロフィールが記されているというわけです。神社の多くが『古事記』で登場する神々を御祭神として祀っています。ですから、『古事記』を読むとその神社の御祭神のことが、より深く理解できるようになるのです。

『古事記』は日本最古の歴史書

『古事記』という書名は、「古いことを記した書物」という意味。全3巻からなる日本最古の歴史書で、日本誕生に関する神話、神武天皇から推古天皇までの歴代天皇一代記などが記されています。皇室や豪族の間で語り継がれてきた話を太安万侶《おおのやすまろ》が文字に著し編纂、712（和銅5）年、元明天皇に献上しました。

御祭神を理解してから神社に参拝

神社の御利益は御祭神のプロフィールに大きく関係しています。例えば大《おお》国主命《くにぬしのみこと》。試練を乗り越えて恋人と結ばれたと『古事記』に書かれていることから、縁結びに強く、オオクニヌシを祀る島根県の出雲大社は日本一の良縁パワースポットといわれています。ですから、神社でお願いごとをするときには、御祭神について知っておくと、その神社はどんな御利益があるかがわかるようになるのです。

『古事記』に登場する神様のなかでも まずは5大神様は知っておこう

国生みの神様、太陽神、縁結びの神様……。大勢いる神様のなかでも絶対、知っておきたい最重要5大神様を紹介します。

神様PROFILE

1 日本を造った国生みの神

イザナギノミコト【伊邪那岐命】

神生み、国生みの男神。イザナミを妻とし、淡路島など数々の島を生み、日本列島を造りました。アマテラスやスサノオをはじめ、多くの神々の父親でもあります。妻が亡くなると黄泉《よみ》の国（死者の国）まで会いに行くという愛情の持ち主で、夫婦円満、子孫繁栄、長命、さらに厄除けにもパワーがあります。

御祭神の神社 ➡ 高塚熊野神社（→P.68）など

2 多くの神々を生んだ女神

イザナミノミコト【伊邪那美命】

イザナギの妻として神や日本を生んだ女神。イザナギとともに日本最初の夫婦神です。火の神を出産したことによる火傷で亡くなり、黄泉の国へ旅立ちます。そこで黄泉津大神《よもつおおかみ》として黄泉の国を支配する女王となります。神や国、万物を生み出す強い生命力の持ち主なので、参拝者の心や体にエネルギーを与えてくれます。

御祭神の神社 ➡ 高松神社（→P.69）、愛宕神社（→P.71）など

3 天上界を治め、太陽を司る最高神

アマテラスオオミカミ【天照大神】

イザナギの禊によって生まれた女神。天上界である高天原を治める太陽神で八百万の神々の最高位に位置し、皇室の祖神とされています。全国の神明神社はアマテラスが御祭神で、その総本宮が伊勢神宮 内宮です。自分自身の内面を磨きたいとき、未来を開きたいときなどに力を貸してくれます。

御祭神の神社 ➡ 蒲神明宮（→P.72）、神明宮（→P.78）など

4 乱暴者でも正義感が強い神

スサノオノミコト【須佐之男命】

アマテラスの弟。イザナギの禊によって誕生。父からは海を治めるように命じられますが、母のいる国に行きたいと反抗したため、追放されて放浪の身に。出雲に降り、ヤマタノオロチを退治して美しい妻を得ます。乱暴者ですが、正義感が強く、厄除け、縁結び、開運など多くの願いごとに応えてくれます。

御祭神の神社 ➡ 素盞嗚神社（→P.113）、山名神社（→P.115）など

5 優しくて恋多き、モテモテの神

オオクニヌシノミコト【大国主命】

スサノオの子孫です。ワニに毛をむしられた白ウサギを助けた神話『因幡の白ウサギ』で有名です。スサノオが与えた試練に耐え、人間界を治め、出雲の国造りを行いました。『古事記』によれば多くの女神と結ばれ「百八十」の神をもうけたとあり、良縁や子孫繁栄に御利益があるといわれています。

御祭神の神社 ➡ 今宮神社（→P.86）、那閉神社（→P.98）など

相関図

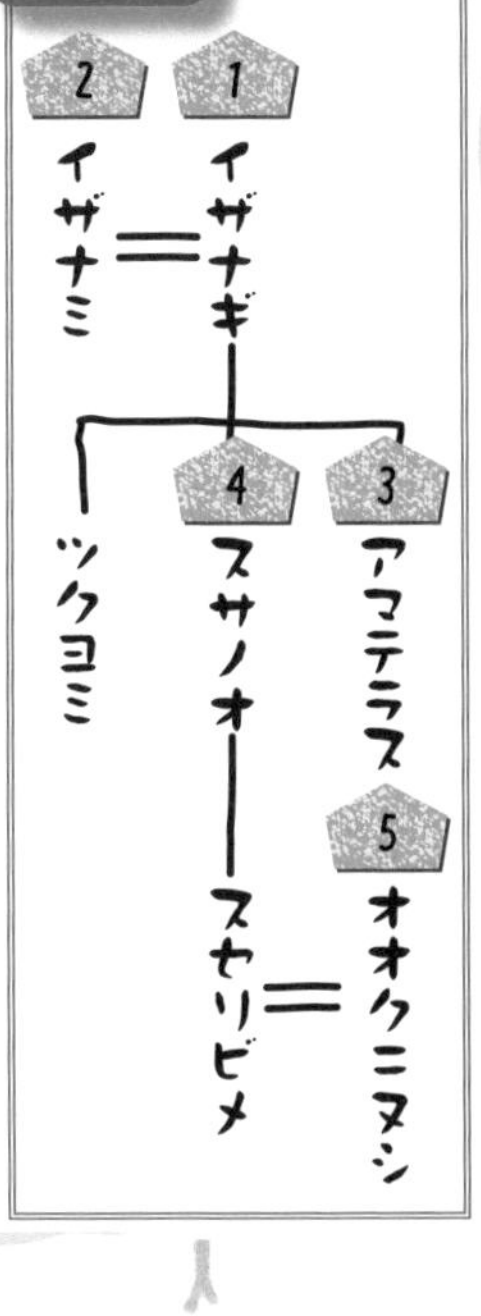

5大神様が主役。3つの神話

日本の神話で特に知っておきたい、3つの神話を『古事記』のなかからダイジェストでご紹介！

その1

日本列島とアマテラスの誕生

「国を完成させよ」と天上から命じられたイザナギとイザナミ夫婦は矛で海をかき回し、日本で最初にできた島・オノゴロ島を造ります。島に降り立ち、夫婦は島や多くの神々を生んでいき、日本列島が完成しました。ところが、イザナミは火の神を出産したときに亡くなり、黄泉の国（死者の国）へ行ってしまいます。妻を忘れられないイザナギは、妻を連れ戻しに黄泉の国に行ったものの、イザナミは屍と化した醜い姿になっていて、ビックリ！　驚いて逃げる夫をイザナミは追いかけます。

　壮絶な夫婦バトルの末、夫・イザナギは無事、黄泉の国から生還。イザナギは穢《けが》れを祓うため、禊を行います。この禊によって日本の神話で重要な神、アマテラスやスサノオ、ツクヨミが生まれたのでした。

Point!

多くの神様と日本列島を生んだことから、イザナミとイザナギの夫婦神は力強い生命力を与えてくれ、子孫繁栄や夫婦円満、厄除けの神様とされています。高塚熊野神社などに祀られています。

その2

最高神アマテラスと凶暴な神スサノオ

凶暴な性格で、父に反抗して追放されたスサノオは姉のアマテラスに会いに、神々がすむ天上界を訪ねます。天上界の最高神・アマテラスは「弟が攻めて来たのか」と疑いますが、スサノオは邪心がないことを証明。そこで姉は弟に滞在を許します。しかし、スサノオの変わらない行儀の悪さに、怒ったアマテラスは天岩戸《あまのいわと》に籠ってしまい、天上界に光がなくなってしまいました。困った神々はアマテラスを岩屋の外に出して、光を取り戻そうと連日会議。「岩屋の扉の前で大騒ぎすれば、アマテラスは様子をうかがうために外に出てくるのでは？」と考え、岩屋の外で神々の歌や踊りが始まりました。アマテラスが外をうかがおうと扉を少し開けた瞬間、力の神・天手力男《あめのたぢからお》神が扉を開き、アマテラスを引き出し世界に光が戻りました。この事件の原因でもあるスサノオは天上界からも追放されてしまいます。

　その後、出雲の国に降り立ったスサノオは美しいクシナダヒメに出会います。ヒメは泣きながら、8つの頭と尾をもつ大蛇ヤマタノオロチに襲われていると訴えるのです。スサノオはオロチを退治。出雲に宮殿を建て、クシナダヒメを妻に迎え、仲よく暮らしました。

Point!

神々を治める絶対神・アマテラス。伊勢神宮をはじめ全国の神社に祀られ、人々の内面を磨いて成長させる御利益があります。スサノオは凶暴ながら愛する者のために闘うという一途さがあり、厄除け、縁結びのパワーがあります。

その3

国造りと国譲り

オオクニヌシには八十神といわれる大勢の兄弟神がいて、いつもいじめられていました。兄弟神たちは因幡の国に住む美しい神・ヤガミヒメに求婚するため旅に出ます。オオクニヌシは彼らの荷物持ちとして同行。道中、毛皮を剥がされ八十神にいじめられた白ウサギを助けると、そのウサギは「ヒメはあなたを選ぶでしょう」と予言。そのとおりに結ばれます。怒った兄弟たちは、オオクニヌシを殺してしまいました。

しかし、オオクニヌシは母の力で麗しい男としてよみがえります。母が言うには「兄弟たちに滅ぼされる前に根の国に逃げなさい」。逃亡先の根の国は死者の国のような場所で、出雲から移ったスサノオが住んでいました。そこでスサノオからさまざまな試練が課せられますが、スサノオの娘スセリビメにオオクニヌシは救われます。ふたりは苦難を乗り越えて結婚。根の国を出て、出雲の国を造りました。

さて、天上界ではアマテラスが地上界を平定しようとしていました。アマテラスは交渉役としてタケミカヅチを出雲に送り込みます。彼はオオクニヌシの息子と力比べをして、勝利。そこでオオクニヌシは国を譲ることになりました。その交換条件として出雲に壮大な社殿＝出雲大社が建てられ、オオクニヌシは出雲の神として祀られたのでした。

Point!

出雲大社に祀られているオオクニヌシは国を譲るなど協調性のある神様です。また女神にモテる神で出会いや縁を大切にしました。そこで人と人とを円満に結びつける縁結びの御利益があります。

出雲で
ひとふんばり

以上、駆け足でお送りしました!
パチ
パチ
パチ

この神様もおさえておきたい

神武天皇

アマテラスの末裔が東征 国を治め初代天皇となる

地上に降りたニニギノミコトはコノハナノサクヤヒメ(→P.53)と結婚。ふたりの曾孫であるカムヤマトイワレビコは地上界を統治するのに最適な場所を探すため、日向(今の宮崎県)を出て東に向かいます。熊野からは八咫烏《やたがらす》の案内で大和に入りました。反乱を鎮め、奈良の橿原の宮で即位。初代・神武天皇となったのです。

ニニギノミコト

地上を支配すべく 天上界から降臨

地上界の支配権を得たアマテラスは、天上から地上に統治者を送ることにしました。選ばれたのが、孫であるニニギノミコトです。彼は天岩戸事件で活躍した神々を引きつれて、高千穂嶺に降臨。この天孫降臨により、天上界と地上界が結びつき、アマテラスの末裔である天皇家が日本を治めていくことになりました。(P.53にも紹介あり)

あなたの悩みに応えてくれる神様がすぐわかる！

神様との縁結びチャート

どの神様をお参りしようかと迷ったら、このチャートを試してみて。

簡単な質問に答えていくだけで、今のあなたに必要なパワーを授けてくれる神様が見つかります。

どの神様も本書で紹介している神社に祀られている神様ばかり。

あなたに必要な神様が見つかったら、さっそくパワーを頂きにお参りに行きましょう。

YESは → に、NOは → に進んでください

START!

今、いちばん悩んでいるのは異性関係だ

絶対に負けられない戦いがここにはある……仕事や勉強のライバルがいる

今、好きな人または、恋人がいる

しっかり寝てもダルい……最近ちょっと疲れ気味

雑誌やネットのチェックは欠かさず流行に敏感なほうだと思う

出世なんて興味なし私はマッタリ派

今の自分に自信がない

結婚している

反骨心と正義感の強い勝運、開運の神様

スサノオノミコト

どんな困難があっても、解決策を見つけて乗り越えていけて、時代の流れにも敏感でとても前向きな人のようです。でも、油断をすると思ってもみなかったような災難が襲ってきそう。スサノオノミコトは厄除けの御利益が絶大。あなたの周囲に潜む災難を遠ざけ、さらに自分を高め、キャリアアップしていけるパワーを頂きましょう。

自分磨きや未来を切り開くパワーをくれる女神

アマテラスオオミカミ

今の自分に自信がない人、ライバルはいるけれど現状維持で満足という人。ときには周囲やライバルに自分の存在をアピールすることも大切です。そこで、最高神とも呼ばれる女神のパワーを頂きましょう。ファッションセンスを磨いたり、趣味や教養を身につけたり、魅力アップの力や未来を切り開くパワーを授けてもらえます。

優しくて恋多きモテモテの神

オオクニヌシノミコト

縁結びでは最強のパワーがある神様。恋人との仲が進展しない、でも自分から行動する勇気がないという人には一歩前に進む力を授けてくれます。自分に自信のあるあなた。もしかして他人にとって少し怖い存在で孤立していませんか？仲間との協調性を身につけ、友人との良縁が結べるパワーを授けてもらいましょう。

夫婦円満と生命力をもたらす国を生んだ夫婦の神

イザナギノミコト イザナミノミコト

国を生んだ2柱の神様は愛する人のいる人に、将来、何が起きても、ふたりの仲が壊れることなく、年月を重ねるごとに絆が強くなっていく力を授けてくれます。ライバルがいるあなたはストレスで少し、お疲れ気味。そこで、神様から生命力強化のパワーを頂きましょう。重い疲れが軽くなるかもしれません。

撮影地：富知六所浅間神社

行きつけ神社の見つけ方！

困難にぶつかったとき、気分が晴れないとき
そんなときに行きつけの神社があれば
すぐに参拝してパワーをもらえたり
心を落ち着かせたりすることができるでしょう
行きつけの神社を見つけるヒントをご紹介します

まずは土地の守護神に参拝を

日本全国には8万社もの神社があり、そのなかから「行きつけ神社」を見つけるには、まず自分が住んでいる地域の氏神《うじがみ》・産土《うぶすな》神《がみ》をお祀りする神社を調べましょう。氏神・産土神とはその土地の守護神のことで、自分がその土地に住み始めてからずっと見守ってきてくれた神様といえます。

昔の人々は血縁関係で結ばれた集団をつくって暮らすのが普通でした。彼らが守護神としてあがめたのが氏神です。例えば藤原氏は春日権現、源氏は八幡神を氏神にしていました。

一方、産土神は血族に関係なく、その土地を守る神様として崇敬されてきました。ところが、徐々に氏神も地域の守り神となり、両社の区別は曖昧になりました。現在では氏神も産土神も、その土地の守護神と考えられ、両社を総称して氏神としています。氏神に対し、神社のある地域に住んでいる人々を氏子といい、氏子を代表して神社との連携を図る役職を「氏子総代」といいます。どこの神社が自分の住所の氏神かは神社本庁のウェブサイトで各都道府県の神社庁の連絡先を調べて、電話で問い合わせると、教えてくれます。

やはり氏神の御朱印は頂いておきたいものです。また、転居したら、最初に氏神にあいさつに行きましょう。

よくある「八幡」「稲荷」はどんな神社？

神社めぐりをしていると、○○稲荷や○○八幡など同じ名前の神社が多くあることに気がつきます。これらは同じ系列の神社で同じ祭神を祀り、同じ御利益が頂けます。ですから、チャージしたいパワーによって参拝するべき神社が社名でわかるというわけです。ここでは本書に掲載している神社に関連する信仰の一部を紹介します。

☆神社本庁ウェブサイトは
http://www.jinjahoncho.or.jp

八幡信仰

京都の石清水八幡宮に代表される八幡神社は、武家の守護神として各地に祀られています。代表的な御利益は勝運。スポーツや勝負ごとだけでなく病気に打ち克つ力や弱気に勝つ力も頂けます。

稲荷信仰

祭神はウカノミタマノカミ。本来は稲の成長を見守る穀物、農業の神ですが、現在は商売繁盛や出世運の御利益でも信仰されています。営業成績アップや招福の祈願にはお稲荷さんへ行くとよいでしょう。

浅間信仰

富士山が御神体の浅間神社(→P.47)は全国に約1300社あり、総本宮は富士山本宮浅間大社(→P.46)。祭神のコノハナノサクヤヒメ(→P.53)は美しい女神様です。美容や安産などのお願いはこちらで。

天神信仰

学問の神様とされる菅原道真公をお祀りする神社で、学業成就・合格祈願の参拝者で天神社や天満宮はにぎわいます。入試だけではなく、資格試験や昇進試験の合格祈願にも応えてくれます。

秋葉信仰

秋葉山を御神体に、火の神であるヒノカグツチノカミを祀っています。秋葉神社の総本山は秋葉山本宮秋葉神社(→P.121)です。岐阜県などでは屋根神様と呼ばれ、屋上に祀られることも多くあります。

熊野信仰

総本社は和歌山県にある熊野本宮大社、熊野速玉大社、熊野那智大社です。人生の大切なターニングポイントで一歩踏み出したいときには、勇気や加護を授けてくれる御利益があります。

キーワードで知る神社

神社を参拝すると聞き慣れない言葉を耳にすることがあります。
そこで、わかりにくい「神社ワード」をピックアップし、解説。
これを知れば、神社めぐりがもっと楽しくなるはず。

【荒魂《あらたま》と和魂《にぎたま》】

神様がもつふたつの霊魂

荒魂は神様の荒々しい霊魂、和魂は穏やかな霊魂のことをいいます。どちらも神道における考え方で、三重県の伊勢神宮など、それぞれを祀るお宮が存在する神社もあります。

【御神木】

神域にある神聖な木

神社のシンボルであったり、神様が降臨する際の依代《よりしろ》（目印）であったり、神域にある特定の樹木や杜を、御神木と呼んでいます。御神木に注連縄《しめなわ》を張る神社もあります。

【勧請《かんじょう》・分霊】

別の土地の神様をお迎えします

離れた土地に鎮座している神様を分霊（御祭神の霊を分けて、ほかの神社に祀ること）し、社殿に迎え、奉ること。勧請はもとは仏教用語から来た言葉です。かつて分霊を勧請するときには神馬《しんめ》の背中に御神体をのせ、移動していたといわれます。

【大麻《おおぬさ》（大幣）】

祈祷などで使われるお祓いの道具

榊の枝や棒に紙垂《しで》（和紙でできた飾りのようなもの）、麻をくくりつけたものが一般的。この大麻を振ってお祓いをします。ちなみに伊勢神宮では御神札を「神宮大麻《じんぐうたいま》」といいます。

【宮司《ぐうじ》・権宮司《ごんぐうじ》】

栄えある神社のトップポジション

宮司は祈祷から神事まで幅広く従事する神社の代表のことをいいます。また権宮司はナンバー2のことで、一部の神社で宮司と禰宜の間に置かれているポジションになります。

【斎王《さいおう》】

神様に仕える未婚の内親王や女王

伊勢神宮などに奉仕する未婚の内親王または女王のこと。斎王の「斎」は、潔斎《けっさい》（神事などの前に心身を清めること）して神様に仕えるという意味です。京都の初夏を彩る「葵祭」の主役「斎王代《さいおうだい》」は、名前のとおり斎王の代理として神事を務めます。

【御祭神《ごさいじん》・御神体《ごしんたい》】

祀られている神様と神様の居場所

御祭神は神社にお祀りされている神様のこと。神社によっては複数の神様をお祀りしていて、主として祀られる神様を「主祭神」ともいいます。御神体は、神様が降臨するときに、よりどころとなる依代（目印）のようなもの。御神体そのものは神様ではありません。

【お札・お守り】

どちらも祈願を込めて祈祷されたもの

お札は神社で祈祷された紙や木、金属板のことです。災厄を除けるとされています。お守りはお札を小さくし、袋などに入れて、持ち歩けるようにしたものです。どちらも1年に一度は新しいものに替えるとよいとされています。

【神宮《じんぐう》】

皇室とゆかりのある由緒ある神社

神宮とは、皇室のご先祖や歴代の天皇を御祭神とし、古代から皇室と深いつながりをもつ特定の神社の社号です。なかでも「神宮」といった場合は、伊勢の神宮を指します。「伊勢神宮」は通称で、正式名称は「神宮」です。

【崇敬神社《すうけいじんじゃ》】

地域にとらわれず個人で崇敬する神社

全国の神社は伊勢神宮を別格として、大きくは崇敬神社と氏神神社に分けることができます。地縁などと関係なく、個人で信仰する神社を崇敬神社といい、人生のさまざまな節目などに参拝する人も。地域の氏神様と両方信仰しても問題はありません。

【神紋《しんもん》・社紋《しゃもん》】

神社で用いられている紋

神紋・社紋どちらも同じ意味です。神社にゆかりのある植物や縁起物、公家や武家の家紋が用いられることも。天満宮系はおもに「梅（梅鉢）紋」、春日大社系は「藤紋」と、社紋を見れば神社の系統がわかります。

【榊《さかき》】

神棚や神事などに欠かせない樹

ツバキ科の常緑樹で小さな白い花をつけます。「さかき」の語源は、聖域との境に植える木、栄える木からなど諸説あります。「神事に用いられる植物」の意味から「榊」の国字になったともいわれています。

【禰宜《ねぎ》・権禰宜《ごんねぎ》】

神社トップの補佐役を担う

禰宜は権宮司がおかれていない場合、宮司の補佐役にあたります。権禰宜は職員。御朱印を授与しているのはおもに権禰宜です。境内の掃除や参拝者の対応のほか、社務所内での書類作成などのデスクワークや取材対応など広報のような役割を担うこともあります。

【幣殿《ヘイデン》】

神様の食べ物をお供えする場所

参拝者側から見て、拝殿・幣殿・本殿の縦並びが一般的。焼津神社（→P.84）などで見ることができます。神事を司る人が神前で参拝するときはこちらで。通常、一般の参拝者は入ることができません。

【例祭《れいさい》】

神社の最も重要な祭祀

「例大祭」と呼ばれることも。基本的にはひとつの神社につき、例祭はひとつだけ。年に一度、日が決められていることがほとんどですが、参加者を考慮して週末などに開催されることもあります。

【巫女《みこ》】

神楽や舞を奉仕する女性

神職の補助や神事における神楽や舞を奉仕。神職にはあたらないため、資格は必要ありません（→P.35）。

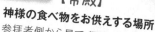

column

これを知っていれば、神社ツウ

境内と本殿様式

知ってるようで知らない境内のあれこれ。そして神様を祀る本殿の建築様式を知ると参拝がもっと楽しくなります！

参拝のための拝殿に本殿、摂社《せっしゃ》など盛りだくさん！

鳥居から本殿に向かって延びる道は参道です。参拝前に手や口を水で清めるところを手水舎《ちょうずや》＊といいます。御祭神をお祀りするのが本殿、その前にあるのが拝殿で参拝者は拝殿で手を合わせます。境内にある小さな祠《ほこら》は摂社、末社《まっしゃ》といいます。摂社は御祭神と関係が深い神様、末社にはそれ以外の神様が祀られています。拝殿前にある狛犬は、神様を守護する想像上の動物。正式には向かって右が獅子、左が狛犬です。本殿は建築様式によってさまざまなタイプがあります。いちばん大きな違いは屋根。おもな建築様式を下で紹介します。

＊「てみずしゃ」と読む場合もあり

本殿の建築様式。見分け方のポイントは屋根！

権現造《ごんげんづくり》

日光東照宮に代表される様式。拝殿と本殿の間に「石の間」と呼ばれる建物を設けています。屋根には神社ではあまり用いられない瓦葺《かわらぶき》も見られます。

神明造《しんめいづくり》

古代から伝わる高床式のスタイルで伊勢神宮が代表例。屋根には神社特有の千木、鰹木をのせています。檜皮葺《ひわだぶき》、茅葺《かやぶき》、板葺《いたぶき》がほとんどで勾配が急。

流造《ながれづくり》

神社建築で最も多いタイプ。側面から見ると正面にあたる屋根が長く前に延びているのがわかります。長く延びた部分を「庇《ひさし》」または「向拝《こうはい》」と呼びます。

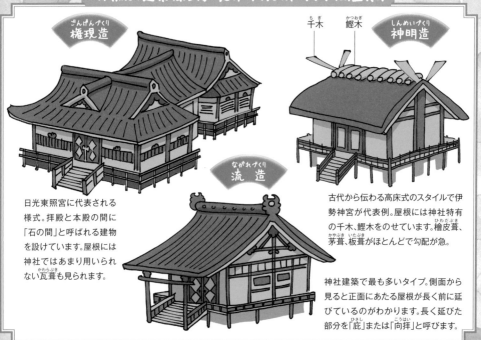

日本屈指の
パワースポット富士山麓
浅間神社めぐりで
運気を爆上げ！

★富士山本宮浅間大社
★山宮浅間神社　★河口浅間神社
★人穴浅間神社　★冨士御室浅間神社
★北口本宮冨士浅間神社
★須山浅間神社
★富士山東口本宮
冨士浅間神社

P.46

恋愛運アップと
女磨きの旅へ！
伊豆半島の温泉エリアで
良縁祈願

★來宮神社　★伊豆山神社
★三嶋大社
★日枝神社

P.54

第二章

話題の神社をめぐる開運さんぽへ
週末御朱印トリップ

ウイークエンドは御朱印＆御利益をたっぷり頂きに小さな旅へ出発！
楽しさいっぱいの静岡　富士　伊豆の神社めぐり旅をご紹介。

レトロかわいい
ローカル列車でめぐる
浜松の知られざる
御利益スポット

★小國神社　★三嶋神社
★蜂前神社　★細江神社
★初生衣神社

P.62

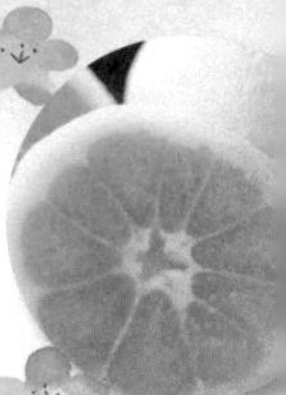

最強開運神社に
人気キャラ神社も！
静岡市内のとっておき
聖地トリップ

★静岡浅間神社　★久能山東照宮
★ちびまる子ちゃん神社
★静岡縣護國神社
★翁稲荷社

P.58

日本屈指のパワースポット富士山麓
浅間神社めぐりで運気を爆上げ！

日帰りコース1

モデルルートの詳細はP.53をCheck！

神秘なるパワーがみなぎる富士山は、体の奥底から元気がもらえる聖地です。日本神話で絶世の美女と誉れ高い女神・木《この》花《はな》咲《のさく》耶《や》姫《ひめ》（→P.53）ゆかりの浅間神社をめぐり、人々に愛され強く生きられるよう御利益を授かりましょう。

本殿は1604（慶長9）年に徳川家康公が造営。2階建ての優美な姿と背後にそびえる富士山の見事な共演は、ため息ものの絶景です

入口には2階建ての荘厳な楼門が建ち、正面、左右脇に扉が付きます。門の左右には神に仕え、神を守る随身という男性像2体が安置されています

浅間神社の総本宮を参拝し
輝く未来への道を開く

主祭神
木花之佐久夜毘売命《コノハナノサクヤヒメノミコト》

富《ふ》士《じ》山《さん》本《ほん》宮《ぐう》浅《せん》間《げん》大《たい》社《しゃ》

全国に約1300社ある浅間神社の総本宮であり、富士山信仰の中心地としてあつく信仰されています。天気がよいと鳥居越しに姿を見せる雄大な富士山がとても優美です。また、富士山頂には奥宮（→P.82）が鎮座しています。主祭神はとても美しい神様として知られ、その「木花」という御神名から神社の御神木は桜。春は500本の桜が美しく咲き誇ります。徳川家康公が寄進した本殿や楼門など、境内のあちらこちらにパワーが満ちあふれています。

鳥居の片隅には富士宮市のキャラクター「さくやちゃん」の顔出しパネルが！ 一緒に記念撮影を

信玄桜は拝殿右側にあり、武田信玄が寄進したとされる枝垂れ桜の子桜。御祭神は桜の化身ともされ、境内に多くの桜の木があります

富士山と浅間神社MAP

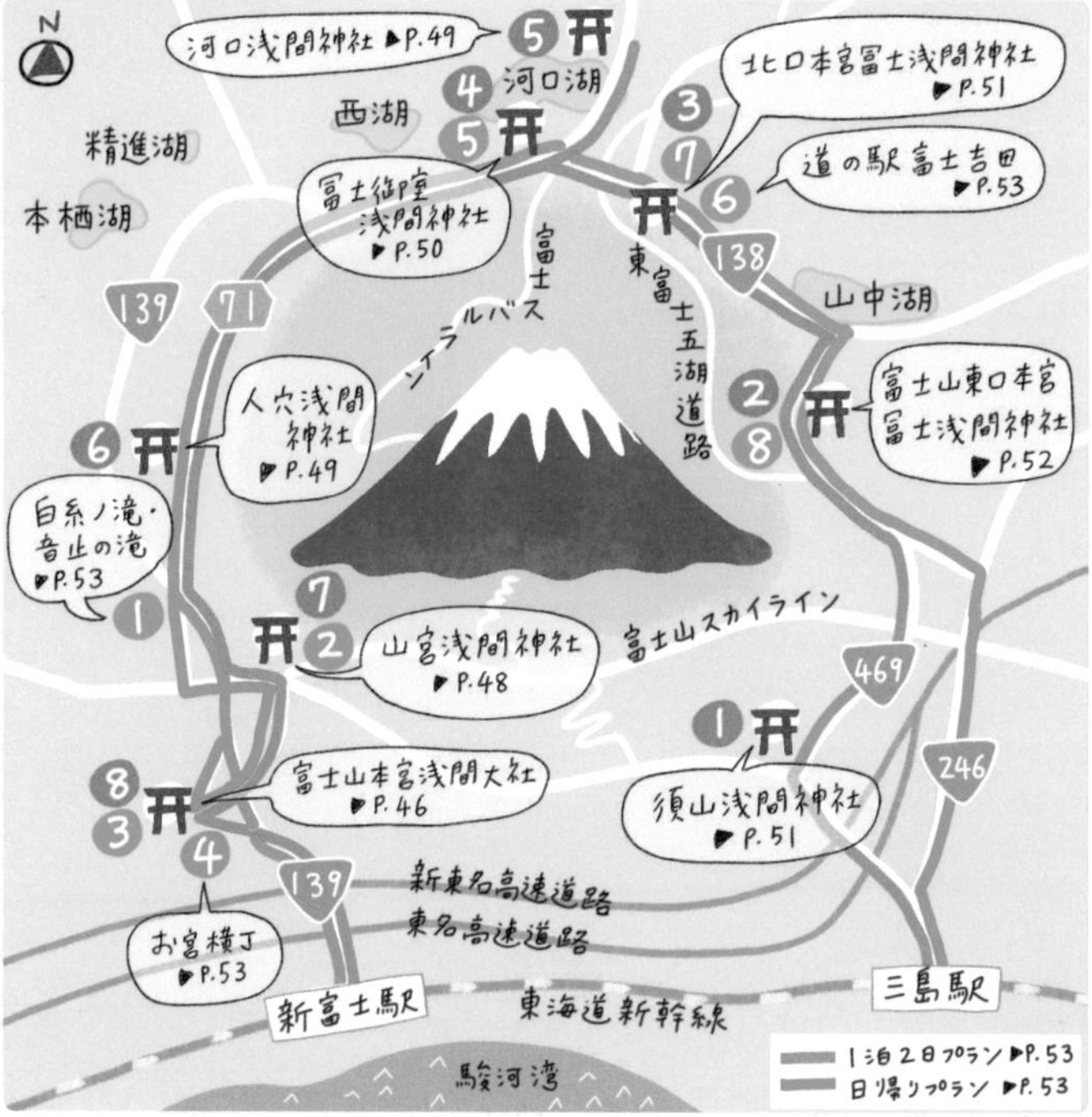

浅間神社とは?

平安時代、富士山は噴火を繰り返し"荒ぶる山"として恐れられていました。噴火は富士山の怒りだと考えた人々は、怒りを鎮めてもらうため、富士山の神様アサマノオオカミ(コノハナノサクヤヒメ→P.53)を祀り、祈りをささげたのです。その結果、溶岩洞穴群が形成され、湖ができるなど自然の恵みをもたらしました。これが浅間大社の起源だといわれています。

写真提供:静岡県観光協会

見どころCheck!

本殿奥で清らかな空気に触れる

本殿の奥は神様が鎮座する神聖な場所。本殿の裏側は、人通りが少なく清浄な空気が漂うパワースポットです。散策するだけで心身ともに満たされます。

湧玉池《わくたまいけ》

富士山の雪解け水が湧出する特別天然記念物指定の池。かつては、富士山登山前に池の水を浴びて身を清めるならわしがありました。美しく透き通る水に心が清らかになるようです

穢れを祓って霊水を頂く

「嫌なことがあったな……」なんて日は、禊所で手や足を洗ってから参拝しましょう

禊所横の水屋神社では、富士山の湧き水をペットボトルなどに汲んで持ち帰ることができます

御朱印

御朱印帳はP.23で紹介!

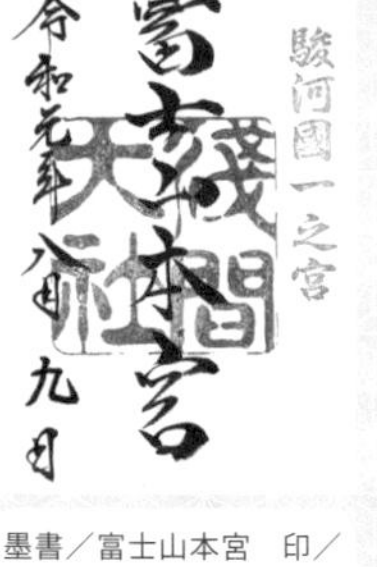

墨書/富士山本宮　印/駿河國一之宮、淺間大社
●富士山を思わせる美しく、シンプルな御朱印です

運気UP!授与品

おみくじ

かわいいおみくじもcheck!

「やっこさんおみくじ」(300円)は、5色の富士山入り! 水色は人気運、ピンクは良縁運など色ごとに御利益が異なるので、何を頂けるかワクワク

水に浸すと言葉が浮き出てくる「咲良(さくら)みくじ」(300円)は、ひもに縛ると富士山の形に見えるというこだわりのデザインです

DATA
富士山本宮浅間大社
創建/紀元前27年
本殿様式/浅間造
住所/静岡県富士宮市宮町1-1
電話/0544-27-2002
交通/JR身延線「富士宮駅」から徒歩10分
参拝時間/4~9月5:00~20:00、11~2月6:00~19:00、3·10月5:30~19:30
御朱印授与時間/8:30~16:30
URL http://fuji-hongu.or.jp/sengen/

古代からの形式が残り、厳粛な雰囲気。文化財保護のため、遥拝所の玉垣内は立入り禁止

主祭神
浅間大神《アサマノオオカミ》
木花之佐久夜毘売命《コノハナノサクヤヒメノミコト》

富士山そのものが御神体！
神聖なパワーをチャージ

山《やま》宮《みや》浅《せん》間《げん》神《じん》社《じゃ》

日本全国にある浅間神社のなかで最も古く、総本宮である富士山本宮浅間大社（→P.46）の起源となる神社です。境内に本殿にあたる建物はなく、富士山を直接拝む参拝形式で、祭儀を行う遥拝所としての原始的な姿をとどめています。遥拝所は南北約15ｍ、東西約８ｍもの大きさで、周囲には溶岩の小石を用いた石列が組まれています。正面に富士山を望み、ここからの壮大な眺めは環境省による「富士山がある風景100選」に選定されています。神秘的な空気が漂う場所で、富士山から絶大なパワーを頂きましょう。

籠屋（社務所）を過ぎたら参道を通り、階段上の祭壇にある遥拝所へと進みます。参道には神の宿った鉾を求めるための火山弾「鉾立石」が置かれています

籠屋（社務所）に賽銭箱や鈴が用意されているため、この位置でお参りしましょう

かつて村人たちが本殿を造ろうと試みたところ、何度も風に飛ばされてしまい、「これはきっと神の祟りだ」と思うようになったため、今でも本殿がありません。遥拝所までは急な階段。体力に不安のある人は手前の籠屋（社務所）で参拝を

御朱印

御朱印帳はP.23で紹介！

墨書／奉拝、山宮浅間神社
印／富士山元宮、淺間神社
●授与時間以外は書き置き。賽銭箱の裏の引き戸に入っています

運気UP! 授与品

お守り

天然のヒノキの香りで心穏やかに。「交通安全まもり」（500円）

DATA
山宮浅間神社
創建／不詳
本殿様式／不詳
住所／静岡県富士宮市山宮740
電話／0544-58-5190（休日）、0544-22-1111（平日は富士宮市役所）
交通／JR身延線「富士宮駅」から車15分
参拝時間／自由
御朱印授与時間／10:00〜15:00（土·日曜·祝日のみ）

神社から歩いて25分の高台にある遥拝所。
「天空の鳥居」の正面に雄大な富士山を望みます

河口浅間神社富士山遥拝所 撮影会撮影©

河口湖畔から富士山を見守る
7本の御神木は究極のパワスポ

河《かわ》口《ぐち》浅《あさ》間《ま》神《じん》社《しゃ》

主祭神
コノハナノサクヤヒメノミコト
木花之佐久夜毘売命

河口湖を挟み、富士山と向き合う地に立つ神社。古代に富士山が記録的な大噴火を起こした際、噴火を鎮めてもらうため、富士山の神様である祭神を祀り、創建されたと伝わります。鳥居をくぐると杉の巨木が茂る参道が社殿まで続き、清涼な空気が流れています。噴火を鎮める祭神のパワーは強力で、御朱印からもその力を感じられます。

社殿の南側には「7本杉」と呼ばれる巨樹が真っすぐそびえ立っています

DATA
河口浅間神社
創建／865（貞観7）年
本殿様式／唐破風一間社流造
住所／山梨県南都留郡富士河口湖町河口1
電話／0555-76-7186
交通／富士急バス「河口郵便局前」から徒歩5分　参拝時間／自由
御朱印授与時間／要問い合わせ
URL https://asamajinja.or.jp

御朱印

墨書／奉拝、浅間神社　印／延喜式内名神大社浅間神社之印、甲斐河口　●神職が手描きで描いてくださる富士山が印象的

「人穴」に聖なる力が満ちる！
運気を上げる神秘スポット

人《ひと》穴《あな》浅《せん》間《げん》神《じん》社《じゃ》

主祭神
コノハナノサクヤビメ
木花咲耶媛命
トクガワイエヤスコウ
徳川家康公

世界遺産の一部に登録された境内の「人穴富士講遺跡」が最大の見どころ。鎌倉時代の歴史書『吾妻鏡《あづまかがみ》』によると、長さ約83mの溶岩洞穴「人穴」は「浅間大菩薩の御在所」として神聖視されていました。事前申し込みをすれば、一部区間のみ洞穴内に入ることが可能※。富士山のパワーが満ちる聖地を訪れれば、強力なエネルギーを吸収できるはずです。

※2022年度は洞穴の一般公開を中止。2023年度は未定。

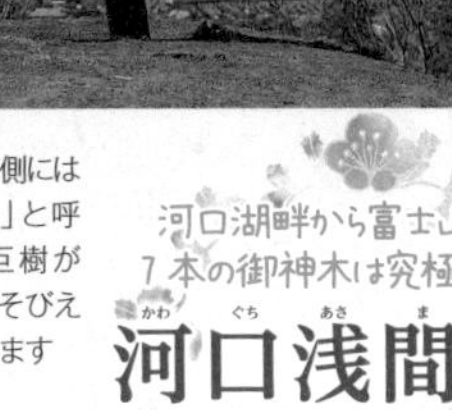

洞穴内は崩落の危険性があることから、立入禁止とされていました。現在は実際に見て体感してもらうため一部を公開しています

DATA
人穴浅間神社
創建／不詳　本殿様式／不詳
住所／静岡県富士宮市人穴206
電話／0544-52-1620（休日）、0544-22-1111（平日は富士宮市役所）
交通／JR身延線「富士宮駅」から車40分
参拝時間／自由
御朱印授与時間／10:00～15:00（土·日曜·祝日のみ）

御朱印

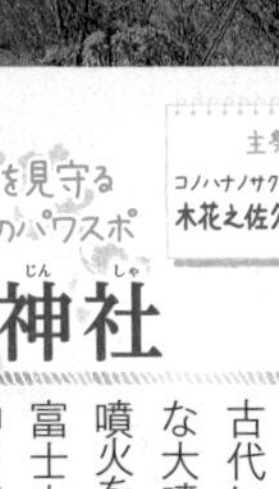

墨書／史跡富士山、人穴富士講遺跡、富士人穴浅間神社　印／神璽、宮司之印、富士人穴浅間神社之印　●富士山印が荘厳な雰囲気

主祭神
コノハナノサクヤヒメノミコト
木花開耶姫命

歴史ある富士山最古の社で
豊かな人生の発展を祈願

冨《ふ》士《じ》御《お》室《むろ》浅《せん》間《げん》神《じん》社《じゃ》

1300年以上前に富士山2合目に奉斎されたと伝わる神社。富士山の噴火などにより、社殿は何度も炎上・焼失しましたが、そのたびに皇室や武田家をはじめとする有力武将などの力で再興、増設されました。現在の本宮は、1612（慶長17）年に造営され、4回の大改修を経て現在地へ遷祀したものです。祭神が富士山の神様で、富士の流水が地域を潤してきたことから、事業や生活の発展・繁栄を祈願する参拝者の姿が多く見られます。また、武田信玄公の御息女・黄梅院《おうばいいん》の安産祈願をしたことから、縁結びや子授け、安産にも御利益があるとされています。

朱色の社殿が目を引く本宮。桃山時代の特徴をもつ建造物であり、富士山最古の社です

氏子の祭祀の便を図るため、河口湖の南岸に立てられた里宮。以来、武田家や徳川家からあつい崇敬を集めました。現在の建物は1889（明治22）年に再建されたものです

見どころCheck！

約200本の桜が咲き誇る

平常時は静かな神社ですが、桜の季節になるとソメイヨシノが一斉に咲き、境内を美しく彩ります。特に、桜がズラリと並ぶ表参道は必見！ 桜のトンネルが参拝者を出迎えてくれます。開花時期に合わせて「桜まつり」の開催も。

毎年4月29日に武田流流鏑馬神事を実施。940（天慶3）年、藤原秀郷が戦勝を祝って祭りを行い、流鏑馬を奉納したのが起源です

御朱印

本宮

限定御朱印は P.17で紹介！

里宮

墨書／奉拝　印／富士山最古宮、北口二合目、本宮、冨士御室浅間神社　●富士山をモチーフにした印です

墨書／奉拝、冨士御室　印／富士山最古宮、冨士御室浅間神社　●堂々たる墨書が神社の風格を感じさせます

神職へ申し出れば、正式参拝（昇殿参拝）が可能。里宮社社殿内、または本宮御垣うち拝殿で神職のお祓いを受けたあと、玉串を奉って拝礼します

DATA

冨士御室浅間神社

創建／本宮699（文武3）年、里宮958（天徳2）年
本殿様式／一間社入母屋造・向拝唐破風造（本宮）
住所／山梨県南都留郡富士河口湖町勝山3951
電話／0555-83-2399
交通／湖畔周遊レトロバス「冨士御室浅間神社」からすぐ
参拝時間／自由
御朱印授与時間／9:00〜16:30（11〜3月は〜16:00）
URL http:// www.fujiomurosengenjinja.jp

運気UP！授与品

お守り

富士山と桜が描かれた「しあわせ御守」や、「美のまもり」（各700円）を身に付けて、美しく強い女性になれるようパワーを頂きましょう

主祭神
木花開耶姫命《コノハナノサクヤヒメノミコト》
彦火瓊瓊杵尊《ヒコホノニニギノミコト》　大山祇神《オオヤマヅミノカミ》

富士山を拝み、噴火を鎮め
穏やかな日々を願う

北《きた》口《ぐち》本《ほん》宮《ぐう》冨《ふ》士《じ》浅《せん》間《げん》神《じん》社《じゃ》

富士山吉田口登山道の入口にあり、富士山を拝み、平穏を祈る神社として創建されました。古木が繁る深閑とした参道を進むと、木造では日本最大の「冨士山大鳥居」、さらにその先には国指定重要文化財の本殿をはじめとした社殿が建ちます。「日本三奇祭」のひとつに数えられる「吉田の火祭り」は、富士山の噴火を鎮めるのが起源。

運気UP! 授与品

お守り

ちゃんとお守り袋が結んである「むすび守」(各300円)

御朱印

御朱印帳はP.23で紹介!

墨書／参拝、北口本宮　印／北口本宮、冨士浅間神社　●ダイナミックな墨書は富士山の形をイメージさせます

境内社

墨書／諏訪　印／日本三奇祭 吉田の火祭り、八月二十六二十七日、諏訪神社　●吉田の火祭りは諏訪神社の例祭

飛地境内社

墨書／大塚丘　朱書／北口本宮発祥　印／大塚丘社　●日本武尊が富士を遥拝した神社発祥の地

DATA
北口本宮冨士浅間神社
創建／110（景行天皇40）年
本殿様式／一間社入母屋造・向拝唐破風造
住所／山梨県富士吉田市上吉田5558
電話／0555-22-0221
交通／富士急バス「浅間神社前」からすぐ　参拝時間／9:00～16:30（祈祷受付）
御朱印授与時間／9:00～16:30
URL https://www.sengenjinja.jp

見どころCheck!

発祥の地「大塚丘社《おつかやましゃ》」

社殿より5分ほど進んだ所にある大塚丘社は高さ5mほどの小高い丘。日本武尊が東征の際、甲斐国（現在の山梨県）へ向かう途中に立ち寄ったという神社発祥の地です。

参拝の際に探したいのが、ハートの小窓が付いた石灯籠。ハートをのぞけば、安産の神・縁結びの神でもある祭神からの御加護を頂けると評判です

主祭神
木花開耶姫命《コノハナノサクヤヒメノミコト》

ハートマークをのぞいて
良縁から安産までしっかりお願い!

須《す》山《やま》浅《せん》間《げん》神《じん》社《じゃ》

富士山の南麓、須山口登山道の起点となる場所に位置する古社。社伝によると日本武尊《やまとたけるのみこと》が東征した際に創建し、552年に再興したとされています。神社を囲むように立ち並ぶ樹齢400～500年以上という約20本のスギの巨木が厳粛な雰囲気を醸し出しています。自分で選べる御神木を使ったお守りを身に付け、運気を引き寄せましょう。

御朱印

御朱印帳はP.23で紹介!

墨書／須山浅間神社　印／富士山南口、須山口、登山證、須山浅間神社之印　●印には富士山と登山口の名前がデザインされています

運気UP! 授与品

樹齢500年の御神木の枝を使った神気に満ちる「神札」（500～1000円）

DATA
須山浅間神社
創建／不詳　本殿様式／不詳
住所／静岡県裾野市須山722
電話／055-992-5005（裾野市観光協会）
交通／須山・ぐりんぱ・イエティ方面行バス「須山」から徒歩10分
参拝時間／自由　御朱印授与時間／9:00～15:00（土・日曜、その他最新情報はSNSを確認）
X（Twitter）：suyamasengen

見どころCheck!

樹齢500年の御神木

荘厳な雰囲気の境内に20本以上のスギの木が林立し、裾野市の文化財に指定されています。御神木は推定樹齢約500年、高さ70m、太さ7mの巨木です。天へ向かって真っすぐ伸びる姿は生命力に満ちています。

主祭神
コノハナノサクヤヒメノミコト
木花咲耶姫命

文化財や天然記念物が多数！
登山道のスタート地点に鎮座

富《ふ》士《じ》山《さん》東《ひがし》口《ぐち》本《ほん》宮《ぐう》
冨《ふ》士《じ》浅《せん》間《げん》神《じん》社《じゃ》

807（大同2）年、富士山の鎮火を祈願した地に創建した神社です。室町時代後半から江戸時代には庶民による富士講が盛んになり、須走の登山道や宿場町とともににぎわいました。一部に江戸期の木材が使用されている社殿や推定樹齢400年のハルニレの木などの文化財や天然記念物が境内に点在。また、随神門前両脇の富士塚をかたどる岩場の上には、親子の狛犬が3匹鎮座する珍しい姿が見られ、今も多くの人に親しまれています。裏参道にある「根上がりモミ」は、モミ・ブナ・カシの3本の木が絡み合うことから縁結びの御利益があるといわれています。

見どころ Check！

珍しい鳥居額に注目

表参道にある石製大鳥居の扁額には「不二山」の文字が刻まれています。ふたつとないすばらしい山＝富士山という意味です。1900（明治33）年に氏子より寄進されました。

信《のぶ》しげの滝

境内の南、鳥居の横にある滝でマイナスイオンを浴びてリフレッシュ！　冬場は滝が凍り、巨大なつららが出現することがあります

御朱印

御朱印帳は P.23で紹介！

墨書／冨士浅間神社　印／富士山東口本宮、東口本宮、浅間神社　●富士山をデザインした押印がすてきです

モミの木

根の大部分が根上がりしている珍しい形状から、小山町の天然記念物に指定。3本の木の根がしっかりと絡み合っていることから、縁結びの御利益あらたかな木として人気です

DATA
富士山東口本宮 冨士浅間神社
創建／807（大同2）年
本殿様式／権現造
住所／静岡県駿東郡小山町須走126
電話／0550-75-2038
交通／富士急行バス「須走浅間神社前」から徒歩1分
参拝時間／自由
御朱印授与時間／9:00～17:00(冬季～16:30)

運気UP! 授与品

「焼印」、「刻印」（各300円）は富士山登山者用です。開山期間しか頂けない貴重なものです

お守り

日本一の富士山のようにさらなる高みに到達できますように！　「赤富士の勝守」（800円）

富士山に登って頂く特別な御朱印

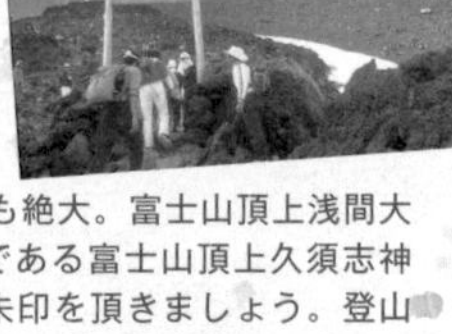

富士山周辺には、霊験あらたかな由緒ある神社が多数鎮座します。なかでも自分の足で頂上まで登らないと頂けない御朱印は、御利益も絶大。富士山頂上浅間大社奥宮（→P.82）と奥宮の末社である富士山頂上久須志神社の2社で安全祈願をしてから御朱印を頂きましょう。登山シーズン中は、神職が登拝者の安全を祈念するほか、御朱印やお守りの授与を行います。

写真提供:静岡県観光協会

富士山頂上久須志神社

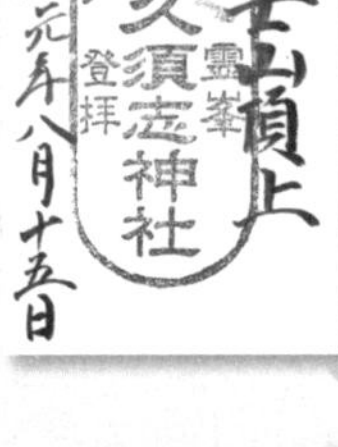

墨書／富士山頂上　印／霊峯 久須志神社 登拝

富士山頂上浅間大社奥宮

墨書／富士山頂上　印／霊峯 浅間大社奥宮 登拝

日帰りプラン

P.47のマップを参考に回ろう

5つの浅間大社をめぐる おすすめドライブコース

8:25 JR「新富士駅」

↓車で50分

9:15 まずは滝で体を清める

❶白糸ノ滝・音止の滝 滞在30分

参拝前に女性的な美しさをもつ白糸ノ滝と、豪快な音止の滝を訪れて穢れを祓いましょう。

DATA
住所／静岡県富士宮市上井出
電話／0544-27-5240
（富士宮市観光協会）
見学時間／自由

↓車で15分

10:00 遥拝所から富士山を拝む

❷山宮浅間神社（→P.48） 滞在20分

↓車で20分

10:40 浅間神社の総本宮にごあいさつ

❸富士山本宮浅間大社 滞在50分
（→P.46）

↓車で2分

11:30 おみやげ探し＆軽くご飯

❹お宮横丁 滞在30分

テイクアウト中心のグルメ処やみやげ物店が軒を連ねる横丁。ご当地グルメも味わえます。

DATA
住所／静岡県富士宮市宮町4-23
電話&営業時間／店舗により異なる

富士山工事用コーンのミニサイズはおみやげに

↓車で1時間

13:00 富士山最古の社で歴史を感じる

❺冨士御室浅間神社 滞在40分
（→P.50）

↓車で20分

14:00 個性豊かな道の駅でブレイクタイム

❻道の駅富士吉田 滞在50分

郷土料理の「吉田のうどん」が味わえるほか、富士山の湧水が汲み放題の無料水汲み場も。

DATA
住所／山梨県富士吉田市新屋1936-6
電話／0555-21-1033
営業時間／9:00～19:00、軽食コーナー10:00～17:00
※季節により変動あり

↓車で10分

15:00 日本最大級の木造鳥居に注目

❼北口本宮冨士浅間神社
（→P.51） 滞在50分

↓車で30分

16:20 「根上がりモミ」に良縁祈願

❽富士山東口本宮 冨士浅間神社
（→P.52） 滞在40分

↓車で1時間

18:00 JR「三島駅」

1泊2日プラン

+1日でアレンジ!

浅間神社8社めぐり

1日目

JR「三島駅」

↓車で40分

❶須山浅間神社（→P.51）

↓車で30分

❷富士山東口本宮
冨士浅間神社（→P.52）

↓車で25分

❸北口本宮冨士浅間神社（→P.51）

↓車で20分

❹冨士御室浅間神社（→P.50）

↓車で10分

❺河口浅間神社（→P.49）

↓

【宿泊】河口湖温泉の温泉旅館

2日目

河口湖周辺

↓車で50分

❻人穴浅間神社（→P.49）

↓車で25分

❼山宮浅間神社（→P.48）

↓車で20分

❽富士山本宮浅間大社（→P.46）

↓車で30分

JR「新富士駅」

参拝前に知っておきたい！ 浅間神社に祀られる神様

はかない美しさと激しさが同居

コノハナノサクヤヒメ【木花咲耶姫】

絶世の美女とされる女神。ニニギノミコトと結ばれ、一夜にして身ごもります。しかし、不貞の子だと疑われたため、産屋に火を放って３柱の子を産み、潔白を証明。そのうちの１柱の孫が初代神武天皇です。火の中でも無事に出産したことから火の神、安産の神として親しまれています。

夫

地上の統治者として天から派遣

ニニギノミコト【瓊瓊杵尊】

最高神であるアマテラスの孫であり、地上を平定するために天上から遣わされた神様です。美しいコノハナノサクヤヒメにひと目ぼれして求婚。ともに嫁いできた姉のイワナガヒメを送り返したために、その子孫は有限の命になったといわれています。（P.39にも紹介があります）

父

山をつかさどる元気な父神様

オオヤマヅミノミコト【大山津見神】

イザナギの子であり、山を支配する神様。『日本書紀』では「大山祇神」とも表記されます。山の神様と崇められているだけあり、御神徳は農業や漁業、商工業などの諸産業から酒造りまで多岐にわたります。包み込むような懐の深さで、商売繁盛や家庭平安へ力を与えてくださいます。

姉

不老長寿の力をもつ女神

イワナガヒメ【石長比売】

「石のように長く天孫の命が栄えるように」という父の願いから、妹とともにニニギノミコトのもとへ嫁ぎます。しかし、容姿を理由にイワナガヒメだけが父のもとへ送り返されてしまったため、人間の寿命ができたとか。不老長寿の力とともに縁結び・縁切り両方の力をもつとされています。

恋愛運アップと女磨きの旅へ！
伊豆半島の温泉エリアで良縁祈願

日帰りコース2
さまざまな運気UPを目指すなら
P.57をCheck！

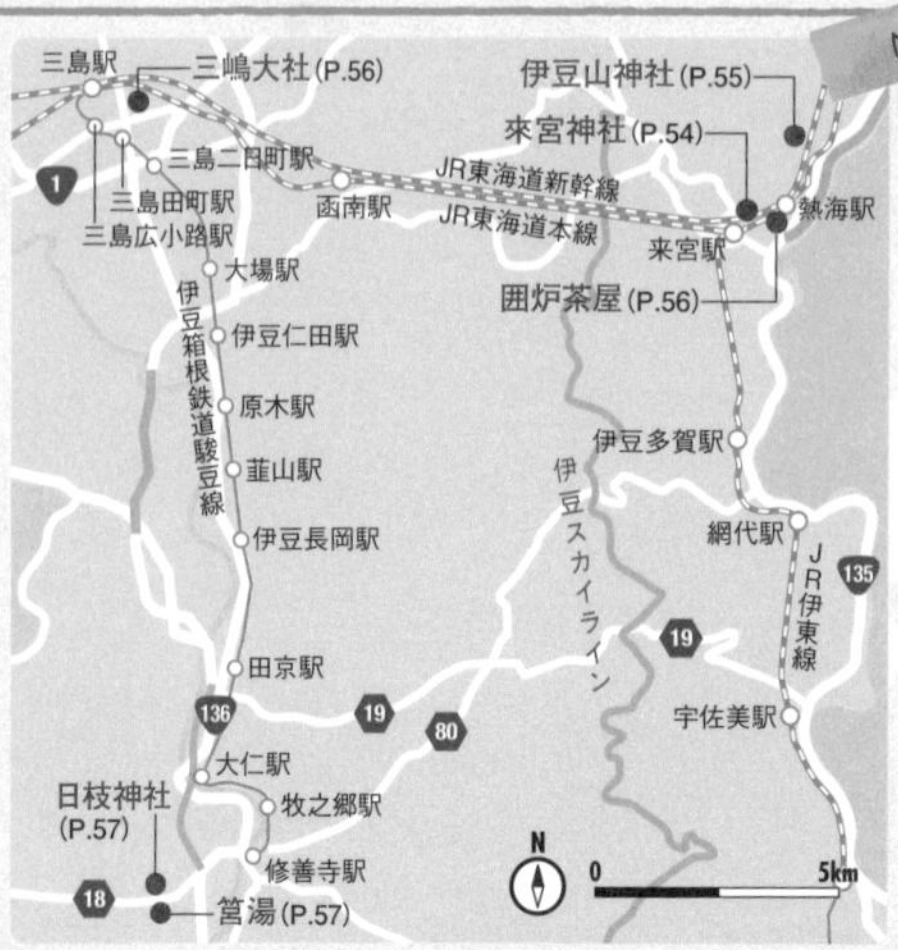

伊豆は歴代将軍が湯に浸かり疲れを癒やしたという名湯もある温泉パラダイスです。ここには源頼朝が源氏の再興を祈願した神社や、北条政子と結ばれた神社など、ふたりにゆかりの深いスポットがたくさん！　参拝して良縁パワーを頂きましょう。

樹齢2100年を超える御神木は
日本屈指のパワースポット！

主祭神
オオナモチノミコト
大己貴命

來《きの》宮《みや》神《じん》社《じゃ》

「五感」で感じる神域をテーマに、50項目を超える新規事業を展開。「癒・楽・時」（癒やし・楽しさ・時の大切さ）を提供できる空間で、さまざまな「良縁」を結べるよう祈願しています。絶対見ておきたいのが、天然記念物のオオクス。「心に願いを秘めながら幹を1周すると願いがかなう」という伝説があり、何度もお参りする参拝者があとを絶ちません。御神木には神社の縁起に登場する樹木と自然保護の神様が祀られ、子孫繁栄の象徴とされています。

運気UP!授与品

お守り
リボンの形をした「蝶々縁結び守り」。すてきなご縁を結んでくれそう

境内では、ハートマークに見える「猪の目」などフォトジェニックな景色に出合えます。SNSでもご縁をつなげたいと、神社自ら「#来宮神社」のハッシュタグの使用を推奨

限定御朱印と御朱印帳は
P.17-23で紹介！

御朱印

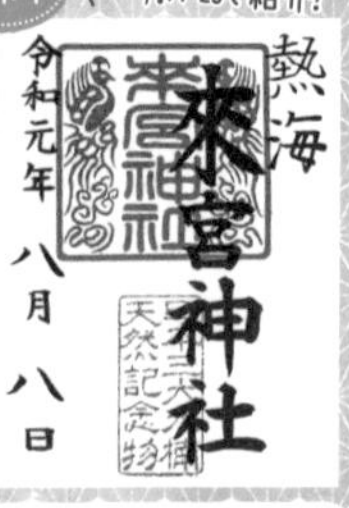

墨書／熱海、來宮神社　印／來宮神社、日本三大大楠天然記念物　●鳳凰が神社名を囲む縁起のよい印です。境外社の御朱印も頂けます

御神木のオオクスは樹齢2100年以上。夕暮れから23時はライトアップも。境内や参道には「祝い」や「災い除け」といった幸運を招く意味のある植物が植栽されています

見どころCheck!

御神木を美しく見るならココ！

日本屈指のパワスポといわれる御神木を参拝者がよく眺められるようにと、「大楠・五色の杜」という多目的施設が建てられました。夜間はLEDが点灯し、幻想的な空間になります。

DATA
來宮神社
創建／不詳（710年以前）　本殿様式／権現造
住所／静岡県熱海市西山町43-1
電話／0557-82-2241
交通／JR「来宮駅」から徒歩3分、または伊豆箱根バス「来の宮神社前」からすぐ
参拝時間／自由
御朱印授与時間／9:00～17:00
URL https://kinomiya.or.jp

モデルプラン日帰り
9:35 JR「熱海駅」 → 車で10分 → 9:45 來宮神社（滞在1時間） → 車で15分 → 11:00 伊豆山神社（滞在50分） → 車で10分 → 12:00 囲炉茶屋（滞在1時間） → 車で1時間 → 14:00 三嶋大社（滞在45分） → 車で35分 → 15:20 日枝神社（滞在40分） → 車で1分 → 16:00 筥湯（滞在1時間） → 車で1時間 → 18:00 JR「熱海駅」

源頼朝と北条政子が愛を育んだ伊豆

源頼朝と北条政子といえば、日本史を代表するビッグカップルです。東国に武家政権を開いた頼朝と、後に幕政の実権をにぎったことから「尼将軍」と称された政子。ふたりの縁は、頼朝が1160（永暦元）年に父親の敗戦を受けて伊豆に流されたことに始まります。

政子の父親である北条時政は、伊豆の地方役人であり頼朝の監視役でした。しかし、時政が不在の間にふたりは恋仲に。罪人と監視役の娘との恋ですから、当然、周囲は猛反対！　しかし、政子が屋敷を抜け出して頼朝の元へ走ったという逸話が残るほど熱烈な愛情を前に、最終的には結婚を認めます。

頼朝が1180（治承4）年に平氏追討の挙兵を決意するまで約20年。流人時代の生活を示す史料はほぼありませんが、伊豆にはふたりが愛を育み、挙兵にあたって必勝を祈願した神社の物語が数多く残されています。神社をめぐりながら、鎌倉幕府の礎を築いたふたりの足跡をたどってみるのもおもしろいかもしれません。

主祭神
伊豆山神《イズサンジン》

頼朝と政子の愛のパワーが満ちる歴史に残る恋の舞台

伊《い》豆《ず》山《さん》神《じん》社《じゃ》

神社の御神威の源は、湧き出る霊湯「走り湯」です。江戸時代には徳川将軍より崇敬され、武家が誓いを立てるときの誓詞証明の社として名を連ねてきました。そして、平安末期、源頼朝と北条政子が身を寄せ愛を育んだ神社としても有名です。境内にはふたりが愛を語りあったという腰掛け石が残されています。ふたりの仲を、北条氏にまだ許されていなかったことに加え、頼朝がここで戦の勝利を祈願した歴史から、恋の困難を乗り切り、勝ち取る強いパワーを手にしたいと、恋に悩む多くの人やカップルが訪れます。

走湯神社

約1200年前に発見された、全国でも珍しい横穴式の源泉「走り湯」を守護するために建てられました。山腹から湧き出す湯は、病を治し、長寿に導くといわれ、古くから信仰の対象とされました

結明神社《むすぶみょうじんしゃ》

大杉から生まれた男女の神様を祀る境内社。かつては全国各地から集まった男女の出会いの場となる「一名恋祭り神事」が行われていました。新しい出会いを求めているなら、ぜひこちらで参拝を

御朱印

御朱印帳はP.25で紹介！

墨書／奉拝　印／伊豆山神社、関八州総鎮護　●印の真ん中にひと振りの剣。源氏と北条氏という武家に縁が深いことを感じさせられます

時間があったら行きたい

本宮社

本殿右側にある白山神社遥拝所から山道を1時間ほど登った山中にあります。ちょっとした登山になりますが、ここまで行けばさらに強運をゲットできそうです

DATA

伊豆山神社

創建／不詳　本殿様式／流造
住所／静岡県熱海市伊豆山708-1
電話／0557-80-3164
交通／伊豆東海バス「伊豆山神社前」からすぐ
参拝時間／自由
御朱印授与時間／9:00～16:00
URL http://izusanjinjya.jp

見どころCheck！

頼朝と政子が愛を語りあった腰掛け石

ふたりが座ったとされる石にカップルで座り恋愛成就を祈願すれば、困難な恋も乗り越えられそうです。本殿の左側、境内の隅にあるので、見逃さないように。

頼朝も祈願した古社で
仕事のステージアップを願う

三《み》嶋《しま》大《たい》社《しゃ》

主祭神
大山祇命《オオヤマツミノミコト》
積羽八重事代主神《ツミハヤエコトシロヌシノカミ》

源頼朝が源氏再興を祈願して、百日詣《ひゃくにちもうで》をしたという歴史ある神社。境内は、重要文化財指定の本殿のほか、北条政子が奉納したと伝えられる国宝の「梅蒔《うめまき》絵手箱《えてばこ》」など、文化的価値の高い建造物や宝物があります。祀られている2柱の祭神を総称し、三島大明神と呼びます。大山祇命は、山林・農業の守護神で、積羽八重事代主神は、商工業・漁業の繁栄をサポートする神様。2柱の神様で、日本の主要産業をほぼカバーしていることから、企業経営者からあつい信頼が寄せられているのも納得です。歴史の重みと御神威を感じながらパワーを頂きましょう。

ランチはこちらで！

伊豆近海の絶品魚料理

伊豆、熱海近海の魚介類を中心に、新鮮な海の幸が味わえる人気店。店こだわりの味付けがたまらない金目鯛の煮付けや、豊富な定食メニューで"旬の伊豆"に舌鼓を。全国の民芸品が並ぶ店内は、どこか懐かしいのに新しい、ほっと落ち着く雰囲気が漂っています。

「鯵のまご茶膳」(2200円)。だし茶漬けも楽しめる人気メニュー

DATA
囲炉茶屋《いろりちゃや》
住所／静岡県熱海市田原本町2-6
電話／0557-81-6433
交通／JR「熱海駅」から徒歩2分
営業時間／11:30～15:00（14:15LO）、17:00～22:00（21:00LO）
休み／火曜 ※祝日の場合は変更あり
URL https://www.irorichaya.com

神《しん》馬《め》舎《しゃ》

古くから三嶋大社の神馬は、毎朝、神様を乗せて箱根山を登ると伝えられています。その伝説にあやかって子供の成長と健脚を祈る風習があります

見どころCheck!

境内のお休み処で頂く名物の草餅

境内にあるお休み処「福太郎茶屋」で頂けるのが、こしあんでくるんだ草餅の「福太郎」です。草餅に使われるヨモギは古くから邪気を祓うとされてきました。自然の香りと上品な甘みが楽しめます。

御朱印

墨書／奉拝　印／三嶋大社
●シンプルながらも堂々とした印、威厳を感じる御朱印です

運気UP!授与品

絵馬

干支が描かれた、厚み4.5cmの「三嶋駒」(1200円)は、開運大吉のお守りや、心願成就、家内安全の縁起物として人気です。さらに分厚い「三嶋大駒」(1万円)は150体限定

お守り

カード型の「仕事守」(800円)は日々の仕事に誠実に励む人を守護してくれます。名刺入れに忍ばせておくと、名刺交換のときに、よいご縁を結んでくれるはず

DATA
三嶋大社
創建／奈良時代以前
本殿様式／総欅素木造
住所／静岡県三島市大宮町2-1-5
電話／055-975-0172
交通／JR東海道本線「三島駅」から徒歩15分　参拝時間／自由
御朱印授与時間／8:30～17:00
URL http://www.mishimataisha.or.jp

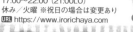

主祭神
大山咋命《オオヤマクイノミコト》

見上げるような巨木に
恋の成就を願いましょう

日《ひ》枝《え》神《じん》社《じゃ》

境内にスギやケヤキなどの巨木がそびえる神社です。特に県の天然記念物に指定されている根回り約5.5m、高さ約25mの一位樫《いちいかし》と「夫婦杉」は、ぜひ拝んでおきたいパワーツリー。樹木のみなぎる生命力を全身に受ければ、おのずと運気が上がりそうです。また、例年10月中旬に例祭を斎行。祭典の夜は、修善寺温泉街を中心に神輿、女神輿、子供神輿、シャギリ（お囃子）といった華やかな山車が練り歩き、御神酒所で御神酒が振る舞われます。

見どころ Check!

樹齢約800年の夫婦杉に子宝祈願

根元がひとつになっている2本のスギは「夫婦杉（別名・子宝の杉）」と呼ばれ、夫婦円満や子宝の御利益があるといわれています。スギの根元にある絵馬かけに子宝祈願絵馬を奉納し、大願成就を祈りましょう。

運気UP! 授与品

お守り

地元産のわらを使用した手作りの「一願成就」守り（1200円）。数量限定のため、見つけたら迷わず頂きましょう

御朱印

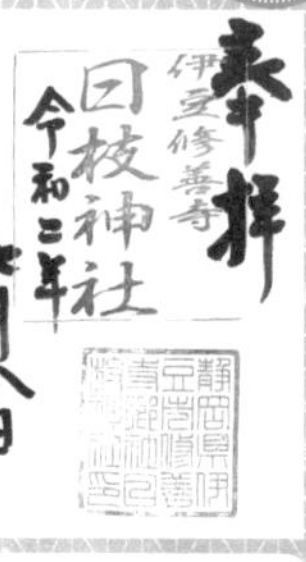

墨書／奉拝　印／伊豆修善寺、日枝神社、静岡県伊豆市修善寺郷社日枝神社印　●印にある「郷社」は旧社格のひとつで村社の上に位置

日没から23時まで、夫婦円満にちなんで鳥居から本殿を「赤結（あかゆい）の糸」で結んだライトアップを実施しています

DATA
日枝神社
創建／不詳　本殿様式／不詳
住所／静岡県伊豆市修善寺826-1
電話／なし　交通／東海バス・伊豆箱根バス「修善寺温泉」から徒歩2分
参拝時間／自由（9:00～23:00を推奨）
御朱印授与時間／10:00～16:00（不定休）

旅の最後は温泉でリフレッシュ！

神社めぐりのラストは、修善寺温泉で疲れを癒やしましょう。日帰り入浴施設「筥湯」は、内湯のみですが、贅沢にかけ流しの湯を楽しめます。入浴後は、併設の展望楼「仰空楼（ぎょうくうろう）」で修善寺の町並みを一望するのがおすすめです。

檜造りの湯船で極楽気分。天井が高く開放的です

DATA
筥湯《はこゆ》
住所／静岡県伊豆市修善寺924-1
電話／0558-72-5282
交通／伊豆箱根バス・東海バス「修善寺温泉」から徒歩3分
営業時間／12:00～21:00（受付～20:30）
休み／無休　料金／350円

日帰りアレンジプラン

＼すべての運気をまるごとUP!／
よくばり弾丸コース

日帰りモデルプラン（→P.54下部）の縁結びだけじゃなく、金運も仕事運も健康運だってぜんぶ上げたい！という人には、伊豆半島を周遊して全御利益を頂くこちらのコースがおすすめ。

9:00 JR「熱海駅」

↓車で45分

9:45 伊豆の玄関口で仕事運UP！
三嶋大社
（→P.56）
仕事運

↓車で25分

11:00 お稲荷さんに金運招福を祈願
城岡神社
（→P.103）
金運

↓車で1時間40分

14:00 御神木が力を授ける
伊那下神社（→P.108）
健康運

↓車で1時間

15:30 伊豆最古の神社で縁結び
伊古奈比咩命神社
（→P.87）
縁結び

↓車で30分

16:30 源氏と縁ある稲取の鎮守社
八幡神社（→P.78）
総合運

↓車で2時間

19:00 JR「熱海駅」

MAP

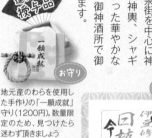

最強開運神社に人気キャラ神社も！
静岡市内のとっておき聖地トリップ

MAP

静岡市は富士山と駿河湾を一望できる風光明媚なエリア。徳川家康公ゆかりの久能山東照宮をはじめ、足を運んでおきたい御利益スポットがてんこ盛りです。縁結びから健康運、開運まで、たくさんのパワーを頂きに出かけましょう！

散策に便利！

電車とバスが乗り放題！お得なフリー乗車券

静岡市内を電車とバスでめぐるなら、まずはお得な乗車券をゲットして。しずてつジャストラインの「電車・バス1日フリー乗車券」なら、静鉄電車全線と静岡駅・東静岡駅・草薙駅・清水駅を起点とした路線の片道600円区間エリア内の静鉄バスが1日何度でも利用できます。
電車・バス1日フリー乗車券
(料金)1400円　(販売場所)新静岡駅、新清水駅窓口など

主祭神
大己貴命《オオナムチノミコト》
木之花咲耶姫命《コノハナサクヤヒメノミコト》
大歳御祖命《オオトシミオヤノミコト》

56柱もの神様が祈願成就を全面的にバックアップ！

静《しず》岡《おか》浅《せん》間《げん》神《じん》社《じゃ》

開拓と縁結びの神を祀る神部《かんべ》神社と安産・子育ての女神を祀る浅間《あさま》神社、繁栄の神様を祀る大歳御祖《おおとしみおや》神社の3本社を総称して静岡浅間神社と呼びます。そのほか境内の奥に衣食住全般を守護してくださる麓山《はやま》神社、必勝の守護神とされる八千戈《やちほこ》神社、医療の神様を祀る少彦名《すくなひこな》神社、そして国学の神様が合格祈願をかなえてくれる玉鉾《たまぼこ》神社があります。「七社参り」といって、境内社7社をすべて参拝すると〝万願かなう〟といわれています。

境内社の御朱印と御朱印帳はP.21・24で紹介！

御朱印

墨書／奉拝、静岡浅間神社　印／駿河國總社、神部浅間大歳御祖神社之印　●静岡浅間神社(総称)と3本社、4境内社、計7社の御朱印があります

石鳥居を入ると右手に神厩舎(しんきゅうしゃ)があり、左甚五郎作と伝わる白馬の彫刻が置かれています。この白馬にお願いをすると祈願がかなうとか。かなえ馬とも呼ばれています

DATA
静岡浅間神社
本殿様式／比翼三間社流造
住所／静岡県静岡市葵区宮ヶ崎町102-1
電話／054-245-1820
交通／しずてつジャストライン安倍線または美和大谷線「赤鳥居　浅間神社入口」からすぐ
参拝時間／7:00〜18:00
御朱印授与時間／9:00〜17:00
URL http://www.shizuokasengen.net

運気UP！授与品

お守り

戦国大名の今川氏が合戦のときに使用した旗印「赤鳥」をあしらった「赤鳥守」(800円)。護身、平穏無事が祈願されています

見どころCheck！

国の重要文化財の大拝殿

楼門をくぐると舞殿、その向こうに2階建ての大拝殿があります。高さ25mもの楼閣造りです。拝殿内は132畳敷きの広さがあります。天井には狩野栄信、寛信による「八方睨みの龍」「四方睨みの龍」、上半身が天女、下半身が鳥という「迦陵頻伽(かりょうびんが)」などが描かれています。

モデルプラン日帰り

8:55 JR「静岡駅」
バスで10分
9:05 静岡浅間神社（滞在1時間5分）
バス+徒歩で1時間
11:10 久能山東照宮（滞在1時間20分）
ロープウェイ+徒歩で30分
13:00 日本平ホテル テラスラウンジ（滞在30分）
バス+電車で1時間10分
14:40 ちびまる子ちゃん神社（滞在40分）
電車+徒歩で40分
16:00 静岡縣護國神社（滞在30分）
電車+徒歩で30分
17:00 翁稲荷社（滞在30分）
徒歩7分
17:40 JR「静岡駅」

主祭神
徳川家康公《トクガワイエヤスコウ》

仕事、健康、学業と勝利の
神様が上昇パワーを授ける

久《く》能《のう》山《ざん》東《とう》照《しょう》宮《ぐう》

神社が位置する久能山は推古天皇の時代（7世紀頃）から、寺院が築かれ祭祀が行われていたところ。山全体が古代から聖域です。徳川家康公は生前から久能山を墓所とすることを望み、その言葉どおりに御遺骸は埋葬され、東照宮が建立されました。御祭神は戦上手としても知られています。

ビジネスや受験など、ライバルに勝って上昇したいときには、境内にある家康公の手形と自分の手を合わせ、サポートをお願いしましょう。強運の手相といわれる「ますかけ線」にも注目です。華麗な装飾が施された御社殿は国宝に指定されています。

一ノ門

久能山の麓から1159段の階段を上ると到着する白木造りの質素な門。ロープウェイが開通するまでは、この石段のみが参拝路でした。目の前に広がる駿河湾の絶景が楽しめます

楼門

廟所に通ずる朱塗りの大きな門です。注連縄の上には、熊の体に象の鼻、サイの目、牛の尾、虎の足をもち、平和の象徴ともいわれる「貘（ばく）」という霊獣の彫刻があります

鼓楼

明治時代の神仏分離令により、創建当時の鐘楼から太鼓に替えて現在の名称に。1873（明治6）年に旧幕臣だった小島勝直氏が江戸城にあったものを奉納したとされています

実割梅《みわりうめ》

駿府城で家康公が自ら育てていた白梅。江戸時代はこの梅で梅干しを漬け、東照宮に納めるしきたりだったそう。明治維新後に東照宮へ移植し、現在も梅干し奉製を行っています

見どころCheck!

聖地中の聖地！ 最大のパワスポ「御神廊」

御社殿の後方にある廟門から約40段の石段を上ると御神廟があります。境内の最奥に位置し、樹木に囲まれています。この地は御祭神の御遺骸を埋葬したところ。1617（元和3）年の創建当時は木造檜皮葺きの造りでしたが、3代将軍・徳川家光公により現在の石造宝塔になりました。御宝塔の高さは5.5m。重要文化財に指定されています。

御朱印

御朱印帳はP.24で紹介！

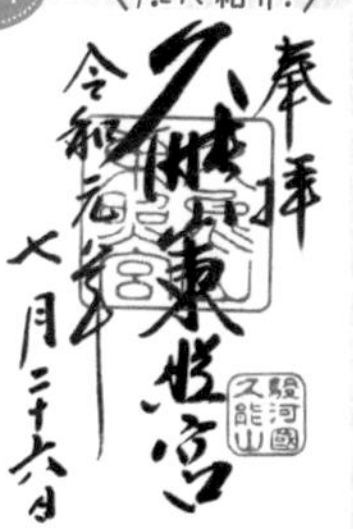

墨書／奉拝、久能山東照宮
印／駿河國久能山、久能山東照宮　●久能山の名は、久能忠仁が山を開き、観音菩薩を祀る寺を建立したことに由来

運気UP! 授与品

お守り

御祭神は当時としては長生きの75歳で亡くなりました。健康に気を使っていたという記録もあります。そこで、徳川家の葵の御紋が配された「健康長寿御守」（1000円）を頒布

「出世御守」（1000円）には御祭神の愛刀「ソハヤノツルキ」と、関ヶ原の戦いでも着用された「歯朶具足（シダグソク）」があしらわれています。御祭神の事跡にあやかり、出世祈願がされています

DATA

久能山東照宮

創建／1617（元和3）年　本殿様式／権現造
住所／静岡県静岡市駿河区根古屋390
電話／054-237-2438
交通／しずてつジャストライン日本平線「日本平」からロープウェイ5分
参拝時間／9:00~17:00　御朱印授与時間／9:00~17:00
URL http://www.toshogu.or.jp

プチブレイクはこちらで！

圧巻のパノラマビューが広がるテラスラウンジ

「風景美術館」の異名をもつ日本平ホテルのテラスラウンジで、広大な庭園や富士山に駿河湾の絶景を眺めながら、優雅なティータイムが過ごせます。パティシエ手作りのスイーツやアフタヌーンティーなどメニューも充実。

DATA
日本平《にっぽんだいら》ホテル テラスラウンジ
住所／静岡県静岡市清水区馬走1500-2
電話／054-335-1157
交通／静鉄バス日本平線「日本平ホテル」からすぐ(JR東海道本線「静岡駅」からシャトルバスで40分)
営業時間／10:00～19:00　休み／無休
URL https://www.ndhl.jp

右／横30m、2フロア吹き抜けのパノラマガラスから雄大な景色が見渡せます　上／テラスパンケーキ単品1070円

人気運を上げるなら“まるちゃん”にお願い！

ちびまる子ちゃん神社

『ちびまる子ちゃん』の舞台で、作者のさくらももこ先生が生まれ育った町に「ちびまる子ちゃんランド」というミュージアムがあります。その中にあるのが「ちびまる子ちゃん神社」です。この神社では、さくら先生が書き下ろしたおみくじが引けたり、限定の御朱印と御朱印帳を手に入れられたり。ファンならずとも一度は訪れたい聖地です。さくら先生たっての希望で作られたというこちらの神社に参拝すれば、たくさんの友達と楽しそうに毎日過ごしているまるちゃんからは人気運が、さくら先生からは芸能上達や才能開花などのすてきな御利益を頂けるかもしれません。

新しくて懐かしい日本唯一のミュージアム！ちびまる子ちゃんランド

ちびまる子ちゃんの世界感をより深く体験できる人気エリア。昭和を再現したあの国民的アニメの世界を思う存分楽しめます。

待ってるよ！

まるちゃんや親友のたまちゃんと一緒に写真撮影もできます♪

御朱印

墨書／奉拝、ちびまる子ちゃん神社　印／ちびまる子ちゃん神社
●太陽と富士山に神様のような姿のまるちゃんが描かれています

かわいい授与品！

さくら先生書き下ろしデザインの授与品の数々。名作『コジコジ』のキャラクターをあしらった授与品もあります

運勢は……しぶ吉!?

鳥居をくぐると、本格的なおみくじの棚が。おみくじの運勢も内容もさくら先生が一つひとつ思いを込めて考えたオリジナルです

DATA
ちびまる子ちゃんランド内
ちびまる子ちゃん神社
住所／静岡県静岡市清水区入船町13-15 エスパルスドリームプラザ3階
電話／054-354-3360(代)
交通／静鉄バス「波止場フェルケール博物館」から徒歩1分(JR東海道本線「清水駅」から無料シャトルバスで10分)
開館時間／10:00～20:00(最終入館～19:30)　入場料／大人(中学生以上)1000円、小人(3歳以上)700円、2歳以下無料

主祭神
護國の英霊《ゴコクノエイレイ》

私たちの幸せを願う神様に深い感謝をささげて

静《しず》岡《おか》縣《けん》護《ご》國《こく》神《じん》社《じゃ》

御利益は「身代わり守護」。明治維新以降に、郷土や国の平和と繁栄のために力を尽くした、7万6千余柱もの英霊は、今も私たちの幸せを強く願い、守ってくれています。合格必勝祈願や厄除け、社運隆昌、商売繁盛、身体安全、病気平癒など、御利益は多岐にわたります。「とにかく幸せになりたい!」という人の強い味方です。桜をはじめ花の名所としても知られています。

御朱印

墨書／奉拝、静岡縣護國神社　印／英霊顕彰、静岡縣護國神社　●神社で神前結婚式を行うことができます。祭神から祝福を頂きましょう

運気UP!授与品

お守り

「キーホルダー交通安全守」「学業成就御守」（各800円）などお守りが各種揃います

DATA
静岡縣護國神社
創建／1899（明治32）年11月13日
本殿様式／流造
住所／静岡県静岡市葵区柚木366
電話／054-261-0435
交通／JR東海道本線「東静岡駅」から徒歩8分　参拝時間／6:00～18:00（10～3月は～17:00）　御朱印授与時間／9:00～17:00（10～3月は～16:00）

見どころCheck!

8月13～15日は「万灯みたま祭」

静岡県下の戦没者遺族が提灯を奉納する「万灯みたま祭」。盆踊りや夜店もあり、しめやかでありながらもにぎやかな夏の夜です。

稀代の陰陽師・安倍晴明公の御神威で災いと決別！

翁《おきな》稲《いな》荷《り》社《しゃ》

主祭神
従四位安倍晴明公《ジュシイアベノセイメイコウ》(翁稲荷《オキナイナリ》)

安倍晴明公を祀る神社。祭神は6代の帝に仕え、宮中の変革や遠国の吉凶を判断した平安時代の天文学者です。その強い霊力による御利益は、方除守護、病気平癒、交通安全などさまざま。神社では祭神の力を受け継ぎ、事前に電話で相談すれば、運勢の鑑定をしていただけます。病気が治ったなどのお礼参りに訪れる人も多いそう。

参拝者にたいへん人気の高い「神符」（1000円）

御朱印

墨書／陰陽社、翁いなり社、東海唯一の方位の神さま　印／抱き稲紋、五芒星、翁稲荷社　●御朱印帳持参の場合は直書きしていただけます

書き置きの御朱印はこちら

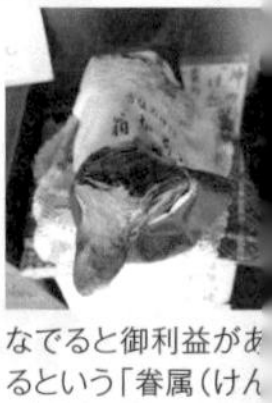

なでると御利益があるという「眷属（けんぞく）」は神のお使いです。キツネなど、人によって何に見えるかは異なります

運気UP!授与品

裏

表

災いから身を守ってくれる「身代御守」（1000円）。裏面に魔除けの呪符である五芒星が描かれています

お守り

「御守」（1000円）。病気平癒、健康守りとして幅広い年齢層に支持されているお守りです

DATA
翁稲荷社
創建／不詳 ※明治時代初期
本殿様式／流造
住所／静岡県静岡市駿河区稲川1-2-25
電話／054-285-1667
交通／JR東海道本線「静岡駅」から徒歩7分
参拝時間／6:00～21:00
御朱印授与時間／8:00～20:00

レトロかわいいローカル列車でめぐる 浜松の知られざる御利益スポット

日帰りコース4

のどかな田園風景のなかを走る「天浜線《てんはません》」。列車も駅舎もレトロで旅情をかきたてます。沿線には神社が多く、御朱印めぐりにぴったり。御朱印を頂きながら自然にふれる1Day鉄道旅に出かけましょう。

キュートな“マリメッコ列車”に乗りたい！

「天竜浜名湖鉄道天浜線」の知っておきたい3つのコト

1 1日フリーきっぷがお得

天浜線で鉄道旅を楽しむなら、天竜浜名湖鉄道全線が1日乗り降り自由になる乗車券が便利です。沿線指定施設での割引特典も付いてお得度満点！

1日フリーきっぷ［天浜線］
（料金）1750円
（販売箇所）
天竜浜名湖線内の有人駅

2 オリジナル御朱印帳がすてき

天浜線の有人駅で天浜線オリジナルの御朱印帳を販売中。車両が箔押しで描かれた上品なデザインで、金箔・銀箔・黒箔の3種類（各1630円）から選べます。

3 スローライフトレインが人気

フィンランド発のテキスタイルブランド「マリメッコ」の生地で車内を装飾したスローライフトレイン（レトロ ドロフィーズ）が運行中。鮮やかな色と大胆な柄の生地が、カーテンやヘッドレストカバーに使われています。公式ホームページで最大2週間先の運転予定日が案内されるので出発前にチェックしましょう♪

URL https://www.tenhama.co.jp

主祭神
大己貴命《オオナムチノミコト》

“打出の小槌”を振って成功の福を呼び寄せる

小《お》國《くに》神《じん》社《じゃ》

「遠州の小京都」と称される森町に鎮座。浜松城に住んでいた徳川家康公の功績からもわかるように、出世成功の霊験あらたかで、各界の著名人や大企業のトップも参拝に訪れるそう。同じ縁結びの神が祀られている島根県の出雲大社と縁が深く、本殿は出雲大社の設計図を基に約2分の1の大きさで造営されています。社名の「小國」は「神が鎮まるにふさわしい美しい土地」という意味です。

MAP

モデルプラン 日帰り

9:30 天竜浜名湖鉄道「遠江一宮駅」 → バスで10分 → 9:40 小國神社（滞在30分） → 電車+徒歩で1時間 → 11:10 MIYAKODA駅cafe（滞在50分） → 電車+徒歩で30分 → 12:30 三嶋神社（滞在20分） → 徒歩20分 → 13:10 蜂前神社（滞在20分） → 徒歩20分 → 13:50 中華屋貴長（滞在35分） → 徒歩5分 → 14:30 細江神社（滞在40分） → 電車+徒歩で50分 → 16:00 初生衣神社（滞在30分） → 徒歩15分 → 16:45 三ヶ日製菓（滞在20分） → 徒歩3分 → :10 名湖鉄道 日駅」

振ればさまざまな宝が出てくる、打出の小槌と同じ形の「宝槌」(6000円)は、静岡の職人の手による貴重な縁起物です。奉製に時間がかかり、入手が極めて困難なレアものなので、見つけたら迷わずGETして

運気UP! 授与品

お守り

「ひょうの実守り」(800円)は、樹齢800余年と伝わる縁結びの御神木「ひょうの木」にまつわるお守り

御朱印

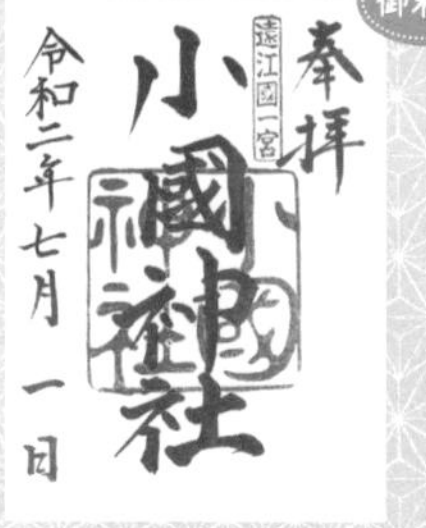

墨書/奉拝、小國神社　印/遠江國一宮、小國神社　●「遠江國一宮」とは、遠江の国で最も位が高い神社であることを意味します

DATA

小國神社

創建/(伝)555(欽明天皇16)年
本殿様式/大社造
住所/静岡県周智郡森町一宮3956-1
電話/0538-89-7302
交通/天竜浜名湖鉄道「遠江一宮駅」から送迎マイクロバス10分(要問い合わせ)
参拝時間/自由
御朱印授与時間/9:00～16:00
URL http://www.okunijinja.or.jp

見どころCheck!

良縁に恵まれる石をなでて神域へ

金銀石

祭神が遠江の国造りをしたときに授けたという石。石の脇に立つ松の幹をなでて、さらに金銀石をなでれば、願いがかなうといわれています

神域

神社に寄り添うように流れる宮川にかかる朱色の橋が、木々の緑に美しく映えます。周囲に広がるスギやヒノキの大樹の森は、広大な御神域です

カフェでひと休み

ゆるりとした時間が流れる無人駅&カフェ

電車を降りてぜひ立ち寄りたいのが、無人駅「都田駅」構内にある「MIYAKODA駅cafe」。古木を生かしてリノベーションされた駅舎は、壁一面に「マリメッコ」のファブリックパネルが。ハッと目を引く独創的な色づかいとプリントで華やかに彩られた建物は、写真映えも抜群です。ビンテージ感あふれる家具や小物、北欧生地を使用したハンドメイド作品が店内に展示され、コーヒーを楽しみながら、上質なひとときを過ごすことができます。

「米粉の手作り無添加クッキーとコーヒーセット」(555円)。コーヒーはアイスかホットが選べます

マリメッコの食器で提供されます!

自然豊かな都田エリアでサイクリングを楽しむ、自転車好きの集合場所にもなっています。シャワー室(有料)も使用可能

DATA

MIYAKODA《みやこだ》駅《えき》 cafe《かふぇ》

住所/静岡県浜松市北区都田町5563-21
電話/053-428-8088
交通/天竜浜名湖鉄道「都田駅」併設
営業時間/11:00～16:00(15:30LO)　休み/月～金曜

境内はのどかな雰囲気。深呼吸して自然のパワーを感じて

あらゆる御利益が頂ける
山の神様にごあいさつ

三《み》嶋《しま》神《じん》社《じゃ》

主祭神
大山祇命《オオヤマヅミノミコト》

都田川の近くにたたずむ小さな神社。約500年前に伊豆に鎮座する三嶋大社（→P.56）から御分霊を勧請してお祀りしたのが始まりとされています。三嶋大明神の名で信仰を集めていましたが、明治初期に現在の社名になりました。祭神は歴代藩主から山の神として崇敬されていて、その御神徳は商売繁盛から試験合格、家庭円満、安産まで、さまざま。普段は人がいませんが、毎年10月10日は例大祭宵祭、翌11日は例大祭本祭が斎行されます。

\3~8月授与/　御朱印　\9~2月授与/

墨書／奉拝、三嶋神社　印／御神木のイチョウの葉と三嶋神社印　●イチョウの葉の金印が押されます。3～8月は若菜色、9～2月は菜種色と時期によって用紙が変わります。無人の場合は賽銭箱に初穂料を納めて、拝殿のケースから書き置きの御朱印を頂きましょう

見どころCheck!

御神木は「なかよしいちょう」

神社の裏手にあるのは御神木のイチョウの木。「なかよしいちょう」と呼ばれるワケは、3本の幹が寄り添うように立っているから。人との良縁を結ぶパワーを頂けそうです。

DATA
三嶋神社
創建／不詳　本殿様式／神明造
住所／静岡県浜松市北区細江町中川347
電話／なし
交通／天竜浜名湖鉄道「金指駅」から徒歩20分、または遠鉄バス奥山伊平線「石岡」から徒歩15分
参拝時間／自由
御朱印授与時間／書き置きにて対応（第2・4日曜9:00～11:00は原則有人対応）

パワフルな女神様に
勝運と出世運向上をお願い！

蜂《はち》前《さき》神《じん》社《じゃ》

主祭神
熯速日命《ヒハヤヒノミコト》

大河ドラマで話題になった女城主・井伊直虎ゆかりの神社です

神社があるのは、武田信玄と徳川家康公が戦い、武田軍が徳川軍を待ち伏せしたとされる場所です。祭神は火のようにパワフルで迅速な行動力の持ち主。行動力が必要な局面でサポートしていただけるはずです。神社は井伊直虎の花押が記された唯一の古文書を所蔵。直虎は女性でありながら、井伊家の当主となり、城を守り戦国時代を生き抜きました。通常、神社は無人で御朱印は書き置きです。授与品は初穂料を賽銭箱に入れて頂きます。

御朱印

(右)墨書／奉拝　印／井伊直虎の花押、兜の印　(左)墨書／奉拝、蜂前神社　印／直虎の花押、社紋、延喜式内蜂前神社　●井伊直政の兜と直虎の花押をあしらった右の御朱印と左の御朱印のセットで授与。直政は直虎の養子と伝わります

DATA
蜂前神社
創建／280（応神天皇11）年
本殿様式／不詳
住所／静岡県浜松市北区細江町中川6915
電話／053-522-4720（奥浜名湖観光協会）
交通／遠鉄バス「祝田」から徒歩5分
参拝時間／自由
御朱印授与時間／自由（書き置き）
URL http://hachisakijinja.or.jp

運気UP!
授与品

お守り

浜松の伝統的な織物である遠州綿紬を袋に使用した「御守」(500円)。直虎の花押の刺繍が入っています

三嶋神社・蜂前神社

岡地駅

駅の上屋やプラットホームは国の登録有形文化財に登録されています

金指駅

大学のために造られた無人駅。通学路にはナシ畑が広がります

常葉大学前

主祭神
建速素戔嗚尊《タテハヤスサノオノミコト》
奇稲田姫命《クシナダヒメノミコト》

地震・津波にも負けない
強力な災難除けの力を授かる

細《ほそ》江《え》神《じん》社《じゃ》

今から約500年前、1498（明応7）年に発生した明応の大地震によって、浜名湖一帯が流没。浜名湖の河口（現在の新居町）に祀られていた角避比《つのさくひ》古神社《こじんじゃ》も大津波で流されましたが、御神体は気賀の地に流れ着き、奇跡的に難を逃れました。喜んだ気賀の人々によって祀られたのが神社の始まりです。地震・津波に負けなかった神社の成り立ちから、「地震災難除け」の御神徳を求めて参拝する人が絶えません。7月第3土・日曜に斎行される祇園祭では、御神体が流れ着いた由縁になぞらえて、神輿を船に乗せて浜名湖をめぐる船渡御の祭礼が行われます。

DATA
細江神社
創建／不詳　本殿様式／神明造
住所／静岡県浜松市北区細江町気賀996
電話／053-522-1857
交通／天竜浜名湖鉄道「気賀駅」から徒歩5分
参拝時間／9:00～17:00
御朱印授与時間／神職在社時のみ（要問い合わせ）

ランチはこちらで！

駅構内で味わう絶品ラーメン

おなかがすいたら、気賀駅構内の中華料理店へ。おすすめは、アオサを粉末にした「アオサパウダー」を麺に練り込んだ「貴長塩らーめん」です。スープには駿河湾産の塩を使い、あっさりした味に仕上げています。

「貴長塩らーめん」（920円）

DATA
中華屋《ちゅうかや》 貴長《きちょう》
住所／静岡県浜松市北区細江町気賀429-1
電話／053-523-0806　交通／天竜浜名湖鉄道「気賀駅」併設
営業時間／11:00～20:00LO　休み／水曜、年末年始

神社は天浜線ウオーキングツアーや舘山寺温泉を拠点としたツアーのなかに組み込まれています。観光とあわせて気軽に参拝を！

運気UP! 授与品

お守り

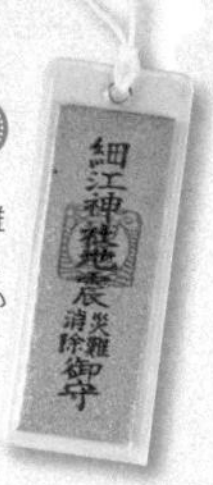

金色に輝く「地震災難消除御守」（300円）。小さめサイズなのでかばんや財布に忍ばせて

祭祀のときに使用される御幣（ごへい）のミニバージョンが入った「地震災難消除御守」（500円）

「笛のお護り」（500円）は万が一のときに鳴らせる笛付きお守りです。7色の厄除けビーズ玉とともに厄から身を守ってくれます

御朱印

墨書／奉拝、細江神社　印／細江神社　●シンプルな御朱印です。神職が在社時のみ頂けますので、頂く場合は参拝前に電話で問い合わせを

見どころCheck!

巨大な御神木が境内にたくさん

境内には樹齢500年以上、高さ約30mのクスノキが林立しています。根元の空洞で大蛇と大蝙蝠（おおこうもり）が争ったという伝説が残る巨木や、「夫婦楠」と呼ばれる2本の木など、生命力みなぎる御神木から明日への活力を頂きましょう。

都筑駅
東都筑駅
浜名湖佐久米駅
小さな無人駅ですが、ホームからは目の前に浜名湖を望めます
寸座駅
西気賀駅
沿線に田んぼが広がり、秋は黄金色に色づいた稲穂が輝きます
中華屋 貴長
細江神社
気賀駅

織物の聖地で技術の上達と
縁結びの御神徳をゲット！

主祭神
アメノタナバタヒメノミコト
天棚機姫命

初《うぶ》生《ぎ》衣《ぬ》神《じん》社《じゃ》

850年以上前から、御衣《おんぞ》（神様にささげる衣服）を織り、伊勢神宮に納めていた由緒ある神社。機織りの神様を祀ることから、遠州地方を中心としたアパレル業界から敬われ、諸産業の技術向上に御利益があります。また、七夕伝説の彦星と織姫も祀られ、男女の縁はもちろん、広く人と人との良縁を結んでくださいます。4月第2土曜のおんぞ祭では、近くの濱名惣社神明宮（→P.80）まで行列して御衣を受け取り、遠州織物業の発展を祈願します。

見どころ
Check！

願いごとを短冊に書いて祈願

8月最終土曜に開催される機織祭は、学問や芸事など、成就したい願いを短冊に書いて祈願するお祭りです。地元を盛り上げるため、地元商店や祭連などが出店する初生衣マルシェや雅楽コンサートといった催しも行われています。

3月下旬から4月上旬にかけて、鳥居近くに椿の落下花を使ってハートが描かれます。写真の撮影スポットとして人気です

おりどの《おりどの》
織殿

勢神宮に奉献する御衣を織っていた場で、江戸末期の織機が保管されていま。2007（平成19）年に浜松市指定有民俗文化財に指定されました

現在でも毎年5月15日に伊勢神宮へ御衣（神御衣）を奉献しています。誰でも参加可能です

運気UP!
授与品

お守り

初挑戦を成功に導き、初心を忘れないよう願うお守り「初守（うぶまもり）」（800円）

「御粧し（おめかし）守」（800円）で身も心もキレイ！

絵馬

自転車型の「みちゃりん」（600円）は、地元中学生が名付け親です。技術向上や道中安全を祈願

浜松名産のうなぎをモチーフにした「うなぎ昇り絵馬」（600円）。何事もうなぎ昇りにうまくいく!?

限定御朱印はP.17で紹介！

御朱印

墨書／奉拝、初生衣神社　印／遠州織物の聖地、丸に立ち梶の葉紋、初生衣神社　●遠州織物関係者から遠州織物の聖地として親しまれています

DATA
初生衣神社
創建／不詳 ※『朝野群載』1080（承暦4）年、『神服部文書』1155（久寿2）年に記載あり
本殿様式／神明造
住所／静岡県浜松市北区三ヶ日町岡本696
電話／090-4194-0539（宮司携帯電話）
交通／天竜浜名湖鉄道「三ヶ日駅」から徒歩20分、または遠鉄バス「三ヶ日車庫」から徒歩10分
参拝時間／自由
御朱印授与時間／要問い合わせ
URL https://www.ubuginu.jp

おみやげはこちらで！

ラストはご当地スイーツで〆！

創業80年を超える、地元の人に愛され続ける和菓子店。提供される菓子は、どれも素材にとことんこだわり、一つひとつ真心を込めて作られています。特に浜松湖の特産品である三ヶ日みかんを使ったお菓子は、おみやげに人気。初生衣神社の名前を冠したお菓子「初生衣」もあります。

DATA
三《みっ》ヶ《か》日《び》製《せい》菓《か》
住所／静岡県浜松市北区三ヶ日町三ヶ日745
電話／053-524-0018
交通／天竜浜名湖鉄道「三ヶ日駅」から徒歩3分
営業時間／8:30～18:00　休み／月曜
URL https://mikkabi-seika.com

三ヶ日みかんをまるごと白あんで包んだ「まるごとみかん大福」（1個320円）。冷凍販売です

新所原駅
静岡県と愛知県の県境の駅。JR東海道本線へ乗り換えが可能です
アスモ前駅
駅から歩いて約15分の場所に「トキワマンサク」の群生地が。4月中旬に白い花が満開になります
大森駅
知波田駅
尾奈駅
ミカン畑に囲まれた駅です。実りの時期には甘酸っぱい香りが漂います
奥浜名湖駅
初生衣神社・三ヶ日製菓
三ヶ日駅

第三章　御利益別！　今行きたい神社

Part 1

総合運

恋愛、仕事、健康、金運……どれも大切で、ぜんぶ願いをかなえたい！　そんなあなたは、こちらの神社へGO！

★総合運★絶対行きたいオススメ神社 2選

- 高塚熊野神社（浜松市）／高松神社（御前崎市）
- 赤尾澁垂郡辺神社（袋井市）
- 愛宕神社（吉田町）／渭伊神社（浜松市）
- 蒲神明宮（浜松市）
- 鎌田神明宮（磐田市）
- 草薙神社（静岡市）
- 葛見神社（伊東市）／五社神社 諏訪神社（浜松市）
- 白羽神社（御前崎市）
- 須倍神社（浜松市）
- 神明宮（静岡市）／八幡神社（東伊豆町）
- 服織田神社（牧之原市）
- 濱名惣社神明宮（浜松市）
- 浜松八幡宮（浜松市）
- 富士山頂上浅間大社奥宮（富士宮市）／府八幡宮（磐田市）
- 部田神社（沼津市）
- 焼津神社（焼津市）

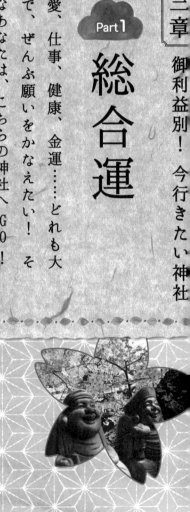

☆総合運☆ 絶対行きたいオススメ神社 2選

厄を祓って理想の人生を手に入れる!!

たくさんの願いごとをまとめてかなえてくださる、ありがたい神社が
災難除けの御利益で知られる「高塚熊野神社」と、海を一望する
高台に立つ「高松神社」。強力な開運と厄除けの力を頂きましょう。

絶対行きたい
オススメ神社 1

境内は災難を祓ってくれるパワスポ

境内にある塚は村人の命を救ったと伝わり
地名の由来ともされる力みなぎる場所です。

浜松市

高塚熊野神社

【たかつかくまのじんじゃ】

神社本殿の裏手には「塚山」と呼ばれる大きな塚があります。この塚は昔、「高い丘を造って人々を救え」との夢のお告げにより、神職と村人が造ったもの。幕末、安政の大地震が起こり、津波が押し寄せたときに村人はこの塚に登り、命を救われたと伝わります。以来、さまざまな災難から身を守ってくれる聖地とされています。さらに、高い塚があることでこの地を高塚と呼ぶようにもなりました。源頼朝、井伊直弼など、多くの偉人が参拝に訪れています。

樹齢500年の御神木「雲龍椎」

拝殿の左手に緑の葉を茂らせたシイの巨木は、神社を長年守ってきた御神木です。その姿は雲の上から天に昇って行く龍を思わせます。ここ数年、パワースポットとして市外からも多くの参拝者が訪れています。

墨書／奉拝、熊野神社　印／遠州高塚、左三つ巴紋、ヤタガラス、高塚熊野神社　●ヤタガラスは足が3本ある烏。祭神のお使いとして、行くべき道や開運へ導く力をもっています

お守り

「勝守」（800円）はスマホなどに貼るお守り。お守りの台紙はお財布などに入れておきます。勝負事だけでなく、自分自身に勝ちたいときにも力を授けてくれます

主祭神

伊佐奈伎命《イザナギノミコト》
事解之男命《コトサカノオノミコト》
速玉之男命《ハヤタマノオノミコト》

高塚の地名の由来にもなったとされる塚山。一説には大津波の犠牲者をこの地に葬り、海から砂を運び、高い墓を築いたともいわれます

みんなのクチコミ!!

毎月最後の土曜に開催される「たかくま市」はとてもにぎやか。夏には夜市も開催されます

DATA
高塚熊野神社
創建／1069～1074年（延久年間）　本殿様式／流造
住所／静岡県浜松市南区高塚町4708
電話／053-448-2288
交通／JR東海道本線「高塚駅」から徒歩3分
参拝時間／自由　御朱印授与時間／9:00～16:00
URL https://www.takatsukakumano.net

神社の方からのメッセージ

当社は災難除けの御利益で知られます。神社が鎮座するのは自動車会社「スズキ」のおひざ元。そこで鈴木姓の氏神様としても信仰を集めています。毎月1・15日は月次祭、例大祭は10月第2日曜です。

毎月最終土曜に境内で「たかくま市」というマルシェを開催しています。この日はスイーツやアクセサリー、雑貨などを扱う多くのショップが軒を連ね、コンサートも開催されます。また、「たかくま市」限定の御朱印も頒布されます。

絶対行きたい
オススメ神社 2

マリンスポーツの安全を守ってくれる

御前崎市

高松神社【たかまつじんじゃ】

太平洋を一望する高台にあり、古来、漁師たちの信仰があつく、今も海の安全祈願が多くあります。

社殿が立つのは海抜65mの場所です。境内からは遠州灘が一望できることから、漁師たちにとっては、漁から無事に帰ってくる目印となってきました。最近では御前崎を訪れるサーファーやウィンドサーファーたちが安全祈願や「いい波」、「いい風」を祈願する姿がよく見られます。水平線から昇る朝日、水平線に沈む夕日のすばらしい景色も眺められます。遠州熊野三山（高松神社、三熊野神社→P.94、小笠神社）の一社とされ、1300年の歴史を誇る古社です。

主祭神

伊弉冊尊《イザナミノミコト》
事解男命《コトサカオノミコト》
速玉男命《ハヤタマオノミコト》

海と波をモチーフにした本殿の彫刻

本殿には合計24もの彫刻が施されています。どれも精緻な木彫りの彫刻で題材は多彩。龍、唐獅子など想像上の動物が彫られています。また、海に近い神社らしく、波の模様が多くあしらわれているのが特徴です。

みんなのクチコミ!!

駐車場は2ヵ所です。車で行くと石段を上らずに境内に入れます。石段は少し急です。海がよく見え、眺望は最高でした

墨書／奉拝、高松神社　印／本殿と神紋をあしらった印、高松神社参拝、高松神社宮司之印　●印に押されている神紋は桐紋。本殿は総欅の入母屋造で江戸時代の建築物です

社殿に続く参道の石段は213段。2008（平成20）年に整備され、歩きやすく、見晴らしのいい石段です。海や市街地の眺望を楽しみながら上れます

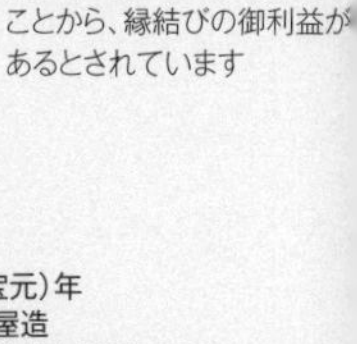

御神木はナギの木。ナギの葉は引っ張ってもちぎれないことから、縁結びの御利益があるとされています

10月第2土曜の例祭では氏子48人による奉納相撲が行われます。記録によれば200年近く前から行われている伝統行事です

DATA

高松神社

創建／701（大宝元）年
本殿様式／入母屋造
住所／静岡県御前崎市門屋2068
電話／0537-86-3428
交通／静鉄バス「合戸東」から徒歩7分
参拝時間／不詳
御朱印授与時間／不詳
URL http://www.takamatsu-jinja.jp

神社の方からのメッセージ

当社は文武天皇の勅願により、紀州熊野三社のうち新宮の熊野速玉大社から分神を勧請したのが始まりです。地域の氏神様として災難消滅、五穀豊穣、安産縁結び、交通安全の神として信仰されてきました。

隣接して高松緑の森公園が広がります。緑が豊かで、起伏に富んだ園内にはアスレチック広場、展望台、マレットゴルフ場、全長150mのローラースライダーなどの施設があります。神社の参拝が済んだら、帰りはローラースライダーで降りるコースも楽しめます。

狙うは「大吉」以上の幸運！

遠州の古き伝統とともにある古社に集う多くの神々からエネルギーを頂きましょう。

袋井市

赤尾澁垂郡辺神社

【あかおしぶたれこうりべじんじゃ】

古文書に奈良時代に創祀とありますが、裏山には古墳時代中期～後期に構成された「澁垂神社古墳群」が分布し、太古よりこのあたり一帯が神聖な地であったことがわかります。長楽寺という高野山系の寺院を経て、明治時代になると赤尾神社・澁垂神社、そして郡邊神社、さらに近隣の神社が合祀され、一体となって現在の神社の姿になりました。たくさんの神々が集い人々を見守る、知る人ぞ知るパワースポットなのです。

主祭神

息長足姫命《オキナガタラシヒメノミコト》

譽田和気命《ホンダワケノミコト》　玉依姫命《タマヨリヒメノミコト》

ほか16柱

全国でも超レアな大大吉入り

おみくじは大吉が最高峰と思っていませんか？　こちらにはなんと「大大吉」が存在します。大大吉入りのおみくじがあるのは全国でもごくわずか。たとえ大大吉が引けなくても、そんな神社にお参りできただけですでにラッキーかも。

みんなのクチコミ!!

本殿は江戸時代の諏訪の名工立川昌敬の手によるもの。境内社、白山神社の社殿は安土桃山時代の1588（天正16）年に建立された禅宗様式の建築でとても貴重！

墨書／奉拝、澁垂神社　印／國史現在社・延喜式内社、赤尾澁垂郡辺神社印、絵馬　●左下の絵馬の朱印は「敬神崇祖」と書かれています。「神様を敬って、ご先祖様も崇める」という意味の、かつてよく使われていた四字熟語です

お守り

「迷彩柄身守」（700円）があれば、降りかかる災いからわが身を隠してくださるに違いありません

かわいいイチゴの「一期一会御守」（700円）がすてきな出会いをお約束

「幸せ呼ぶ方位守」（1000円）は、家相や地相、鬼門などから来る災いを除く「御富岐玉（みほぎだま）」。部屋の隅に掲げます

DATA

赤尾澁垂郡辺神社

創建／717（養老元）年
本殿様式／一間社流造
住所／静岡県袋井市高尾193
電話／0538-42-9079
交通／JR東海道本線「袋井駅」から徒歩15分
参拝時間／9:00～17:00
御朱印授与時間／土・日曜の9:00～12:00
URL https://shibutarejinja.wixsite.com/website-1

神社の方からのメッセージ

毎年10月第2週の週末にかけて開催する例祭は「袋井祭り」と呼ばれ、地域をあげた盛大なもの。五穀豊穣を祝い、無病息災を願って江戸時代から続く屋台の曳き回しが見ものです。にぎやかなお囃子に心も躍りますよ。

12月には「地（じ）の神様祈願祭」が行われます。家屋敷のある大地は神様からお借りしているものという考えから、1年の終わりにその土地の神様（屋敷神様）に感謝をささげます。静岡県西部の遠州一帯に古くから続くならわしです。

火防の神様に厄除けを祈願！

吉田町

愛宕神社【あたごじんじゃ】

江戸時代に開墾されたこの地に何度か火災が起きたため、1707（宝永4）年に江戸の芝にある愛宕神社から御分霊を頂いたところ、災いが鎮まりました。御分霊はそのまま鎮座し、神社が創建されました。火防はもちろん、五穀豊穣、厄除け、病気平癒など、多彩な御利益があります。

墨書／奉拝、感謝、愛宕神社　印／神璽、宮司之印　●書き置きの御朱印が用意されています。事前に電話で連絡を

境内にはさまざまな樹木が茂り癒やされます。特に鳥居の左手に枝を広げるタブノキが見事。拝殿前には風格のある御神木のタブノキの老木があります

お守り

白地に金糸で"えんむすび"と織り込まれた「縁結御守」（300円）

主祭神

伊弉冉尊《イザナミノミコト》

DATA

愛宕神社

創建／1707（宝永4）年

本殿様式／八幡造

住所／静岡県榛原郡吉田町片岡1993

電話／0548-32-2022

交通／しずてつジャストライン「吉田中学校入口」から徒歩7分

参拝時間／自由

御朱印授与時間／要問い合わせ

みんなのクチコミ!!

10月第3土・日曜に例祭が行われ、氏子による山車の曳き回しでにぎわいます

井伊家の氏神を祀る古社

浜松市

渭伊神社【いいじんじゃ】

社殿背後の薬師山山頂に古代の祭祀場とされる天白磐座《てんぱくいわくら》遺跡があり、この遺跡が神社の創建に関わっているという説があります。近くに神宮寺川が流れており、遺跡は水霊を祀ったと考えられています。巨石が立ち並ぶ圧巻の景色が広がり、パワースポットとして訪れる人もたくさんいるとか。

墨書／奉拝、直虎ゆかりの地、天白磐座、式内社、渭伊神社　印／御守護、渭伊神社、渭伊神社御璽、渭伊神社之印、宮司之印　●直虎とは井伊直虎のこと

天白磐座遺跡は約40m四方にわたって巨石が群在し、古代人が神として祀ったとされる遺跡です

神宮寺川の川沿いの崖にある迫力満点の巨石群「鳴岩」

主祭神

玉依姫命《タマヨリヒメノミコト》

品陀和気命《ホンダワケノミコト》　息長足姫命《オキナガタラシヒメノミコ》

DATA

渭伊神社

創建／不詳

本殿様式／不詳

住所／静岡県浜松市北区引佐町井伊谷1150

電話／なし

交通／遠鉄バス奥山線「神宮寺」から徒歩10分

参拝時間／自由

御朱印授与時間／基本的に無人のため書き置き

みんなのクチコミ!!

天白磐座遺跡へは社殿脇から山道を登っていきます。神社の境内には天生杉（てんしょうすぎ）という御神木があります

伊勢神宮の女神様の力で運気アップ！

御神託により開かれた伊勢神宮ゆかりの古社。式年遷宮でパワーアップした御本殿を参拝して。

浜松市

蒲神明宮【かばしんめいぐう】

主祭神

天照坐皇大御神《アマテラシマススメオオミカミ》　豊受比賣神《トヨウケヒメノカミ》

旧浜松市内で最古といわれる歴史のある神社。伊勢神宮とのつながりが深く、地元では「ごしんさま」と呼ばれ親しまれています。平安時代の中頃に、藤原鎌足の子孫である越後守《えちごのかみ》藤原《ふじわらの》静《しず》並《なみ》公が伊勢神宮の御神託を受け、馬込川と天竜川の間に広がる蒲が茂る地を開拓し、「蒲御厨《かばのみくりや》」として伊勢神宮に寄進し、神社を勧請しました。拝殿の奥に、伊勢神宮と同じ神様を祀る内宮と外宮の御本殿が立ち並び、20年に一度、式年遷宮が斎行されます。

機織りの才に優れた女性をたたえた燈籠

拝殿前の右に立つ燈籠には、遠州織物の発展に貢献した小山みいをたたえる顕彰文が刻まれています。明治時代に一女性をたたえた文を刻んだ燈籠が建てられるのはまれなこと。ぜひお参りしてその才能にあやかりましょう。

みんなのクチコミ!!

神職さんが雨の日に病気平癒の祈祷をすると、不思議なことに拝殿と御本殿の間にある中庭の雨が一時的に止むことがあるそうです

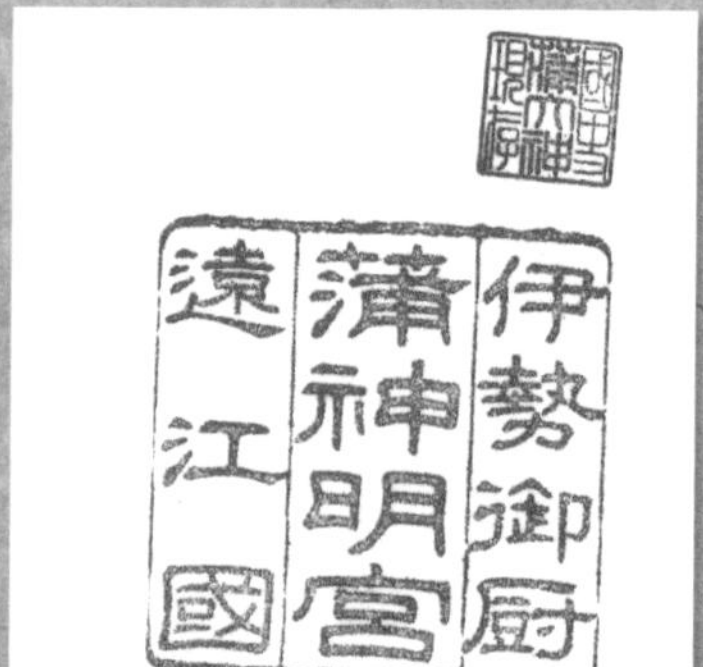

印／國史蒲大神現存、伊勢御厨・蒲神明宮・遠江國

●神社がある地は、伊勢神宮の御厨（みくりや）として寄進されました。「厨＝台所」であり、御厨とは神様にお供えする神饌を用意する場所を指します

池の畔に立つ境内末社の厳島神社には、弁天様が祀られています

10月に斎行される例大祭の様子。夜は御殿屋台に明かりがともされます

源頼朝の弟である蒲冠者範頼（かばのかんじゃのりより）が平家追討のため上洛する途上、三重県の石薬師で戦勝祈願して立てた桜の鞭から芽吹いたのが、石薬師の蒲桜。その苗がこの地に里帰りしています。今では樹齢20年近くなり、毎年春に美しい花を咲かせます

DATA

蒲神明宮

創建／不詳
本殿様式／神明造
住所／静岡県浜松市東区神立町471-1
電話／053-461-8591
交通／遠鉄バス「将げん町」から徒歩3分
参拝時間／自由
御朱印授与時間／10:00～15:00

神社の方からのメッセージ

2020年は20年に一度の式年遷宮の年に当たり、9月に外宮の改築を行い、遷宮祭を斎行することができました。外宮鳥居は伊勢神宮内宮の月読宮から拝領いたしました。

毎年10月に斎行される例大祭では、蒲地区10町の絢爛豪華な御殿屋台10台が神社に結集します。屋台が境内に所狭しと並ぶ様子は圧巻。屋台はそれぞれに趣向を凝らした彫刻が刻まれ、荘厳な雰囲気です。

あふれる自然からエネルギーチャージ

伊勢神宮を支える「台所」として
古より豊かに栄えた地を守ってきました。

磐田市

鎌田神明宮【かまだしんめいぐう】

主祭神
豊受姫大神《トヨウケヒメノオオカミ》

伊勢神宮直系の神社です。1300年前、近くの中島浜に白い矢が降り、光を放ちながら「我は伊勢の国から来た豊受の神」と名乗りました。その3日後、その矢は農具の鎌とともにこの地に飛来します。そのことからこのあたり一帯は「鎌田」という地名になりました。平安時代には、伊勢神宮の※御厨《みくりや》に選ばれ、以降、時の権力者に大切に守られてきました。伊勢神宮を遠くから支えてきたパワフルな神社で開運を祈願しましょう。

※神様に供えるお酒や食べ物である「神饌(しんせん)」を調達するところ

静岡県自然百選に選ばれた「神明の森」
神明の森には、シイやスギなどの大木が茂ります。神社は、19村21社の御厨の総鎮守として崇敬され、東海地域では最古の御厨と考えられています。また、農業神を祀る日本の原始信仰が残り、民俗学的にも貴重な神社です。

みんなのクチコミ!!

10月の例祭では、御厨6地区の屋台(山車・ねり)が集合します。神社には全国でも最古のものだといわれている「幻のねり」が保管されています

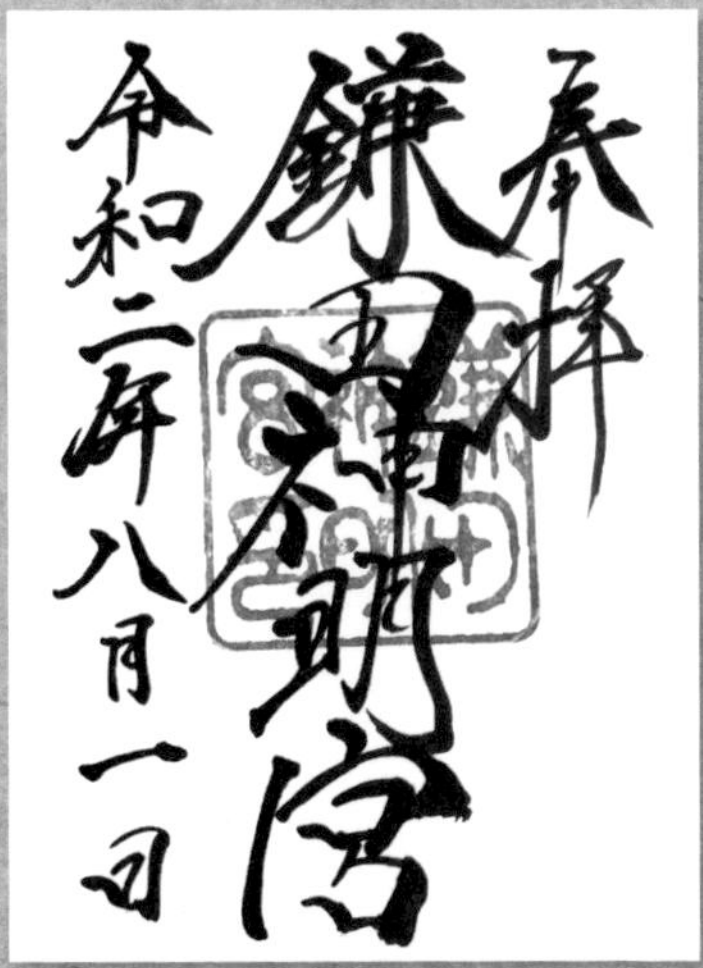

墨書/奉拝、鎌田神明宮　印/鎌田神明宮印　●神社の伝承をモチーフにしたオリジナル御朱印帳があります。正月にはその年の干支にちなんだ限定御朱印も頂けます。授与期間が短いのでお見逃しなく

2020年には徒歩10分の所に静岡県内では約20年ぶりとなるJRの新駅が開業。この地の歴史にちなみ「御厨駅」という駅名がつけられています

お守り

勇ましい鎌の絵が、どんな願いも刈り取ってくださりそうなお守り。左から「金運守」「必勝守」「身体健全守」「式年遷宮絆守」(各500円)です

DATA
鎌田神明宮
創建/651(白鳳2)年
本殿様式/神明造
住所/静岡県磐田市鎌田2262
電話/0538-32-6308
交通/JR東海道本線「御厨駅」から徒歩10分
参拝時間/自由
御朱印授与時間/9:00~17:00
URL https://kamadashinmeigu.com

神社の方からのメッセージ

当社は鎌倉時代より「幼児虫封」の御神徳でも知られ、現在も全国からたくさんの方がお参りにいらっしゃいます。お子様が健やかにお育ちになったら「満願祈願10年後のお礼参り」として「鎌」をお納めいただきます。

20年ごとに行う式年遷宮。直近でも伊勢神宮から御用材を頂戴しました。これは当時、代替わりしたばかりの宮司さんが熱意ある書状をしたためた結果です。伝統を守りながら、地域の皆さんの幸せのために尽くされるすてきな神職さんにもぜひお会いしたいですね。

草薙の剣で難を逃れた聖地

逆賊が放った火に囲まれた祭神が剣を抜き、火を払い、窮地を脱したという地に鎮座します。

静岡市

草薙神社【くさなぎじんじゃ】

主祭神
日本武尊《ヤマトタケルノミコト》

境内入口の鳥居のすぐ後ろには祭神の石像が立ちます。祭神が東国征伐に行く途中、この地の逆賊が原野に火を放ち、焼き殺そうとしました。そこで剣を抜き、草を払って難を逃れたと伝わります。この故事が地名の起こりで、その剣を草薙剣と呼ぶようになったとされます。祭神自らが災難を除け、道を開いた地に鎮座することから、昔から厄除け・開運のパワーで知られています。拝殿は江戸時代末期の建物、本殿の左右には天皇社、浅間社などの末社が並びます。

秋季大祭で草薙龍勢花火大会を開催

例大祭が斎行される毎年9月20日前後の休日に龍勢花火大会を奉納します。「龍勢」は火薬を詰めた筒を竹の先につけて打ち上げる花火。筒は煙を上げて昇り、上空で落下傘が開き地上に降りてきます。県指定無形民俗文化財です。

みんなのクチコミ!!

草薙駅から草薙神社を経て、日本平に登るハイキングコースがあります。道は整備されていて迷う心配はまずありません

墨書/奉拝、駿河國、草薙神社　印/剣に日本武尊、駿河國式内草薙神社参拝印、草薙神社印　●日本武尊の印は祭神が草を払ったという草薙剣をかたどっています

樹齢1000年以上と伝わる御神木のオオクスが葉を茂らせています

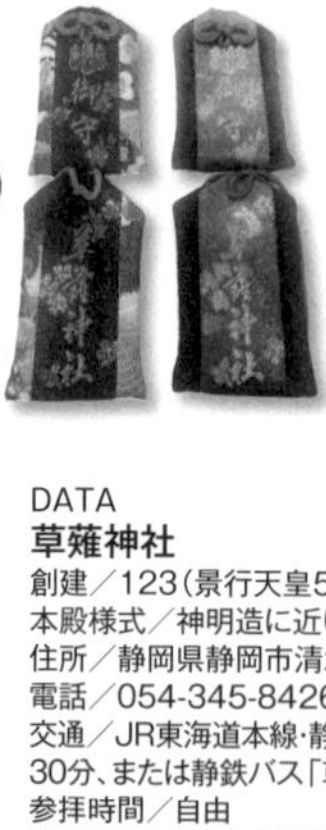

お守り

「御守」(1000円)は表に神紋の五七の桐紋が、裏には15代将軍徳川慶喜公の書体で草薙神社の社名が入っています

拝殿内にかけられている「草薙神社」の額。字は徳川慶喜公の書体です

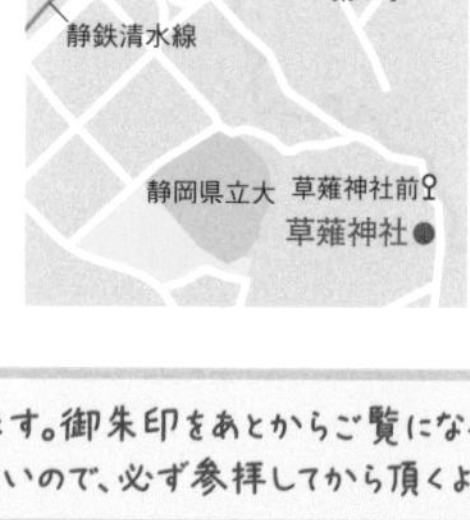

DATA
草薙神社
創建/123(景行天皇53)年
本殿様式/神明造に近い様式
住所/静岡県静岡市清水区草薙349
電話/054-345-8426
交通/JR東海道本線・静岡鉄道「草薙駅」から徒歩30分、または静鉄バス「草薙神社前」から徒歩2分
参拝時間/自由
御朱印授与時間/9:00～16:00
Instagram：kusanagijinjya_official

神社の方からのメッセージ

当社では御朱印を参拝記念と考え授与しています。御朱印をあとからご覧になって、参拝した神社のことを少しでも思い出していただければ幸いです。スタンプではないので、必ず参拝してから頂くようにしてください。

祭神は東国征伐に向かう途中、伊勢神宮に立ち寄り、叔母のヤマトヒメから天叢雲剣(あめのむらくものつるぎ)を託されます。この剣で草を薙ぎ、火難から逃れたので草薙剣と呼ばれるようになりました。その後、時代を経て、草薙剣は熱田神宮に奉納されました。

謎に満ちたパワースポット!

伊東市

葛見神社【くずみじんじゃ】

伊東市の豪族であった伊東家も守護神として稲荷神を祀った古社です。主祭神の葛見神は、事代主神《ことしろぬしのかみ》または医薬神と考えられていますが、詳細は不明です。樹齢1500年から2000年ともいわれる全国でも有数の樹齢をもつ老樟《ろうしょう》には、御神威を感じずにはいられません。

主祭神
葛見神《クズミノカミ》　倉稲魂命《ウカノミタマノミコト》
大山祇命《オオヤマツミノミコト》

オオクスの根元には小さな祠が。近くにいるだけでパワーがチャージされそうです

絵馬

御神木がダイナミックに描かれた絵馬（600円）。参拝者に人気です

墨書／奉拝、葛見神社　印／参拝記念・大樟・伊東・葛見神社、葛見神社之印　●丸印の中央は伊東家の家紋である庵木瓜紋（いおりもっこうもん）です

DATA
葛見神社
創建／不詳 ※927（延長5）年以前
本殿様式／神明造
住所／静岡県伊東市馬場町1-16-40
電話／0557-37-1050
交通／JR伊東線・伊豆急行線「伊東駅」から徒歩20分、または東海バス「竹町」から徒歩10分
参拝時間／自由
御朱印授与時間／9:00～16:00
（不在の場合あり、要連絡）

みんなのクチコミ!!

静かな森の中にあり、心が落ち着く神社です。県の巨木100選に指定されているオオクスは必見！

徳川家ゆかりの産土神で開運

浜松市

五社神社 諏訪神社【ごしゃじんじゃ すわじんじゃ】

徳川家康公が2代将軍秀忠公誕生の際、産土神として浜松城内から現在地に遷座した五社神社と、3代将軍家光公によって遷された諏訪神社が合祀されました。安産祈願や開運厄除け、身体健康など、幅広い願いを聞いてくださいます。日本最大級の狛犬と、御神岩の獅子頭石は必見です。

主祭神
五社神社
太玉命《フトタマノミコト》
武雷命《タケミカズチノミコト》　斎主命《イワイヌシノミコト》
天児屋根命《アメノコヤネノミコト》　姫大神《ヒメオオカミ》
諏訪神社
建御名方命《タケミナカタノミコト》
八坂刀売命《ヤサカトメノミコト》　事代主命《コトシロヌシノミコト》

御神岩「獅子頭石」は悪病災害・魔除けの霊獣である獅子の頭の形にそっくりの自然石。古くから境内に祀られています

お守り

「安産御守」「厄除御守」「健康御守」（各1000円）をはじめ商売繁盛、旅行安全など、さまざまなお守りやお札が揃います

御朱印帳はP.24で紹介！

墨書／参拝、五社神社 諏訪神社　印／遠江國浜松鎮座、五社神社 諏訪神社　●御朱印には、五社神社と諏訪神社が合わせて祀られ、ひとつの神社となっていることが表されています

DATA
五社神社 諏訪神社
創建／不詳
本殿様式／流造
住所／静岡県浜松市中区利町302-5
電話／053-452-3001
交通／JR東海道本線「浜松駅」から徒歩15分、または遠鉄バス「伝馬町」から徒歩2分
参拝時間／9:00～17:00
御朱印授与時間／9:00～17:00
URL https://goshyajinjya-suwajinjya.or.jp

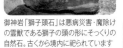

旅行の前には安全祈願を！

かつて、この地に馬を放牧する白羽官牧があり、馬の守護神として、信仰を集めたとされます。

御前崎市

白羽神社【しろわじんじゃ】

馬は人を踏みつけることがない霊獣とされ、そこから、近年は交通安全、旅の安全を守る御利益で知られるようになりました。

創建は平安時代と古く、歴代領主から信仰を集めてきましたが、戦国時代には武田信玄が攻め入り、社殿も古文書も焼失しています。しかし、御神体は60㎞以上離れた白羽山に疎開し、無事でした。そのあと、武田家は神を恐れ、社殿を再建、御神体も戻されたということです。江戸時代には徳川家から庇護され、社殿の造営などが行われています。

主祭神

天津日高彦穂々出見命《アマツヒダカヒコホホデミノミコト》

豊玉毘売命《トヨタマヒメミコト》　玉依毘売命《タマヨリヒメノミコト》

みんなのクチコミ!!

静岡県による「ふるさとの自然（お宮の森・お寺の森）100選」に選定された神社の森。自然いっぱいです！

御神木は市指定天然記念物

樹齢は不明ですが、マキの木が御神木です。高さ約14m、御前崎市内では一番の大木。今も緑の葉を茂らせ、生命力にあふれた姿を見せています。

お守り

「交通安全」お守りは車につるすタイプ（500円）とステッカータイプ（300円）。マイカーを事故から守ってくれます

絵馬

海から昇る朝日と白馬をデザインした「絵馬」（300円）。馬の守護神を祀る神社らしい絵馬です

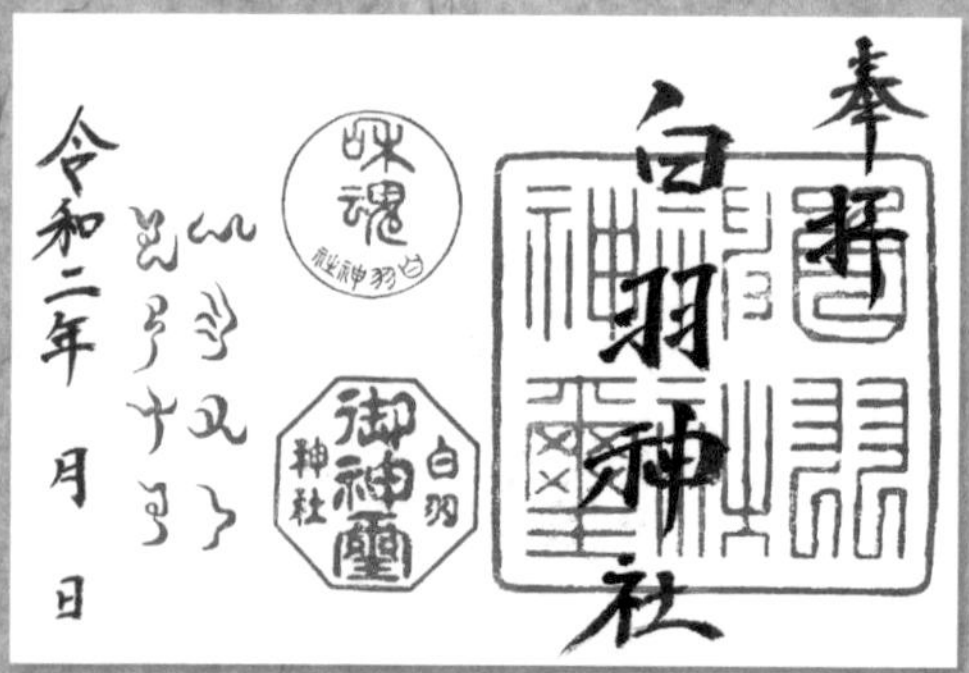

墨書／奉拝、白羽神社　印／白羽神社神璽、魂、白羽神社御神璽、トヲカミエミタメ（神代文字）　●神代文字は神道が宗教になる前から存在する祈りの言葉を文字にしたものです。災いを浄化する祓詞とされています

境内には恵比須様、大黒様の木彫りの像が置かれています。桜が美しく、春にはお花見をしながら参拝に訪れる人も多くいます

DATA

白羽神社

創建／834（承和元）年
本殿様式／入母屋造
住所／静岡県御前崎市白羽3511
電話／0548-63-3809
交通／静鉄バス「白羽小学校前」または「中西」から徒歩5分
参拝時間／自由
御朱印授与時間／8:30～17:00

神社の方からのメッセージ

毎年10月17日に近い土曜に秋祭りを斎行しています。市内白羽地区からは6基の山車が境内に集結、木遣り音頭、お囃子にのって町内を練り歩きます。町内の小学生による浦安舞も奉納され、にぎわいます。

秋祭りでは「神ころがし神事」が行われます。神社総代2人が生後1～2年目の赤ちゃんの肩と足を持って回す神事です。赤ちゃんの泣き声が大きいほど、元気に育つといわれています。2月の節分祭では豆まきのほか、景品が当たる福餅まきが行われます。

そうそうたる顔ぶれの神様が集結！

数多の神々が合祀された寄宮《よせみや》とも呼ばれる神社。70柱以上の神々様が願いを聞いてくださいます。

浜松市

須倍神社【すべじんじゃ】

蒲神明宮（→P.72）、鎌田神明宮（→P.73）とともに遠州三神明宮のひとつに数えられる神社。鎮座地は古くから伊勢神宮とのつながりが深く、902（延喜2）年に別の場所に鎮座していた内宮と外宮の両殿を現在地に遷座し、現在の社名になりました。外宮御本殿には、1874（明治7）年に69社の神社を合祀。日本武尊や神武天皇、菅原道真公、そして鹿島・香取・熱田神宮の同神など70柱以上もの神々が祀られ、参拝者の願いを幅広くサポートしてくださいます。

並び立つ内宮と外宮の御本殿

向かって右が内宮、左が外宮の御本殿です。外宮には合祀された69社の神々を含む70柱以上の神々が祀られています。御利益は開運出世、病気平癒、縁結びなど多岐にわたります。

主祭神

内宮

天照皇大神《アマテラススメオオカミ》

外宮

豊受姫大神《トヨウケヒメオオカミ》

みんなのクチコミ!!

10月の例大祭では周辺9地区の山車が曳き回されます。いっせいに参入、退場する様子は壮観です

墨書／奉拝、式内須倍神社　印／五七桐紋、皇神御璽、須倍神社　●神紋が四隅に押印された御朱印。鎮座地の都田は伊勢神宮の御厨（みくりや）として発達した土地で、祭神は神宮を勧進奉斎したものだそうです

授与品

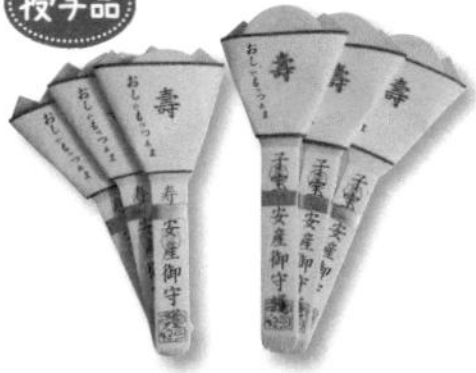

「おしゃもっさま」（1000円）は子授けや安産御守護の木札。杓子で子宝の願いをすくい上げるという意味があります

境内社の秋葉神社には防火の神様が、津島神社・姥神社には農業の神様と金属加工の神様が祀られています

御朱印帳

「御朱印帳」（1000円）には金色に輝く五七の桐の神紋が入っています

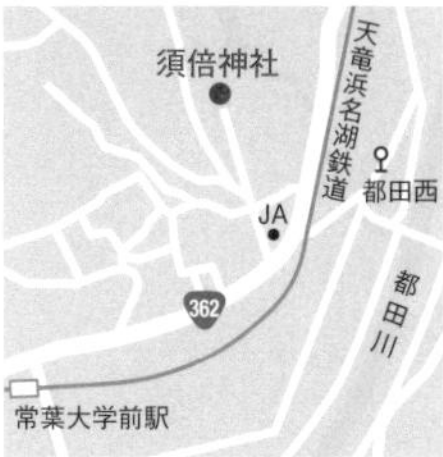

DATA

須倍神社

創建／887（仁和3）年
本殿様式／神明造
住所／静岡県浜松市北区都田町神明風呂6284
電話／053-428-2097
交通／遠鉄バス「都田西」から徒歩5分、または天竜浜名湖鉄道「常葉大学前駅」から徒歩10分
参拝時間／自由
御朱印授与時間／要問い合わせ

神社の方からのメッセージ

70柱以上の神々をお祀りするたいへん珍しく、また由緒正しき神明宮です。別名を寄宮とも称される霊験あらたかな神社で、御利益を求めて東奔西走せずとも当社70柱以上の神々が御祈願を聞いてくださいます。

10月の例大祭、11月の新嘗祭、2月の祈年祭では氏子9地区の当番区から選ばれた舞姫が浦安の舞を奉納し、助勤者がお供物の受け渡しなどの奉仕を行います。9年に一度しか当番区はめぐってこないので、舞姫、助勤者を務めるのはたいへん名誉なこととされています。

古墳&相撲のダブルパワー！

静岡市

神明宮【しんめいぐう】

境内の裏手にある神明山古墳は、大化の改新以前にこの地にあったという「いほはらの国」の権力者を埋葬しているそう。地域の祖ともいうべき存在を祀った神社は、今も地域の神様として信仰されています。古代から祈りのパワーが集まる場所だけに、参拝すれば開運間違いなし

墨書／神明宮、奉拝　印／静岡縣ふるさとの森百選、神明宮　●今川氏の事跡を記した『今川軍記』に「信玄神明の森に本陣を置き……」と記載があります

刺繍が美しい「お守り」は全3色（各500円）。お気に入りの1点をぜひ手に入れて

御神木のクスの前には、「子供奉納相撲」で使われる土俵があります。かつては町内の子供しか土俵に上れませんでしたが、今は近隣からも力自慢の子供たちが参加します

主祭神
天照大御神《アマテラスオオミカミ》　豊受大神《トヨウケノオオカミ》

みんなのクチコミ!!

「子供奉納相撲」には、近くの幼稚園の子供たちなら男女問わず参加できます。いい思い出になりました！

DATA
神明宮
創建／不詳
本殿様式／神明造
住所／静岡県静岡市清水区袖師町38
電話／054-367-0326
交通／しずてつジャストライン「神明前」から徒歩2分
参拝時間／9:00～17:00
御朱印授与時間／9:00～17:00

源頼朝が源氏再興を祈願

東伊豆町

八幡神社【はちまんじんじゃ】

創建は不詳ですが、社伝によれば平安時代頃から三番叟《さんばそう》を奉納する神事が行われていたとされます。祭神は勝運をもたらす神様で、境内には源頼朝が源氏再興を祈願する際、身を清めるための水垢離《みずごり》を行ったという井戸が残ります。現在の社殿は1864（元治元）年に造営されました。

墨書／奉拝、伊豆稲取、八幡神社　印／神璽、八幡神社社務所印　●御朱印は境内外の大鳥居脇の宮司自宅を訪ねて。御朱印帳にじかに書いていただけます

源頼朝が源氏の再興を祈願したときに水垢離を行ったと伝わる井戸

1855（安政2）年に起こった安政の大地震で、稲取出身者が無事だったことを感謝して、屋根瓦を葺き替えたときの瓦が残ります

主祭神
穂都佐和気命《ホヅサワケノミコト》　誉田別命《ホンダワケノミコト》

みんなのクチコミ!!

毎年7月14～15日に例大祭が行われ、小学生による「子供三番叟」が奉納されます。御神輿の渡御もあります

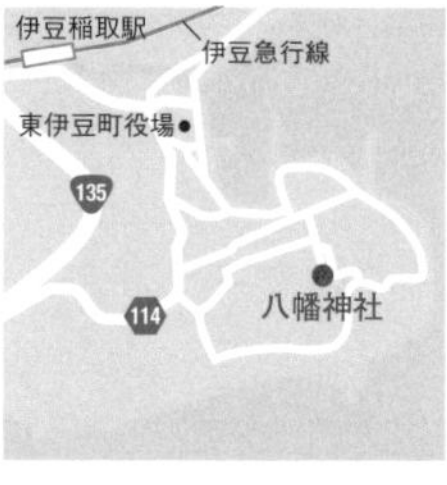

DATA
八幡神社
創建／不詳
本殿様式／入母屋造
住所／静岡県賀茂郡東伊豆町稲取1183-1
電話／0557-95-2419
交通／伊豆急行線「伊豆稲取駅」から徒歩20分
参拝時間／自由
御朱印授与時間／要問い合わせ

多彩な神様たちからパワーを授かる

麻と絹の神様を主祭神に祀る神社です。
10社の神様とともに祈願成就への道を紡ぎます。

牧之原市

服織田神社

【はとりだじんじゃ】

神社に祀られる2柱の主祭神は麻の神様と絹の神様です。特に「天棚機姫神《あめのたなばたひめかみ》」の別名をもつ天八千々毘賣命は、天香久山《あまのかぐやま》に桑の木を植えて養蚕を行い、その絹糸で天照大御神の衣を作ったと伝えられることから、染織業の祖神ともいわれています。また、1874（明治7）年には、八王子社や辨天神社など、五穀豊穣や家内安全、商売繁盛に御神徳のある10社の神々が合祀されました。頼もしい神々がありとあらゆる願いを聞いてくださるとあつく崇敬を集めています。

主祭神
麻立比古命《アサタチヒコノミコト》　天八千々毘賣命《アメノヤチチビメノミコト》

そびえる御神木は樹齢400年以上
境内の社殿に向かって右手に並んでそびえるクスノキは、樹齢400年以上を数える大木。静岡県神社庁から御神木に認定されています。豊かに葉が茂る大木からみなぎる力を分けていただきましょう。

みんなのクチコミ!!

6月30日に夏越大祓、12月31日に年越大祓があり、当日限定の茅の輪守（300円）が授与されます

墨書／奉拝、式内社、服織田神社　印／服織田神社印
●服織田の社号の由来は、かつて鎮座地が服織田村と呼ばれていたからとも、四国の服織から移住してきた人々が奉斎した神様だからともいわれています。御朱印は宮司在社時のみ頂けます

お守り

「勝守」（400円）は兜や矢、刀がモチーフになった勇ましいお守り

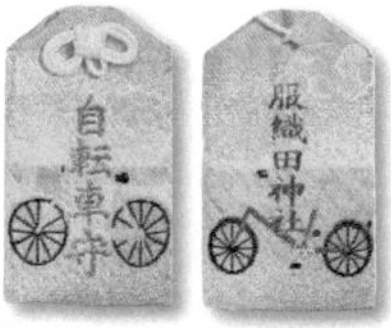

「自転車守」（400円）は、地元・牧之原市のサイクリングイベントにちなんだ特別なお守りです

左三つ巴紋入りの「錦守」（各400円）。紺・赤・白の3色から選べます

DATA
服織田神社
創建／77（景行天皇7）年
本殿様式／流造
住所／静岡県牧之原市静波1292
電話／0548-22-6133
交通／しずてつジャストライン「静波二丁目」から徒歩7分
参拝時間／自由
御朱印授与時間／9:00～17:00(宮司在社時のみ)

服織田神社は現在の静波区の氏神様です。御祭神は「織物の神様」として、また四海平和、五穀豊穣、家内安全、商売繁盛などの守護神として、氏子はもちろん、近郷近在の人々から崇敬されています。

例祭は11月第1土曜の前後1日を含む金・土・日曜の3日間にわたって斎行。第1土曜に神輿渡御が行われ、御神体を載せた神輿が町内を練り歩きます。山車の華麗な行列のほか、屋台の上に設けられた舞台で若衆や子供たちが踊りを披露します。

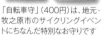

伊勢神宮ゆかりの惣社で総合運アップ！

伊勢神宮とも縁深い古代建築様式を伝える神社。
三ヶ日町の総氏神様に総合運を祈願して。

浜松市

濱名惣社神明宮

【はまなそうしゃしんめいぐう】

垂仁天皇の皇女、倭姫命《やまとひめのみこと》が大和の笠縫邑《かさぬいむら》から祭神の御霊（御神鏡）を奉じて、御鎮座の地を探し求めた際、この地に40余日滞在されたあと、伊勢の国へ向かわれたと伝わり、国土安泰や五穀豊穣、家内安全の御神徳があります。境内の摂社、天棚機媛命社《あめのたなばたひめのみことしゃ》には、伊勢神宮（内宮）へ奉納する神御衣《かんみそ》（絹織物）が毎年4月に、初生衣神社（→P.66）から一時納められます。服飾関係者の運気向上のご祈願は、この神社から徒歩3分の地に鎮座する初生衣神社へお参りしましょう。

主祭神
アマテラススメオオミカミ
天照皇大御神

古代建築様式を伝える御本殿

拝殿奥の高台に立つ茅葺屋根の御本殿は、井籠造（せいろうづくり）と呼ばれる古代の建築様式を伝える貴重な建物。国の重要文化財に指定されています。

みんなのクチコミ!!

拝殿に向かう参道のそばには「お百度石」ならぬ、「万度石」が置かれているので注目！1839(天保10)年に奉納された全国でも非常に珍しいものです

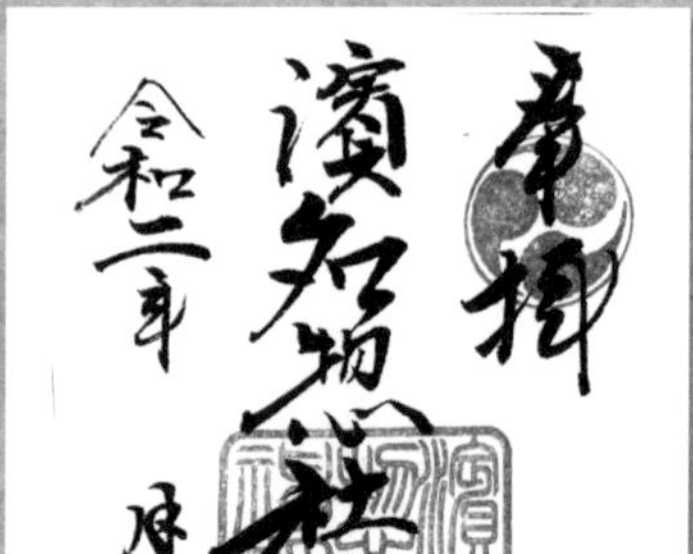

墨書／奉拝、濱名惣社神明宮　印／丸に左三つ巴紋、濱名惣社神明宮　●惣社は総社とも書き、地域一帯の神様を集めて祀る神社のこと。浜名の総社として、また伊勢神宮の神領である浜名神戸の本拠として崇敬されてきました

お守り

「三ヶ日みかん鈴守」(600円)は、地元の特産品、三ヶ日みかんがモチーフの愛らしいお守り

浜松名産のウナギが開運・金運・恋愛運を占う「うなぎ昇りみくじ」(300円)

おみくじ

「三ヶ日みかんみくじ」(300円)は、ずらりと並ぶ箱からひとつを選んで。ひもを引くと中からおみくじが出てきます

DATA
濱名惣社神明宮
創建／不詳 ※創祀1080年以上
本殿様式／神明造
住所／静岡県浜松市北区三ヶ日町三ヶ日122
電話／053-524-0833
交通／天竜浜名湖鉄道「三ヶ日駅」から徒歩15分、または遠州鉄道バス「三ヶ日」から徒歩10分
参拝時間／自由
御朱印授与時間／要事前問い合わせ

神社の方からのメッセージ

毎年8月の第1土・日曜に例祭が行われます。土曜の夜には、境内の拝殿前で地元の手筒花火保存会による奉納があります。勇壮に火を吹く手筒花火を、火の粉が降りかかるほどの間近で見られ、迫力満点です。

例祭の土曜の夜中24時からの特殊神事「夜半の御饌（よわのみけ）」は暗闇の中でひと言も発せず調理した丸い餅や鰹、焼き塩などの神饌品が8膳、神に献じられます。式のあと、参列者に分け与えられ、頂くと疫病や流行病にかからないといわれています。

浜松市

浜松八幡宮
【はままつはちまんぐう】

浜松城の鬼門に位置し、魔を除け城を守る守護神。開運、武運長久を願い、徳川家が深く信仰しました。

浜松市中心部にあり、「八幡様」として親しまれています。八幡様は古来、武運、勝運の神。合戦に敗れ、敵に追われた徳川家康公は社前のクスノキの洞に隠れ、祭神の力で一命をとりとめ、将軍にまで出世したと伝わります。そこで苦境を脱し、運を開く力を与えてくれる神として信仰され、家康公は江戸に幕府を開いてからも、参詣の名代を遣わしたというほど。困難や苦境に陥ったら、マスト参拝です。打開策を授けてくださることでしょう。

主祭神

玉依比売命《タマヨリヒメノミコト》　品陀和気命《ホンダワケノミコト》
息長足姫命《オキナガタラシヒメノミコト》

家康公が難を逃れたという“雲立楠”

御神木は樹齢1000年を超えるクスノキの巨木。根回り15mで幹の下部に空洞があります。家康公はこの洞に身を潜め、八幡神に祈ると瑞雲が立ち昇り、神霊が現れ、家康公を浜松城へ導いたとされます。その故事から雲立楠（くもたちのくす）と呼ばれます。

みんなのクチコミ!!

末社の浜松稲荷神社の参道には赤い鳥居が並び、赤い幟がはためいています。商売繁盛に御利益があります

徳川家代々の祈願所らしく本殿の屋根には、徳川家の家紋である葵の紋が配されています

松島十湖の句碑。松島十湖は明治・大正時代に「今芭蕉」と称された浜松の俳人。「はま松は出世城なり初松魚」と詠んだ句を刻んだ石碑があります

浜松という地名の由来なった松の記念碑。この は颯々（ざざんざ）の松呼ばれ、室町幕府の将軍足利義教が富士山を見がら、松の下で宴会を開たとされます

墨書／奉拝、浜松八幡宮　印／浜松八幡宮　●927（延長5）年には許部神社と記載された史料があり、938（天慶元）年に移転して現在地に鎮座。やがて八幡社を勧請したことから八幡宮と呼ばれるようになりました

お守り

勝虫といわれるトンボがデザインされ、勝運のパワーが込められた「勝守」（800円）

「くす乃き守」（各800円）は長寿・健康・子宝のお守り。御神木の「雲立楠」の実が封入されています

お守り

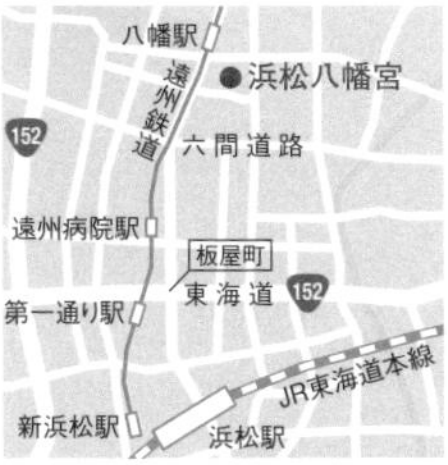

DATA

浜松八幡宮

創建／314（仁徳天皇2）年
本殿様式／流造
住所／静岡県浜松市中区八幡町2
電話／053-461-3429
交通／JR東海道本線「浜松駅」から徒歩10分、たは遠州鉄道西鹿島線「八幡駅」から徒歩1分
参拝時間／自由
御朱印授与時間／9:00～16:00
URL http://www.hamamatsuhachimangu.org

神社の方からのメッセージ

雲立楠は静岡県の天然記念物の指定を受けています。源義家公もこの木の下で勝運を祈願したとされます。徳川家康公の伝承もあり、御神木として祀っています。御神木からもパワーを頂いてください。

毎年2月2日には追儺式（ついなしき）が行われます。これは疫病を流行させる疫病神を追い払う神事。節分の豆まきの原型とされます。浜松八幡宮では古式に則った鬼の装束を着け、平安時代の追儺式を再現し、厄を祓い、平穏を願っています。

富士宮市

目指せ「日本一」の御朱印！

富士山頂上浅間大社奥宮

【ふじさんちょうじょうせんげんたいしゃおくみや】

富士山の8合目以上は富士山本宮浅間大社の境内です。富士山の神様の御加護を祈って登山することを「登拝」といいます。登拝では金剛杖をつき、心身が清らかになるためのおまじないの言葉である「六根清浄《ろっこんしょうじょう》」を繰り返し唱えながら登ります。富士宮口から登れば、

御朱印帳はP.23で紹介！

墨書／富士山頂上　印／霊峯 登拝 浅間大社奥宮　●御朱印の朱肉には周辺の溶岩をすりつぶして入れているため赤茶色をしています

お守り

「富士山袋守」（各1000円）には、美しい富士山の刺繍と「富士頂上」の文字が金の糸で刺繍されています

山頂から御来光を拝むと、自然に対する畏敬の念が湧きます

DATA

富士山頂上浅間大社奥宮

創建／不詳
本殿様式／不詳
電話／0544-27-2002（富士山本宮浅間大社）
参拝時間／日の出〜日没
※7〜8月の開山期のみ
御朱印授与時間／日の出〜日没
URL http://fuji-hongu.or.jp/sengen/

主祭神

木花之佐久夜毘売命《コノハナノサクヤヒメノミコト》　浅間大神《アサマノオオカミ》

みんなのクチコミ!!

登頂の達成感もあり、御朱印を頂く感動は格別です

磐田市

ファミリーパワーが頼もしい！

府八幡宮

【ふはちまんぐう】

奈良時代、遠江の国府（現在の磐田市）に国司として派遣された桜井王が地域の平安を願って建立した古社。「八幡様」と呼ばれ、親しまれてきました。本殿には3柱の親子神が祀られていて、真摯にお参りすれば、どんな祈願も強力なファミリーパワーでサポートし

墨書／奉拝、府八幡宮　印／季節の印、府八幡宮、大浦之其長濱尓 縁流浪 寛公乎 念比日、天平の杜 遠江国府宮　●右下に押印されているのは、時の天皇が桜井王に賜った歌。月替わりで2種

お守り

日々の健康を祈願した「ぼけ封じ成す守」

創建当時の建造物はなく、ほとんどが江戸時代に建立されたもの。中門は1635（寛永12）年、徳川家の援助で整備されました。楼内は建立以来初の全解体修復工事が行われました

DATA

府八幡宮

創建／729〜749年（天平年間）
本殿様式／三間社流造 銅板葺
住所／静岡県磐田市中泉112-1
電話／0538-32-4762
交通／JR東海道本線「磐田駅」から徒歩10分　参拝時間／自由
御朱印授与時間／8:30〜16:45（10〜3月は〜16:15）
URL https://www.fu-hachimangu.jp

主祭神

誉田別命《ホンダワケノミコト》

足仲彦命《タラシナカヒコノミコト》　気長足姫命《オキナガタラシヒメノミコト》

みんなのクチコミ!!

神社最寄りの磐田駅を降りると、ジュビロ磐田のマスコット「ジュビロくん」が迎えてくれます。ジュビロードという商店街もあります

コブつき御神木に子宝祈願

西伊豆地方の総鎮守、近隣の氏神として鎮座。幹にコブがついた巨大な御神木があります。

沼津市

部田神社【へだじんじゃ】

創建年代を示す資料はありませんが、平安時代にはすでに鎮座していたと伝わります。戸田村に鎮座することから、「戸田明神」と呼ばれていたようです。祭神はダイコク様と親しまれ、縁結びや子孫繁栄、産業繁栄をかなえる福の神として知られ、海に近い地元では大漁を授けてくれる神としても信仰されてきました。境内は樹木に囲まれ、朱塗りの社殿が立っています。その後方には御神木が。幹にコブがある巨大なクスノキです。

主祭神

大国主命《オオクニヌシノミコト》

みんなのクチコミ!!

マイカーで行くなら、戸田の市街地から戸田峠方面に数分走り、細道に入ります。少しわかりにくいかもしれませんので気をつけて

子孫繁栄の御利益がある御神木

境内には8本のクスノキがあります。そのなかの北側のクスノキは幹回り約12.7mもの巨木で幹に大きなコブがついています。コブの原因は植物ホルモンの分泌など、諸説ありますが、解明されていません。

限定御朱印はP.17で紹介!

朱書／奉拝　墨書／部田神社　印／子孫繁栄こぶ付大楠、部田神社御璽、五三桐紋　●神璽は昔から、部田神社が下賜してきた神礼用の神璽を押印しています。神紋は拝殿屋根にも配されています

石の鳥居が立つ参道。正面に社殿があります

拝殿内に飾られている絵馬は、歌川国秀が、1898（明治31）年に奉納したもので、い組の消防出初式を描いています

拝殿の扉が閉まっていても、自由に扉を開けて、お参りできます。三方の上には書き置きの御朱印が置いてあります

DATA

部田神社

創建／不詳　※延喜式内社のため古代より地域一帯の守神として鎮座

本殿様式／権現造

住所／静岡県沼津市戸田1585

電話番号／090-1781-1737（宮司携帯電話）

交通／東海バス「宮の前」からすぐ

参拝時間／自由

御朱印授与時間／日常宮司不在のため、書き置き対応

神社の方からのメッセージ

境内には伊勢の大神、龍田の神、熊野の神、八幡様など多くの神が祀られています。また、過去いくつもの災害などを克服した記念碑などもあります。地域の歴史に触れていただけたら嬉しいです。

10月8～9日に近い土・日曜に例祭があります。土曜は夕方16時から宵宮として演芸の奉納やカラオケ大会を開催。日曜は午前10時から神事、その後、演芸大会があります。演芸大会では黒潮太鼓保存会の戸田太鼓、戸田漁師踊りなどが披露されます。

漁師や武家を守り抜いた御神威

漁業が盛んな海の町・焼津を守り続けるパワーにあふれた歴史の深い神社です。

焼津市

焼津神社

【やいづじんじゃ】

漁業が盛んな町・焼津の人々から、1600年以上にわたって信仰を集める神社です。今川家や徳川家といった、武家の人々も崇敬していました。主祭神である日本武尊は、東征の際、この地で敵と戦い、天叢雲《あめのむらくも》剣《つるぎ》と呼ばれる剣で燃えさかる草を払いました。後にこの剣は3種の神器のひとつ「草薙《くさなぎ》の剣《つるぎ》」、この地は「焼津」と呼ばれるようになりました。日本武尊の強さや勝負運にあやかれるよう、参拝しましょう。

主祭神

日本武尊《ヤマトタケルノミコト》

漁港の町にある神社ならではの境内社

数ある境内社のうち、海の神様・市杵島姫命（いちきしまひめのみこと）を祀る市杵島姫命社は、本殿より歴史があるといわれています。祭神の恋愛成就の御利益も期待できます。

みんなのクチコミ!!

「東海一の荒祭」と評判の、8月12〜13日の大祭。白装束の男たちが神輿を担ぎ、「アンエットン」という独特のかけ声とともに氏子地区を回ります

墨書／奉拝、焼津神社　印／延喜式内焼津神社印

●大祭が行われる8月12日には、赤ちゃんの健やかな成長を願う神事「神ころがし」も行われます

大祭「荒祭」の神輿の、屋根と胴・担ぎ棒は、「大廻し」と呼ばれる麻縄で包まれています。太い担ぎ棒が折れるほどの力に耐えられるのは、漁師に伝わるロープの技があればこそ！

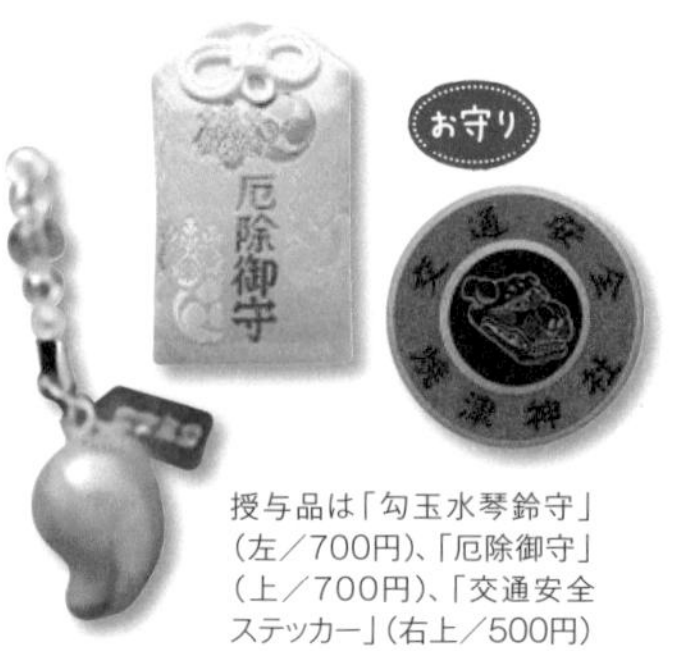

授与品は「勾玉水琴鈴守」（左／700円）、「厄除御守」（上／700円）、「交通安全ステッカー」（右上／500円）などがあります。大願絵馬も人気です

DATA

焼津神社

創建／409（反正天皇4）年
本殿様式／流造
住所／静岡県焼津市焼津2-7-2
電話／054-628-2444
交通／JR東海道本線「焼津駅」から徒歩15分
参拝時間／自由
御朱印授与時間／8:30〜17:00
URL https://yaizujinja.or.jp

神社の方からのメッセージ

正月三が日には、漁業関係の皆さまが、各船に掲げる大漁旗を拝殿の前に立てて、その年の大漁と海上の安全を祈願する「幟祭り」と呼ぶ神事を行います。漁業の町ならではの、お正月らしいおめでたい光景をぜひ一度ご覧ください。

境内社の市杵島姫命社は、日本武尊が焼津に上陸した際に、持っていた火石と水石を祠に納め、海の神様をお祀りしたことが起こりと伝わる神社です。歴史ある神社だけあって、広い境内にはほかにもさまざまな伝説が残されています。

第三章 御利益別！ 今行きたい神社

Part2 縁結び

恋愛成就は女子も男子も永遠のテーマ！
すてきな出会い、仕事の人脈、夫婦円満
など、あらゆる良縁と幸せをゲット♡

★縁結び★絶対行きたいオススメ神社 2選
- 今宮神社（熱海市）／伊古奈比咩命神社（下田市）
- 阿波々神社（掛川市）
- 天宮神社（森町）
- 石室神社（南伊豆町）
- 事任八幡宮（掛川市）
- 神場山神社（御殿場市）
- 胎内神社（御殿場市）
- 三熊野神社（掛川市）
- 神職の方がいなくても…… 本務社で頂くオススメ御朱印！
湯前神社（熱海市）／鹿苑神社（磐田市）
- 一之宮めぐりで頂く御朱印

♥縁結び♥ 絶対行きたいオススメ神社 2選

縁結びパワーで恋も仕事も良縁を引き寄せる♡

「良縁」とは、恋愛に限らず、仕事や人間関係にも必要なもの。
良縁祈願や縁結びで有名な「今宮神社」、「伊古奈比咩命神社」へ
参拝すれば、すてきなご縁を結ぶ手助けをしてくださるかも!?

絶対行きたい
オススメ神社 1

恋愛成就をかなえてくれる

源頼朝が平家追討を願い、祈願が成就。それ以来、願いごとがかなう神社として信仰されています。

熱海市

今宮神社【いまみやじんじゃ】

主祭神

事代主命《コトシロヌシノミコト》

大国主命《オオクニヌシノミコト》

ほかにも商売繁盛、病気平癒などの御利益が……

平家に背き伊豆に配流になった頼朝は再び平家追討を願い、配流地から脱出。追手が迫りますが、大きなクスノキと社殿を見つけ、身を寄せ難を逃れました。そして「成功開運、源氏再興」を祈願します。その願いがかなった故事から心願が成就する神社とされてきました。祭神は商売繁盛と良縁を引き寄せてくれるパワーの持ち主。縁結びの願いが成就するようお願いしましょう。緑濃い境内には江戸時代に建立された本殿が立ちます。

**お神輿が巡行する
にぎやかな例祭**

毎年10月19・20日に例大祭が行われます。初日には神幸行列、宵宮祭、奉納演芸大会があり、2日目には神事が行われます。両日ともに露店が並び、とてもにぎやかです。熱海西部地区各町内から繰り出される神輿のパレードにも注目を。

墨書／熱海、今宮神社　印／今宮神社、熱海今宮神社　●宮司が手書きで鯛を抱えた祭神の事代主命を描いてくれます。小槌を持った大国主命のバージョンもあり、どちらもかわいいと評判です

「大楠の引き寄せお守り」(全6色。各3000円)は、オオクスの葉を入れ、特別な祈祷をしたお守り。ペンダントタイプもあります

みんなのクチコミ!!

境内で鎮守の森コンサートやアート展などのイベントを行うことも。手水舎にある手作りの柄杓がステキです

DATA

今宮神社

創建／4世紀(仁徳天皇の時代)
本殿様式／神明造
住所／静岡県熱海市桜町3-29
電話／0557-81-4232
交通／東海バス「神社前」から徒歩1分、または「小嵐」から徒歩3分
参拝時間／自由
御朱印授与時間／11:00~16:00

追手に追われた頼朝が、境内にそびえるクスの巨木を目当てに逃げてきたと伝わります。「降臨の杜オオクス」と名付けられています

神社の方からのメッセージ

女性宮司のいる神社です。小さなお宮ですが、境内は緑に囲まれ、清らかな風が吹き渡っています。11月下旬には境内のイチョウが黄金色に色づき、ライトアップも行っています。

熱海西部地区の氏神として鎮座しています。1200(正治2)年、源頼朝が社殿を再建。本殿は1673(寛文13)年に新築され、1689(元禄2)年に小田原城主により修復、1831(天保2)年には韮山代官江川太郎左衛門により再び修復されました。境内には稲荷社、役行者を祀る祠があります。

絶対行きたい
オススメ神社 2

下田市

白浜海岸に鎮座する伊豆最古の神社

美しい白浜海岸のそばにあり、心身の穢れが洗い流されるような伊豆の自然に囲まれた、すがすがしい空気が満ちる神社です。

伊古奈比咩命神社

【いこなひめのみことじんじゃ】

白浜の海岸を一望できる展望台があり、白濱《しらはま》神社の別名で親しまれています。祭神は三嶋大明神の妻。そのため縁結びや夫婦円満、子授けなどの願いをもった参拝者が多く訪れます。境内には子授けの御神木や眼病に御利益のある境内社があります。また境内の裏手に回れば、黒松や海食洞《かいしょくどう》など海沿いの神社ならではの豊かな自然が楽しめるので、足を運んでみましょう。

命を授ける御神木の薬師如来

御神木の柏槙（びゃくしん）の中には、薬師如来像が祀られています。命を授ける御神木とも呼ばれているパワースポットです。ほかにも、本殿の参道には目の神様を祀る境内社があります。健康運向上の願いもかないそう。

主祭神

伊古奈比咩命《イコナヒメノミコト》

ほかにも厄除け、交通安全、海上安全などの御利益が……

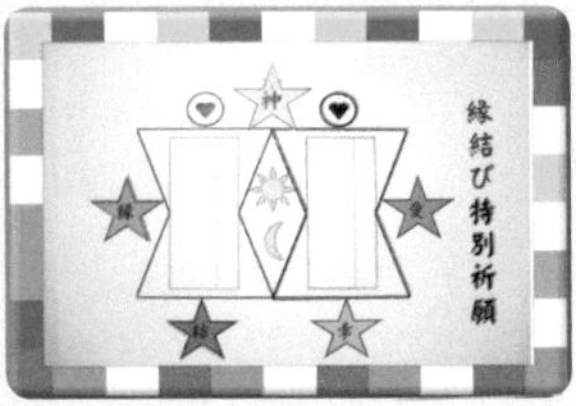

縁結びの特別祈願（1000円）の用紙。自分と相手の名前を書いたら、必ず境内社の見目弁財天（みめべんざいてん）神社にお参りをするのが作法です

みんなのクチコミ!!

神社のあちこちにあるアロエには、花が咲いていることも。アロエの花は珍しいので、チェックしてみて

墨書／奉拝、伊豆國、伊古奈比咩命神社　印／伊古奈比咩命神社　●白龍の御神木にちなんで、書き置きの御朱印には龍の墨絵が描かれています

白濱神社でしか手に入らない「えびすさんだるま」（各2500円）。背景に見えるのは、神社の裏手にある大明神岩にかかるしめ縄と赤鳥居です

DATA

伊古奈比咩命神社

創建／紀元前392年
本殿様式／三間社流造向拝付総桧造銅葺
住所／静岡県下田市白浜2740
電話／0558-22-1183
交通／東海バス「白浜神社」からすぐ
参拝時間／9:00〜17:00
御朱印授与時間／9:00〜17:00
URL http://www.ikonahime.com

神社の方からのメッセージ

10月に行う例祭は、当社最大の祭典です。神社裏の海岸で行われる前夜祭の「火達祭（ひたちさい）」で伊豆の島々にお祭りの始まりを知らせ、最終日には各島々に向けてお祭りの終了を告げる御幣を流します。

白浜海岸にある巨岩は、はるか昔に噴火した海底火山のものだそうです。白砂がとてもきれいな海岸をゆっくり歩くと、心が癒やされます。巨岩に上がると伊豆七島を見渡すこともできます。

生産の女神に恋愛誕生を祈願

社殿が鎮座するのは標高532mの粟ヶ岳頂上。奈良時代に創建されたという古社です。

掛川市

阿波々神社

【あわわじんじゃ】

かつて、遠州灘で漁をする漁師たちは、漁に出る前に山頂に鎮座する神社に向かって大漁を祈願したといいます。掛川城主の信仰があつく、荘厳な社殿が並んでいましたが、戦国時代に武田軍と徳川軍の戦いにより、すべて焼失してしまいました。現在の社殿は1987（昭和62）年の建立です。社殿前には古代祭祀跡とされる巨大な磐座《いわくら》があります。境内社の八重垣神社は深い愛情で結ばれた素戔嗚命《すさのおのみこと》夫妻ほか30神を祀る、縁結びのパワースポットです。

主祭神

阿波比賣命《アワヒメノミコト》

ほかにも子授け、安産などの御利益が……

みんなのクチコミ!!

粟ヶ岳は桜の名所。ソメイヨシノ、山桜などが車道から山頂に200本咲きます。山頂までの車道は狭いので注意して

神が降臨したという聖地「磐座」

磐座は天から降臨した神が宿るとされ、古代人が祭祀を行った巨大な岩石です。その大きさは静岡県屈指とされ、見る人を圧倒します。磐座の岩には割れ目があり、地獄に通じる底なしの地獄穴ともいわれています。

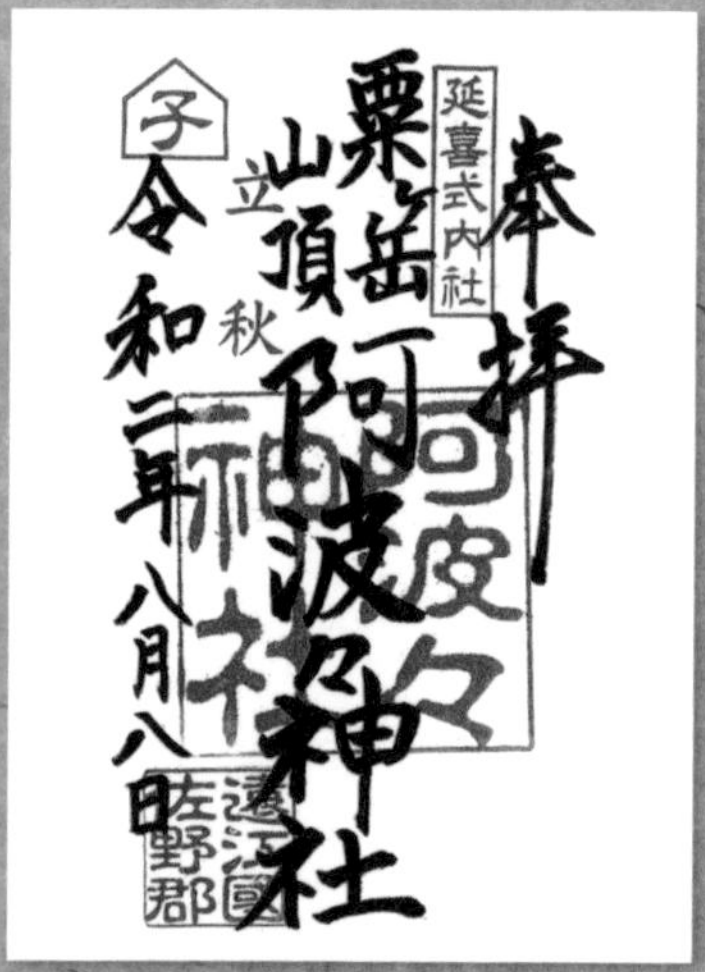

墨書／奉拝、粟ヶ岳山頂、阿波々神社　印／延喜式内社、立秋（二十四節気）、子（干支）、阿波々神社、遠江國佐野郡　●その年の干支により、また参拝に訪れた日により、干支の印や二十四節気の印が変わります

無間の井戸跡。かつて、鳴らせば願いごとはかなうが、死後は地獄に落ちるとうわさの鐘があり、その鐘をつく者が絶えなかったために、この井戸に埋めたという伝説（遠州七不思議）があります

お茶畑の向こうに見える粟ヶ岳。山頂には原生林に囲まれた境内が広がります

おみくじ

かわいらしい「めでたい鯛のおみくじ」（各500円）。赤、黒、ゴールドの全3色です

DATA

阿波々神社

創建／736（天平8）年
本殿様式／一間社流造
住所／静岡県掛川市初馬5419
電話／0537-27-1089
交通／掛川バス東山線「東山」から徒歩1時間（登山）
参拝時間／自由
御朱印授与時間／9:00～17:00（不在の場合あり、何日か前に要連絡）
URL http://www10.plala.or.jp/awawajinjya/

神社の方からのメッセージ

当社は粟ヶ岳山頂に位置しますが、山頂東側のテラスからは富士山や伊豆半島の眺望を楽しめます。また、春は桜の名所となり、桜が見頃となる4月10日に例祭を斎行しています。周辺はお茶の産地としても有名です。

阿波々神社の境内林は典型的な照葉樹林帯として静岡県の天然記念物に指定されています。林には国の天然記念物カモシカも生息。ときに姿を見せることもあります。粟ヶ岳山頂までは麓の登山口から片道約1時間の登山路が整備されています。

“エンゼルパワスポ”で良縁をGET!

祭神は道を守り、縁を結ぶ最高神とされます。千年の契りを結んでくれる御神木があります。

森町

天宮神社【あめのみやじんじゃ】

東に太田川、西に瀬入川が流れる丘陵に鎮座。社殿は緑に囲まれ、境内にはすがすがしい空気が満ちています。本殿、拝殿は徳川綱吉公によって造営され、2013(平成25)年、創建当時の造営図をもとに修復されました。祭神は『日本書紀』で道主貴《みちぬしのむち》とも呼ばれる三女神。人が進むべき道を示し、守ってくれる神とされています。恋愛成就祈願なら、2本の御神木は必ず参拝を。ご縁を引き寄せ、強く絆を結んでくれるエンゼルパワースポットと呼ばれています。

主祭神

田心姫命《タゴリヒメノミコト》

湍津姫命《タギツヒメノミコト》　市杵島姫命《イチキシマヒメノミコト》

ほかにも交通安全、子育て、長寿などの御利益が……

縁結び

御神木は縁を結ぶナギの大木

樹齢1000年以上と推定されます。本殿の両側にあり、東側は雄木、西側は雌木です。ナギの葉は丈夫でちぎれないことや新木が絶えないことから、縁が切れない、夫婦の絆が切れない、縁結びのパワーを授けてくれる木とされています。

みんなのクチコミ!!

境内奥の散策路を歩くと、池畔社が祀られる「くちなしの池」にたどり着きます。巨人伝説のだいだらぼっちの足跡ともいわれているとか

墨書/奉拝、天宮神社　印/道主貴、疫病退散、天宮神社、天宮神社社務所之印　●左上に押印されているのは御神木ナギの葉です。道主貴は祭神の尊称。貴は最も尊い神様の呼び名です

ほうじ祭は毎年4月第1土・日曜に斎行される例大祭です。8世紀に京都から伝わったとされる、国の重要無形民俗文化財の十二段舞楽が奉納されます

お守り

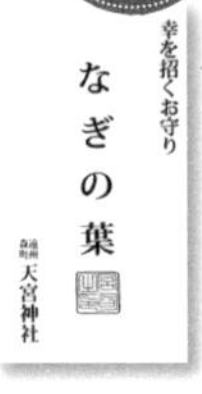

「なぎの葉御守」(200円)は御神木の葉を入れた幸運と良縁を招くお守りです

「道御守」(600円)は交通安全ばかりでなく、人生の道、修練の道を守ってくれます

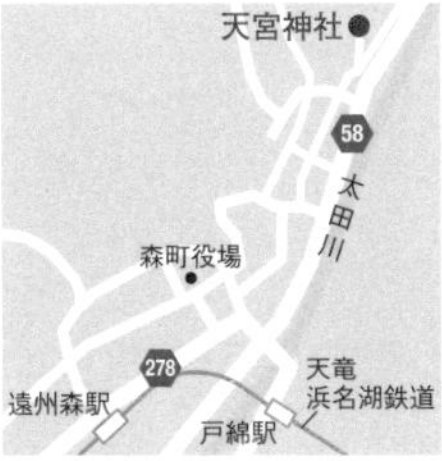

DATA

天宮神社

創建/不詳 ※約1500年前(欽明天皇の御代)
本殿様式/不詳
住所/静岡県周智郡森町天宮576
電話/0538-85-5544
交通/天竜浜名湖鉄道「戸綿駅」から徒歩25分
参拝時間/自由
御朱印授与時間/要問い合わせ
URL https://morimachiamenomiyajinjya.jimdofree.com

神社の方からのメッセージ

当社の祭神は宗像三女神で、人のあらゆる道をお導きになる神として古くから崇敬を受けています。交通安全の神様でもあり、車の御祈祷のほか、サイクリストのために自転車の交通安全祈願も行っています。

境内には歌人佐佐木信綱の歌碑があります。1954(昭和29)年、神社に参拝した際にナギの大木に感動して詠んだ歌「天の宮神のみまへをかしこみと千とせさもらふ竹柏(なぎ)の大樹は」が刻まれています。参道や境内にはシャクナゲが多く、初夏に花を咲かせます。

断崖の絶景地で縁結び祈願！

伊豆半島最南端にある石廊崎《いろうざき》に立つ神社。
恋人たちの伝説の地で、恋するパワーをゲット！

南伊豆町

石室神社
【いろうじんじゃ】

石廊崎の断崖に鎮座する神社で、海上安全、学問・産業の神とあがめられてきました。江戸に向かう千石船が大嵐に遭遇し、大切な帆柱を奉納して祈ると海は静かになり無事に到着。後にこの船の帆柱が大波でこの地に運ばれたとも、龍がくわえて運んだとも伝えられ、「千石船の帆柱」として今に伝わります。石廊崎の南端にある境内社には、幸せになり添い遂げた「お静と幸吉」の恋話が伝わり、縁結びのお参りに多くの人が訪れます。

主祭神
伊波例命《イワレノミコト》　物忌奈命《モノイミナノミコト》

ほかにも海上安全、産業振興などの御利益が……

縁結びの信仰を集める境内社
遊歩道が通う石廊崎の南端に立つ境内社の熊野神社。お静が離れ離れになった恋人の身を案じて毎夜火を焚いた場所に熊野権現の祠が祀られました。ぜひお参りして恋のパワーを授かりましょう。

みんなのクチコミ!!

伊豆の七不思議のひとつ「千石船の帆柱」は、社殿の床のガラス窓越しに見学可能。約12mのヒノキ製の柱が横たわり、本殿と拝殿の土台として使われています

印／石室神社、奉拝　●社印と奉拝印のみのシンプルな御朱印です。書き置きが用意されています

お守り

「むすび御守」（500円）は、金色の糸で草書体の「結」の文字が織り込まれた縁起のよい縁結びのお守り

「息災の玉御守」（1000円）。災害や病気、怪我などを遠ざけ、心身ともに健やかであるようにと祈念されています

「石室神社の塩守」（1000円）は、勾玉型のアクリルケースの中にお清めの塩が収められた厄除けのお守りです

DATA
石室神社
創建／不詳　※5世紀頃と伝わる。現在の場所に建立されたのは701（大宝元）年
本殿様式／流造
住所／静岡県賀茂郡南伊豆町石廊崎125
電話／なし
交通／東海バス「石廊崎オーシャンパーク」から徒歩10分
参拝時間／自由
御朱印授与時間／9:00～16:00（天候・祭典などで不在の場合あり）

神社の方からのメッセージ

社殿の土台となっているヒノキの柱「千石船の帆柱」は、伊豆の七不思議（手石の阿弥陀三尊、河津来宮神社の鳥精進酒精進、大瀬神社の明神池、函南のこだま石、修善寺の独鈷の湯、堂ヶ島のゆるぎ橋）のひとつです。

「御神宝の鮑貝」は、この神社の建て替えを担った番匠が足を滑らせ転落した際に、命を救ってくださった十一面観音様のお姿が浮かび上がっていると伝えられています。社殿内にはほかにも数々の御神宝を収蔵しています。

主祭神は言葉で思いを取り結ぶ力のある女神。言葉にした祈願をかなえてくれます。

掛川市

事任八幡宮【ことのままはちまんぐう】

言葉で真実を伝えると、よい方向に導く女神。主祭神として祀っている神社はこちらだけです。平安時代、清少納言が『枕草子』に「ことのまま明神、いとたのもし」と書いているほど、その御利益は古くから広く伝わっていました。大切な人に告白したいと思ったら必訪です。きっと力を与えてくださるはず。ともにお祀りされている八幡様は勝運、開運、招福の神様です。良縁を祈り、正しいお導きを頂きましょう。

主祭神

己等乃麻知比売命《コトノマチヒメノミコト》

ほかにも交通安全などの御利益が……

御神木はクスノキの巨木

鳥居の近くには御神木のクスノキが茂ります。掛川市の天然記念物で樹齢は500年以上と推定されます。高さ31m、幹回り6mもの大木で、現在も勢いよく枝葉を伸ばしています。しめ縄が張られ、強いエネルギーにあふれています。

みんなのクチコミ!!

例大祭は毎年9月に3日間行われます。最終日には、8町の屋台や神輿が町内を巡行します。夜になると屋台に提灯の火がともり、とても華やかです

御朱印帳はP.24で紹介!

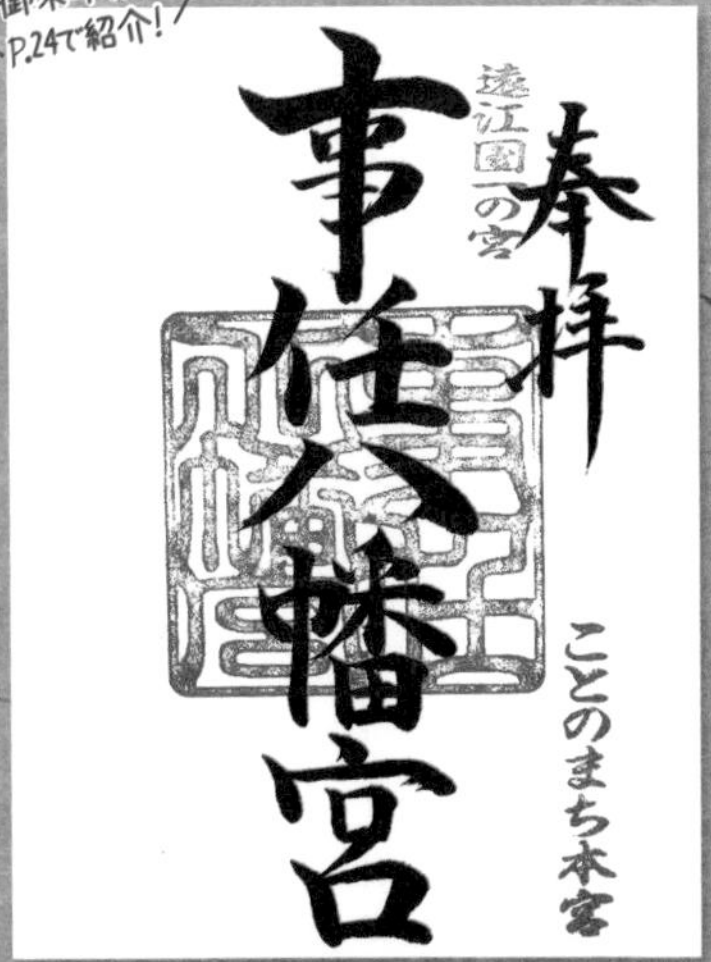

墨書／奉拝、事任八幡宮　印／遠江国一の宮、ことのまち本宮、事任八幡宮　●鎌倉時代の史料『一宮記』に「己等乃麻知（ことのまち）神社」と記述がある古社です。本宮は道路を渡った、本宮山に鎮座しています

江戸時代には徳川家が事任八幡を守り神としてあつく保護しました。1608（慶長13）年、本殿を造営したとの記録があり、本殿の扉の金具には菊の紋と葵の紋が刻まれています。また、1628（寛永5）年には2代将軍・徳川秀忠公が中門を造営しています

お守り

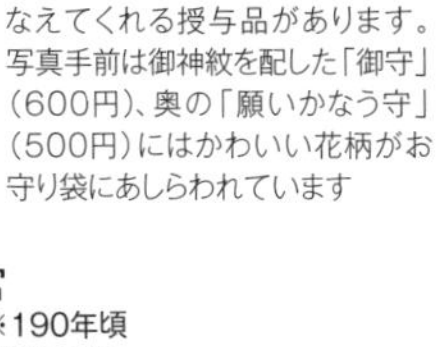

縁結びや開運招福など祈願をかなえてくれる授与品があります。写真手前は御神紋を配した「御守」（600円）、奥の「願いかなう守」（500円）にはかわいい花柄がお守り袋にあしらわれています

DATA

事任八幡宮

創建／不詳 ※190年頃
本殿様式／三間社流造
住所／静岡県掛川市八坂642
電話／0537-27-1690
交通／掛川バス「八幡宮前」からすぐ
参拝時間／自由
御朱印授与時間／9:00～17:00
URL http://kotonomama.org

神社の方からのメッセージ

創建年代は不詳ですが、807（大同2）年、坂上田村麻呂が勅命を奉じ当社を再興したと伝わります。その際、本宮山から神霊を現在地に遷座されたようです。1062（康平5）年、源頼義が石清水八幡宮を当社に勧請しました。

本宮へは山道を15分ほど登ります。本宮では3つの石を磨き祈願成就を願う「ふくのかみ」のならわしがあります。お社の周りにある白い石を3つ選び、神様のため、皆さんのため、自分のためにと念じながら磨くと、福を授かるとされています。

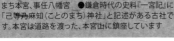

悪縁を断って良縁を招く！

境内には大小のハサミが奉納されています。病気平癒、悪縁切りの知る人ぞ知るパワスポです。

御殿場市

神場山神社【じんばやまじんじゃ】

木こりたちが山仕事の安全を願って祀ったのが起源とされます。拝殿に隣接する建物には大小のハサミが奉納されています。ハサミには疫病や災難を断ち切るという意味があります。断ちたいものがあるときには神社のハサミを持ち帰り、祈願が成就したら、お礼にひと回り大きなハサミを返す習慣があったそうです。奉納されたハサミの多さから、パワーの強さがわかります。悪縁や進展しない恋を断ちたいときにも力を授けてくださるはずです。

主祭神
オオヤマツミノミコト
大山祇命

ほかにも病気平癒、開運、厄祓いなどの御利益が……

心身を健康にしてくれる「よろこぶの木」

御神木はヒノキの大木です。根元を見ると大きなコブがあります。このコブを3度なでたあと、自分の体の悪いところやしこりのあるところをなでると平癒すると伝わります。病気だけでなく、心のわだかまりを解消してくれるパワーも頂けます。

みんなのクチコミ!!

サクサクした歯応えの「やくきりせんべい」が、社務所で入手できますよ

墨書／山神社　印／御殿場市神場鎮座、神社の鳥居
●主祭神は山の神様。神場は地名です。御朱印には山神社と墨書されます。通常は書き置きを頒布。毎月17日の月次祭と年末年始には神職に直接書いていただけます

本殿正面の扉が常時、開放されているので内部を拝観できます。殿内には災難を切る大きなハサミや天狗面などが安置されています

お守り

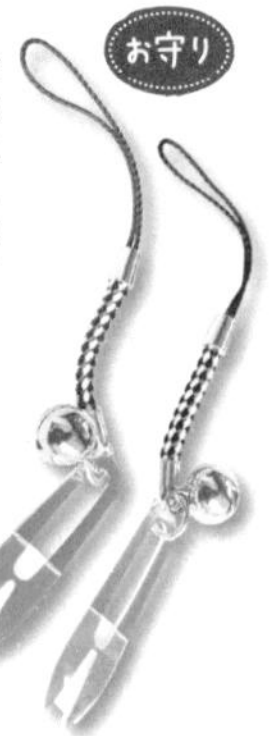

ストラップ付きのハサミのお守り（500円）。身に付けていれば、健康を守る悪病除けにもなります

授与品

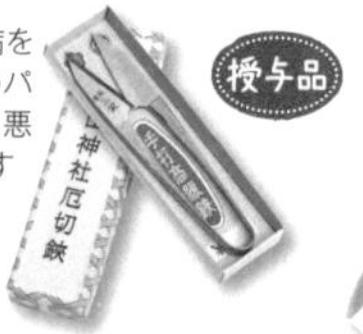

「厄切鋏」（1000円）は、諸病を断ち切り邪心をつみとるというパワーが込められた授与品です。悪縁切りの祈願もかなえてくれます

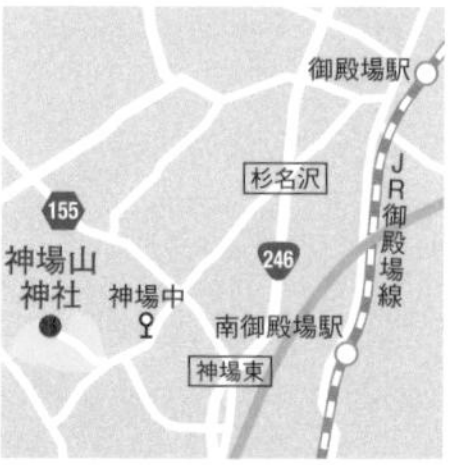

DATA
神場山神社
創建／不詳 ※1000年頃
本殿様式／不詳
住所／静岡県御殿場市神場1138-1
電話／0550-83-4770（御殿場市観光協会）
交通／富士急行バス「神場中」から徒歩10分
参拝時間／10:00～16:00
御朱印授与時間／10:00～16:00

＼神社の方からのメッセージ／

かつては神社のハサミを借り、枕の下に置いて寝ると祈願が成就するとされていました。そして、そのお礼にハサミを奉納していました。奉納されたハサミのなかには高さ3m、重さ60kgという巨大なものもあります。

本殿左手に御神水が湧いているので、お水取りができます。ペットボトルは持参しましょう。境内には神光乃池（しんこうのいけ）や広々とした芝生広場などもあります。3月17日の春祭りではお団子を配布、11月17日の例大祭には子供神輿が渡御します。

「御胎内」をめぐって子宝運アップ

富士山の噴火によって生まれた洞窟「御胎内」。子宝の超パワスポをめぐってお産を疑似体験!?

御殿場市

胎内神社

【たいないじんじゃ】

富士山の麓にある御胎内清宏園《おたいないせいこうえん》は噴火で埋まった溶岩地帯。長い年月を経た今では樹木や花が生い茂る散策地として親しまれています。その園内にある「御胎内」は子宝のパワースポットです。幅が狭く、ほの暗い約68mの洞内はまるで人体の内部のよう。洞内を歩けば、世の中に生まれ出る疑似体験ができるのです。洞窟から出たら神社にお参りを。一夜にして懐妊し、炎の中で3人の子を無事に産んだという女神様の御神徳にあやかりましょう。

主祭神

木花咲耶姫乃命《コノハナサクヤヒメミコト》　猿田彦命《サルタヒコノミコト》

ほかにも安産祈願、子授けなどの御利益が……

天然記念物の溶岩隧道「御胎内」

富士山の噴火によって生まれた洞窟です。構造が人体の内部に似ていることから「御胎内」と呼ばれ、洞窟内をめぐることでお産の疑似体験ができます。洞内に祀られる3つの祠をお参りして、子宝、安産を祈願しましょう。事故防止のため、妊娠している方は入場を控えて。

みんなのクチコミ!!

御胎内清宏園は、テレビドラマ『隣の家族は青く見える』のロケ地。深キョンと松ケンが演じる夫婦が神社を訪れて仲睦まじく御胎内をめぐり、お参りする様子が描かれました

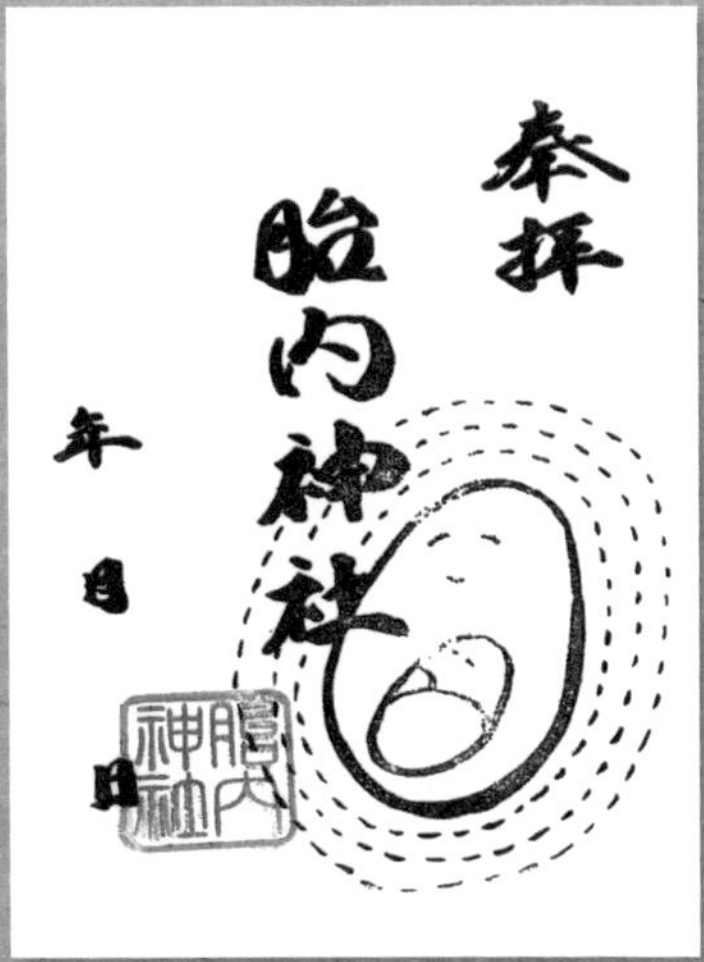

墨書／奉拝、胎内神社　印／胎内神社　●子供を慈しみ守っている親子を思わせるイラストがかわいい御朱印です。御朱印を頂く場合は、御胎内清宏園の入園の際に受付で問い合わせてください

溶岩隧道「御胎内」の入口。天井が低いので、頭上に注意してゆっくりと進んでいきましょう

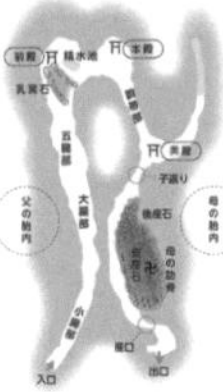

入口から大山祇命を祀る前殿までの前半が「父の胎内」。祭神を祀る本殿、奥殿をめぐり、難所の子返り、触れて祈ると御利益があるという安産石を経て、産口の出口にいたる後半が「母の胎内」です

お守り

「子授巾着
守」、「子宝
産御守」（
500円）に
宝や安産
お願い！

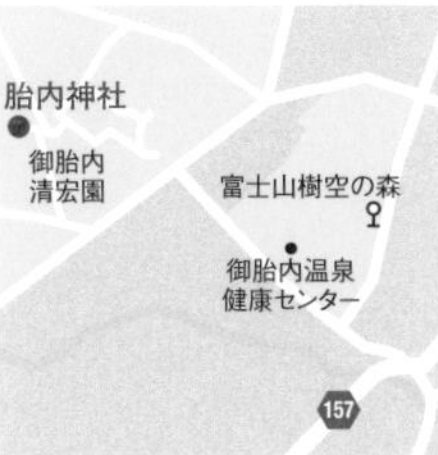

DATA

胎内神社（御胎内清宏園内）

創建／1919（大正8）年 ※現在の社殿は1959（昭和34）年に改築　**本殿様式**／神明造

住所／静岡県御殿場市印野1382-1

電話／0550-89-4398

交通／富士急行バス「富士山樹空の森」からすぐ

参拝時間／8:30～17:00（11～1月は～16:30）※16:15（11～1月は16:00）までに入園すること

御朱印授与時間／8:30～17:00（11～1月は～16:30）

URL https://otainai-onsen.gr.jp/seikouen/

神社の方からのメッセージ

御朱印（初穂料200円）の授与は、御胎内清宏園の入口受付で営業時間内に承ります。入園料は200円で、年末年始は休みですのでご注意ください。お時間を頂くことがありますので、ご希望の際はお早めにお申し付けください。

「御胎内」の洞窟内は天井が低くて狭く、腹ばいになって進むような箇所もあるので、泥汚れなどがついてもよい靴や服装がおすすめです。受付ではライト付きヘルメットの貸出（有料50円）も行っています。

子宝祈願に遠方から訪れる人も!

安産の願いをかなえた熊野の神々が祀られる神社。祭りには子宝を授かる神事が伝えられています。

掛川市

三熊野神社【みくまのじんじゃ】

文武天皇の皇后が、紀州の熊野大社で「安産にて皇子誕生せば、東に3つのお社を建てまつり、日夜敬い申し上げる」と誓われ、無事に皇子を出産されました。そこで、701(大宝元)年に熊野本宮大社の神々を、この横須賀の地に遷されたのが始まり。災難除けや子授け、安産、縁結びの守り神として崇敬されています。春の例大祭では県の民俗文化財にも指定されている舞の奉納や神輿の渡御があり、13台もの山車(祢《ね》里《り》)が町を練り歩きます。

主祭神

家津美御子神《ケツミミコノカミ》

伊邪那美神《イザナミノカミ》　事解男神《コトサカオノカミ》

ほかにも子授けや安産、災難除などの御利益が……

みんなのクチコミ!!

境内には桜の木が植えられていて、4月の例大祭の頃には見事な花を咲かせます。境内で夜桜見物も楽しめます

神子抱き神事で子授けを祈願

月に斎行する例大祭の2日目に行われる神事。おねねこさまという神子人形を抱いて祈願すると、子宝を授かるという信仰があります。祭礼の当日、拝殿で受付をし、拝殿にて順番に神事を執り行います。

御朱印帳はP.24で紹介!

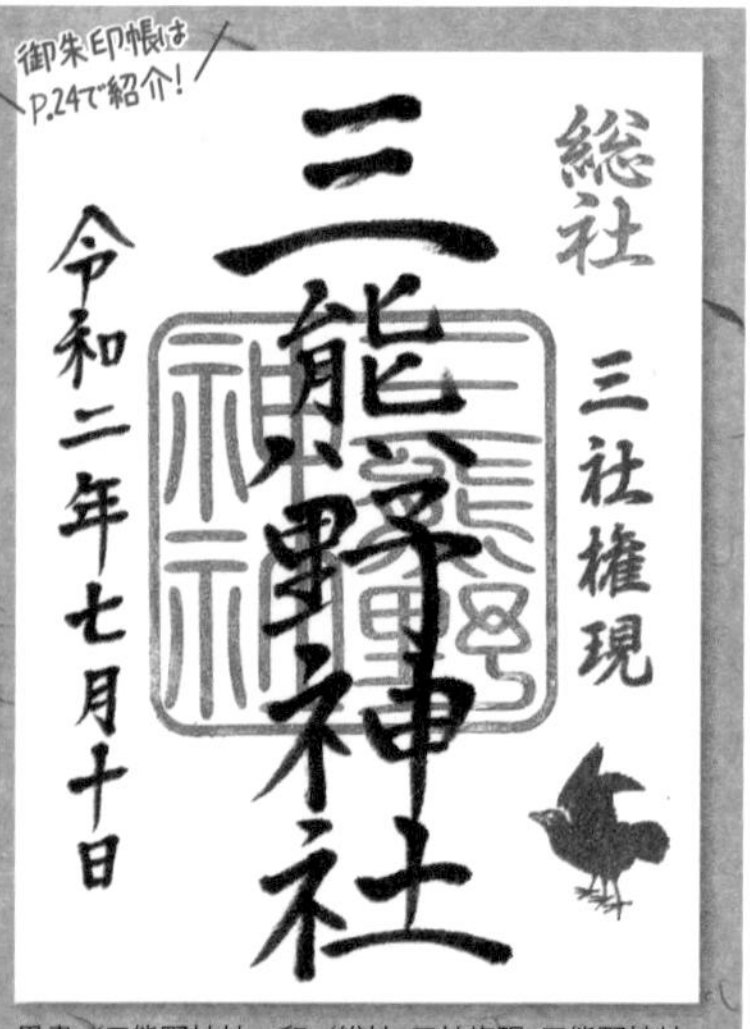

墨書／三熊野神社　印／総社、三社権現、三熊野神社、ヤタガラス　●印の三本足のヤタガラスは熊野の神のお使いで、神武天皇を勝利に導いたと伝えられています

「導き守」(各500円)は、神武天皇を導いた熊野の神々の遣い、ヤタガラスのモチーフが織り込まれています。青赤黄の3色から選べます

お守り

「えんむすび」守り(各500円)は青と赤の2種。ハートが舞い飛んでいます

おみくじ

「ヤタガラスみくじ」(300円)はヤタガラスの愛らしい縁起物です。中におみくじが入っています

DATA

三熊野神社

創建／701(大宝元)年
本殿様式／入母屋造
住所／静岡県掛川市西大渕5631-1
電話／0537-48-2739
交通／静鉄バス「新横須賀」から徒歩7分
参拝時間／自由
御朱印授与時間／10:00~16:00(仏滅休み、不在の場合あり、要連絡)
URL http://www4.tokai.or.jp/mikuma/

神社の方からのメッセージ

毎年4月の第1土・日曜に開かれる例大祭。2日目の日曜に行われる神子抱き神事には県外など遠方からも多くの参拝者が訪れます。また実際に子宝を授かったという方も多く、お礼参りに参列される方もいらっしゃいます。

山車のことを祢里(ねり)と呼び、江戸中期の天下祭の流れをくむ古い形が残されています。祢里の上で奏でられる三社祭礼囃子は、江戸で流行していた江戸囃子に新手を加え、横須賀に広めたのが始まりとされています。静岡県指定無形文化財の指定第1号です。

神職の方がいなくても……

本務社で頂くオススメ御朱印！

普段は神職の方が在社していなくても、本務社で御朱印が頂ける神社をご紹介します。

熱海市　熱海温泉の神に健康祈願！

湯前神社《ゆぜんじんじゃ》

熱海温泉の元湯と伝わる「大湯（おおゆ）」。かつては激しい勢いで自噴していました

熱海温泉は、徳川家御用達の名湯です。4代将軍家綱以降は、15時間かけて江戸城まで献湯がされていたほど。「病が悉《ことごと》く治癒する温泉がある。そこに祠を立てよ」との御神託があり、温泉の神が祀られました。湯治中の人々も参拝したというこちらの神社で祈れば、温泉の効能も倍増しそう！

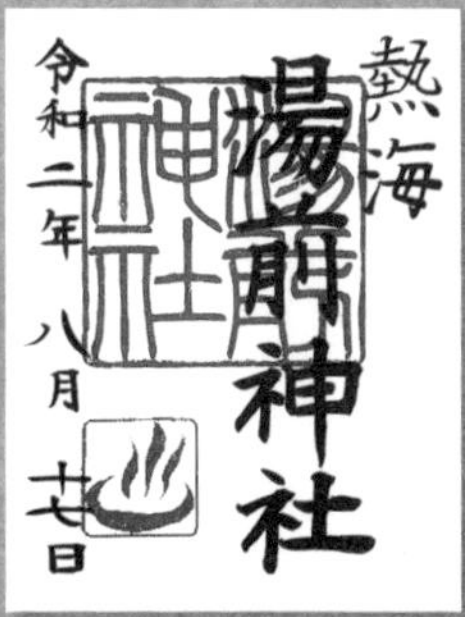

墨書／熱海湯前神社　印／湯前神社、温泉マーク　●神社の由緒に関係する温泉マークがかわいらしい御朱印

DATA
湯前神社
創建／749（天平勝宝元）年
本殿様式／不詳
住所／静岡県熱海市上宿町4-12
交通／JR東海道本線「来宮駅」から徒歩15分
参拝時間／自由

主祭神／少彦名神《スクナヒコナノカミ》
御利益／美容・健康、福徳、縁結びなど

参拝後、徒歩 7 分のところにある來宮神社（P.54）へ！

磐田市　障害の多い恋もおまかせ

鹿苑神社《ろくおんじんじゃ》

歴史を感じる境内社がずらりと鎮座しています。一度に多くの神様にごあいさつできます

祭神は縁結びで有名な出雲大社にも祀られています。「大名牟遅命」は、数々の試練をくぐりぬけ、大いなる国主（＝大国主命）となられる前のお名前。祭神は困難に立ち向かうなかでひとめぼれをした女神と結ばれています。障害の多い恋も祭神に祈れば、成就できる力を頂けそうです。

墨書／奉拝、遠江國二之宮、鹿苑神社　印／十四菊紋、遠江國二之宮・鹿苑神社　●神社の鎮座地も墨書きされます

DATA
鹿苑神社
創建／（伝）403（履中天皇4）年
本殿様式／流造
住所／静岡県磐田市二之宮1767
交通／JR東海道本線「磐田駅」から徒歩14分
参拝時間／自由

主祭神／大名牟遅命《オオナムチノミコト》（大国主命《オオクニヌシノミコト》）
御利益／縁結び、家内安全、国土開発など

参拝後、車で 7 分（徒歩 20 分）のところにある府八幡宮（P.82）へ！

一之宮めぐりで頂く御朱印

日本全国にある一之宮は各地域の位の高い神社。昔から多くの人にあがめられてきました。
そんな風格ある一之宮の御朱印を集めてみませんか？

日本全国にある一之宮とは、今の都道府県になる前の68の国で、最も位が高いとされる神社のこと。どちらもその土地で古くからあがめられてきた歴史と風格のある神社ばかりです。江戸時代には全国の一之宮をめぐる旅が大流行しました。そんな一之宮で頂ける御朱印には、堂々と「一之宮」の文字が入っているものが多くあります。昔の人にならって一之宮をめぐり、由緒正しい御朱印を頂けば、多くの御利益が期待できそうです。

伊豆国
三嶋大社(P.56)

駿河国
富士山本宮浅間大社(P.46)

遠江国
事任八幡宮(P.91)

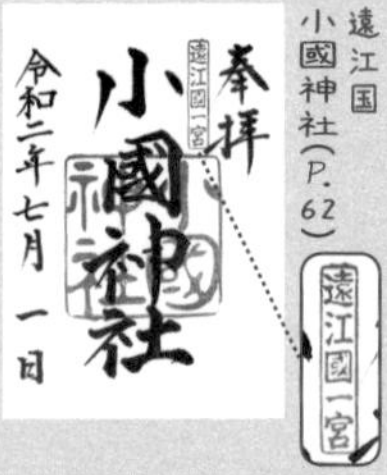

遠江国
小國神社(P.62)

印や手書きなど一之宮の入れ方もさまざま

日本全国の一之宮

北海道・東北の一之宮

北海道神宮、岩木山神社、駒形神社、鹽竈神社、大物忌神社、伊佐須美神社、石都々古和気神社、都々古別神社

関東の一之宮

鹿島神宮、日光二荒山神社、宇都宮二荒山神社、貫前神社、氷川神社、氷川女體神社、秩父神社、香取神宮、玉前神社、安房神社、洲崎神社、鶴岡八幡宮、寒川神社

甲信越の一之宮

浅間神社、諏訪大社(上社・下社)、彌彦神社、居多神社、度津神社、高瀬神社、氣多神社、雄山神社、射水神社、氣多大社、白山比咩神社、氣比神宮、若狭彦神社・若狭姫神社

東海の一之宮

三嶋大社、富士山本宮浅間大社、小國神社、事任八幡宮、砥鹿神社、真清田神社、大神神社(一宮市)、水無神社、南宮大社、敢國神社、椿大神社、都波岐奈加等神社、伊雑宮、伊射波神社

近畿の一之宮

建部大社、賀茂別雷神社(上賀茂神社)、賀茂御祖神社(下鴨神社)、出雲大神宮、籠神社、住吉大社、坐摩神社、枚岡神社、大鳥大社、大神神社、伊太祁曽神社、日前神宮・國懸神宮、丹生都比売神社、伊弉諾神宮、伊和神社、出石神社、粟鹿神社

中国の一之宮

宇倍神社、倭文神社、出雲大社、熊野大社、物部神社、水若酢神社、由良比女神社、吉備津神社(岡山市)、吉備津彦神社、石上布都魂神社、中山神社、吉備津神社(福山市)、素盞嗚神社、嚴島神社、住吉神社(下関市)、玉祖神社

四国の一之宮

大麻比古神社、田村神社、大山祇神社、土佐神社

九州・沖縄の一之宮

筥崎宮、住吉神社(福岡市)、高良大社、與止日女神社、千栗八幡宮、天手長男神社、興神社、海神神社、阿蘇神社、宇佐神宮、西寒多神社、柞原八幡宮、都農神社、鹿児島神宮、新田神社、枚聞神社、波上宮

「全国一の宮巡拝会」ウェブサイトより

Part3

金運

収入アップや宝くじの当選、商売繁盛、一攫千金など、お金に関する願いなら、金運パワーをチャージできるこちらへ。

★金運★絶対行きたいオススメ神社 2選

◆那閉神社（焼津市）／新屋山神社（山梨県富士吉田市）

◆吾妻神社（御殿場市）

◆六所神社（掛川市）／雨櫻神社（掛川市）

◆桜ヶ池 池宮神社（御前崎市）／先宮神社（静岡市）

◆城岡神社（沼津市）

◆高尾山穂見神社（御殿場市）

◆分器稲荷神社（浜松市）

◆美濃輪稲荷神社（静岡市）

金運 絶対行きたいオススメ神社 2選

確かな御利益で運気を上げて開運招福!

えびすさんを祀る「那閉神社」と、日本随一の金運スポットと名高い「新屋山神社」。お金に困らない、望みどおりの人生を過ごすために、金運&開運パワー絶大の頼れる神社へお参りしましょう。

絶対行きたい
オススメ神社 1

祭神パワーで福と金運を釣り上げる

祭神はダイコクさん、えびすさんとして知られます。大漁祈願の神社としても信仰を集めています。

焼津市

那閉神社【なへじんじゃ】

主祭神

大国主大神《オオクニヌシノオオカミ》

事代主大神《コトシロヌシノオオカミ》

ほかにも諸願成就、交通安全などの御利益が……

神社のすぐ近くが海。境内では潮騒が聞こえます。社名の〝那閉〟とは〝波辺〟のことと推測されています。まず神の岩と呼ばれる海中の岩に祭神をお迎えし、その後、海岸の洞窟に祀り、さらに現在地に遷座したとされます。今も神様をお迎えしたという岩を波の上に見ることができます。祭神のえびすさんはタイを抱えた姿で知られます。そこで昔から、大漁と海上の安全を願う漁業関係者の信仰を集めてきました。今では釣り人の参拝も多いそうです。

焼津市で最大規模の常夜灯

境内には高さ約 3.5 mもの大きな常夜灯があります。屋根の上には宝珠が載っています。信州高遠の石工により制作されたもので、浜当目村の一角にありましたが、大正になって境内に移されたと伝わります。焼津市有形文化財です。

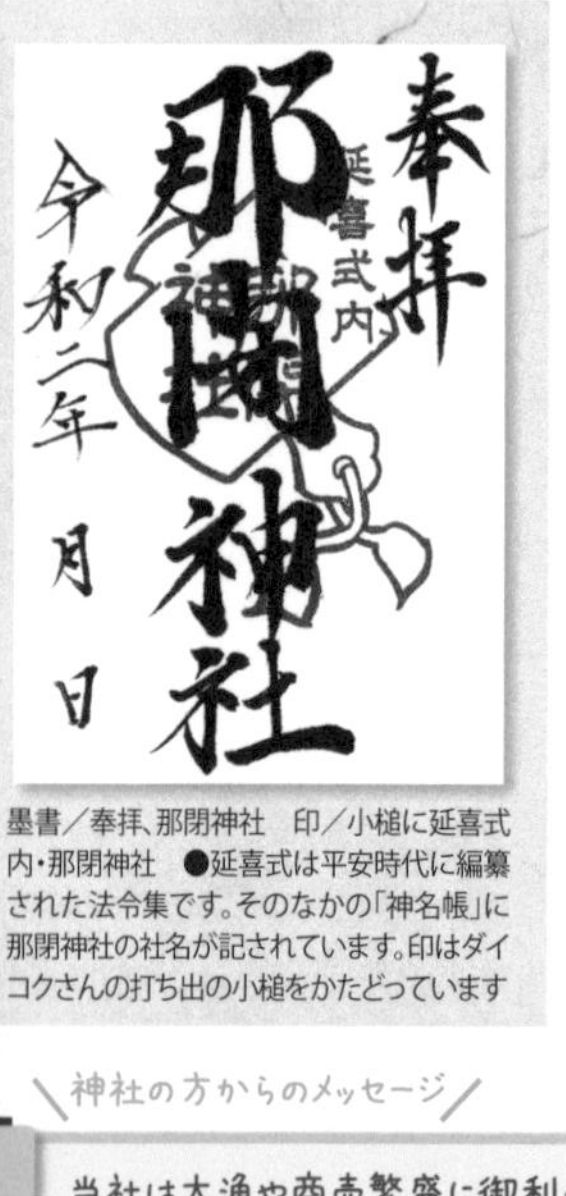

墨書/奉拝、那閉神社　印/小槌に延喜式内・那閉神社　●延喜式は平安時代に編纂された法令集です。そのなかの「神名帳」に那閉神社の社名が記されています。印はダイコクさんの打ち出の小槌をかたどっています

商売繁盛、金運アップの稲荷社が境内に祀られ、社の前には赤い鳥居が並びます。境内社には授福の神を祀る津島神社があります

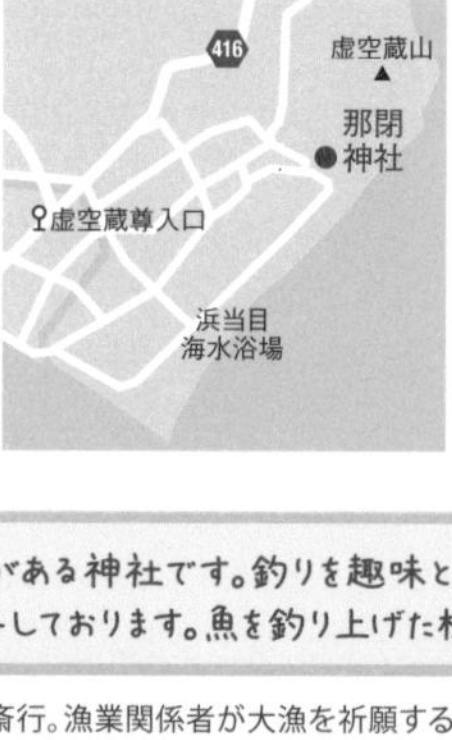

お守り

釣り人に大人気なのが「大漁釣守」(各700円)です。華やかなお守り袋にあしらわれているのはタイ、イカ、カツオの3種類で、カラーは全6種類。カツオは〝勝男〟に通じるとして受験生にも人気があります

みんなのクチコミ!!

浜当目海岸は夏には海水浴場がオープンします。堤防からはかつて神様を祀ったという海岸の洞窟を見ることができます。富士山もきれい!

DATA

那閉神社

創建/509(継体天皇3)年　本殿様式/流造
住所/静岡県焼津市浜当目3-12-13
電話/054-628-6049
交通/しずてつジャストライン「虚空蔵尊入口」から徒歩10分
参拝時間/自由　御朱印授与時間/9:00~17:00
URL https://nahe-shrine.jimdofree.com

神社の方からのメッセージ

当社は大漁や商売繁盛に御利益がある神社です。釣りを趣味とする人が焼津を訪れたり、参拝のきっかけになったりすればと思い、「大漁釣守」を授与しております。魚を釣り上げた様子をデザインしています。

毎年2月初旬には特殊神事として「浦祭」を斎行。漁業関係者が大漁を祈願する祭事で、かつてはカツオやマグロが山のように供えられ、4斗樽の日本酒の鏡割りがあるなど、にぎやかな祭事だったそうです。現在は稲荷社の初午の祭典とともに行われています。

絶対行きたい
オススメ神社 2

日本一の金運スポットと名高い神社

参道には願かけの御礼に奉納された鳥居がズラリ。地元では「ヤマノカミサマ」と親しまれています。

山梨県
富士吉田市

新屋山神社【あらややまじんじゃ】

主祭神
大山祇大神《オオヤマツミノオオカミ》

ほかにも縁結び、子授けなどの御利益が……

金運上昇や商売繁盛に御神徳がある神社です。祭神は願いごとをかなえてくれる霊験あらたかな神様。大願成就した人が御礼に奉納した数多くの鳥居から、その御利益の強さがうかがえます。本宮は原生林が生い茂る丘の上に鎮座し、山を守る神、産業の神として崇敬されています。また、富士山の2合目にある奥宮は、「金運神社」の別名をもつ強力なパワースポットです。冬季は、奥宮へ続く林道は閉鎖されますが、遠くから念を送って金運招福を祈願しましょう。

健やかに伸びる２本の夫婦木
境内には２本の木の枝が交差し、その部分が一体化している珍しい「夫婦木」があります。離れることのない木にあやかって、縁結びや夫婦和合、子授けなどに力を頂けると評判で、夫婦や恋人が参拝に訪れるのだとか。

みんなのクチコミ!!
地元には「山の神は生き神様だから木の葉1枚でも採るとバチがあたる」「山の神は器用だから雲以外はなんでも作れる」といった言い伝えが残っているそうです

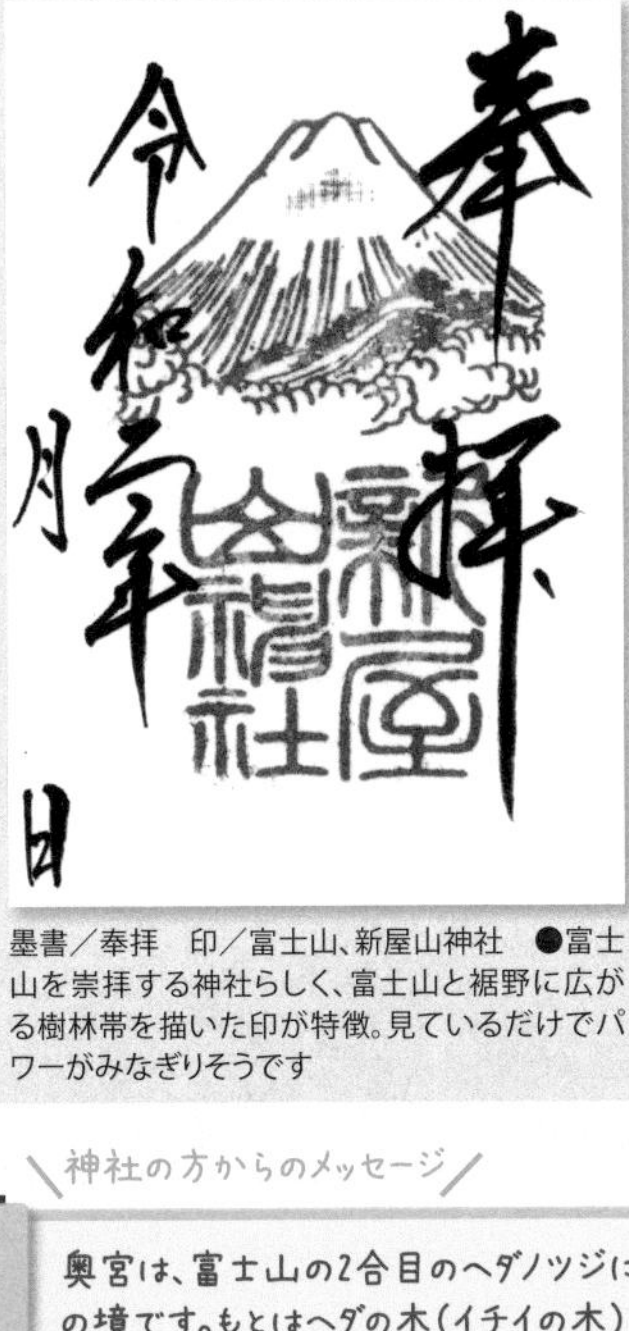

墨書／奉拝　印／富士山、新屋山神社　●富士山を崇拝する神社らしく、富士山と裾野に広がる樹林帯を描いた印が特徴。見ているだけでパワーがみなぎりそうです

御朱印帳

「御朱印帳」(1500円)。表には華やかな色彩が施された本宮が、裏には雄大な姿の富士山が描かれています

お守り

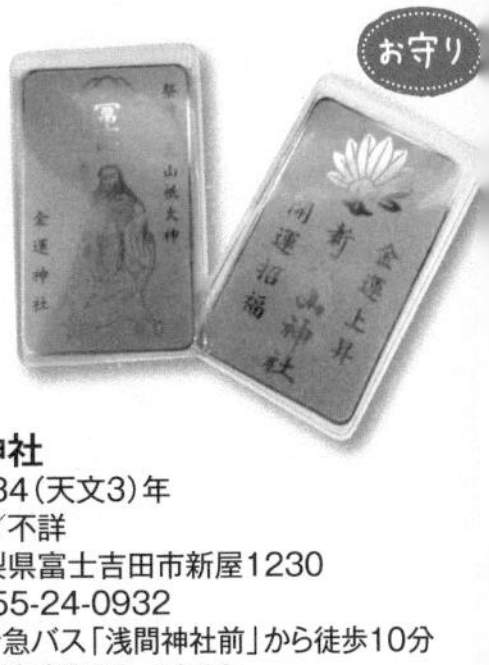

金運アップと開運招福を祈願する「金運カードお守り」(1500円)。カードタイプなので財布などに入れて持ち歩くのがおすすめです

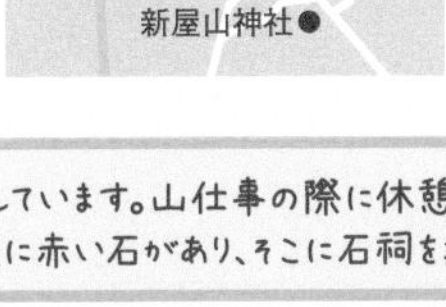

DATA
新屋山神社
創建／1534(天文3)年
本殿様式／不詳
住所／山梨県富士吉田市新屋1230
電話／0555-24-0932
交通／富士急バス「浅間神社前」から徒歩10分
参拝時間／本宮9:00～16:00、奥宮5～10月10:00～15:00
御朱印授与時間／9:00～16:00
URL http://www.yamajinja.jp

神社の方からのメッセージ

奥宮は、富士山の2合目のヘダノツジに鎮座しています。山仕事の際に休憩する場所で、ハラ(草地)とヤマ(林地)の境です。もとはヘダの木(イチイの木)の根元に赤い石があり、そこに石祠を建てて祀っていました。

神社にある「御神石」は「お伺い石」といわれ、その名のとおり神様におうかがいを立てる(質問する)石です。3回持ち上げて、2回目の石の重さが最も軽ければ、質問の答えは「良」とされます。※新型コロナウイルスが終息するまで触ることができません

商売繁盛で蓄財をサポート

境内は徳川家康公が休息のために建てた御殿の跡地にあり、別名を御殿場東照宮といいます。

御殿場市

吾妻神社【あづまじんじゃ】

徳川家康公が駿河と江戸を往復する途中の休憩所として御殿の造営を沼津代官に命じますが、完成前に逝去。その後、領地を引き継いだ大久保氏により、御殿は解体されました。その跡地に建立されたのが吾妻神社です。御殿場という地名はこの故事に由来します。境内社の稲荷社で商売繁盛を祈願して金運アップを目指して。初夢で見ると縁起がいいとされる「一富士、二鷹、三なすび」をモチーフにした見開きの御朱印(➘P.16)が好評です。

主祭神
弟橘姫命《オトタチバナヒメノミコト》

ほかにも家内安全、交通安全、商売繁盛などの御利益が……

みんなのクチコミ!!

御朱印を扱う和菓処 大田屋は1880(明治13)年創業。富士山の形をしたオリジナル最中「富士山最中」や、自家製餡を使った季節の和菓子が美味です

4月第1日曜に開催される吾妻祭
300年以上続く、古式ゆかしい祭典です。祭事には山車が曳き回されます。山車には神武天皇、速素盞雄尊(はやすさのおのみこと)、日本武尊の人形が飾られています。3年に1度の大祭では御神輿の渡御が行われます。

限定御朱印はP.16で紹介!

墨書／奉拝、吾妻神社、御殿場東照宮、徳川家康公御殿跡　印／御殿場発祥の地、吾妻神社、三ツ葉葵紋
●神職は常駐していません。印刷された書き置きの御朱印が神社から徒歩1分の和菓処 大田屋で頂けます

7月最終日曜には疫病退散の祇園祭を斎行。3年に1度の大祭では子供神輿の渡御があり、おおいににぎわいます

8月に開催される「御殿場夏まつり」などの祭事では子供たちによる吾妻太鼓が披露されます

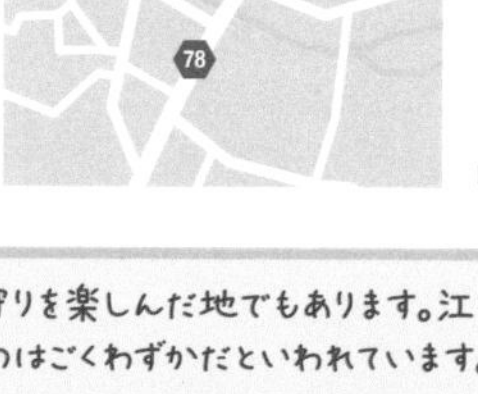

DATA
吾妻神社
創建／1872(明治5)年
本殿様式／春日造
住所／静岡県御殿場市196
電話／0550-82-0055(御朱印に関する問い合わせ／和菓処 大田屋)
交通／富士急行バス「仲町」から徒歩2分
参拝時間／自由
御朱印授与時間／9:30～18:00(和菓処 大田屋で授与、第1･3火曜、水曜休み)
URL https://ootaya-gotemba.com

神社の方からのメッセージ

当地は富士山の麓に位置し、徳川家康公が鷹狩りを楽しんだ地でもあります。江戸時代初め、全国で50ヵ所以上御殿が造営されていますが、地名として残っているのはごくわずかだといわれています。

拝殿に向かって左側に「御殿場発祥の地」と彫られた石碑があります。境内奥には御殿の周囲を囲んでいたと思われる土塁の跡を見ることができます。また、源頼朝が富士の巻狩を行った際、兜を置いたと伝わる「兜石」も境内に残されています。

6柱の神々のパワーで開運!

掛川市

六所神社【ろくしょじんじゃ】

鉱山や金属加工、漁業、農業、商業、海上安全などさまざまな分野の産業を守護する6柱の神々が祀られ、金運はもとより開運招福に導いてくださいます。鎌倉時代には創建していたとされ、「二社一体」の雨櫻神社（ページ下）とともに遠州地方有数の神社としてあつい崇敬を受けてきました。

主祭神
塩土老翁命《シオツチノオジノミコト》

ほかにも開運招福などの御利益が……

御神木「垂木の大杉」は、1788（天明8）年の古文書にも記された推定樹齢1000年以上の巨木。木の洞に山桜が根付いて春に花を咲かせ、共生する姿がすばらしいと話題になっています

拝殿内の様子。祇園祭では、こちらに雨櫻神社からの神輿が鎮座し、毎日神事が執り行われます

墨書／奉拝、六所神社　印／六所神社
●神職が不在の場合が多く、御朱印の授与は不定期。ご縁があれば頂けます

DATA
六所神社
創建／不詳 ※鎌倉時代と伝わる
本殿様式／流造
住所／静岡県掛川市上垂木981
電話／0537-26-0593
交通／掛川バス「馬場」から徒歩5分
参拝時間／自由
御朱印授与時間／不定期
URL https://rokushojinja-2014-06-18.jimdofree.com

御朱印を頂くなら参拝後、六所神社へ!

藩主も祈願した雨乞い神社

掛川市

雨櫻神社【あめざくらじんじゃ】

雨乞い祈願で有名な神社。古来、「天櫻」とされていましたが、山内一豊が掛川城主の頃に雨乞いの和歌を桜の木に結び付けたところ、すぐに降雨となり、「雨櫻」と呼ばれるようになります。社殿は西北山の中腹にあり、樹齢数百年以上もの樹木に包まれています。

小川にかかる赤い神橋を渡り、参道の石段を上ってお参りを

御祭神
素佐之男命《スサノオノミコト》
櫛稲田姫命《クシイナダヒメノミコト》　八王子命《ハチオウジノミコト》

ほかに開運厄除け、病気平癒などの御利益が……

みんなのクチコミ!

境内には小川が流れてすがすがしい空気が漂います。参道の赤い橋は浄化のパワスポ!?

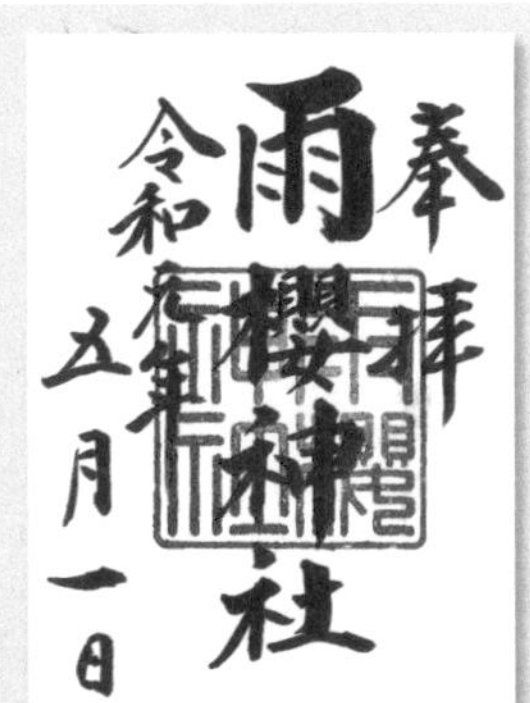

墨書／奉拝、雨櫻神社　印／雨櫻神社
●御朱印は六所神社で授与されますが、神職不在の場合が多く、不定期です

DATA
雨櫻神社
創建／不詳 ※平安時代と伝わる
本殿様式／流造
住所／静岡県掛川市上垂木1612
電話／0537-26-0593（六所神社と共通）
交通／掛川バス「上の宮入口」から徒歩5分
参拝時間／自由
御朱印授与時間／不定期（六所神社にて授与）
URL https://rokushojinja-2014-06-18.jimdofree.com

2社共同で行われる7月の「垂木《たるき》の祇園祭」

7月上旬に行われる「垂木の祇園祭」は、五穀豊穣と氏子崇敬者の無病息災が祈念される歴史ある神事です。祭礼期間中の8日間は故実に即して、雨櫻神社の御神輿が六所神社で一緒にお祀りされます。また、地域の獅子退治伝承とも一体になり、珍しい「麦オコワ」が毎日お供えされ、数年ごとに流鏑馬神事が行われます。

神輿渡御の様子。「御獅楽」と呼ばれる獅子舞が行われるなど、祭りは古式の姿を伝えるものです

御前崎市

伝説の伝わる池で奇祭を斎行

桜ヶ池 池宮神社
【さくらがいけ いけみやじんじゃ】

祓い清めと開運厄除けに御神徳のある女神様と商売繁盛の福の神、武勇と農業の守護神を祀ります。秋の彼岸中日(秋分の日)に行われる納櫃祭《のうひつさい》は、「おひつ納め」とも呼ばれる奇祭。平安時代末期に衆生救済のために龍蛇となり、池の主神になったという名僧の霊を供養するために始まった祭りです。

御朱印帳はP.25で紹介!

墨書/奉拝、桜ヶ池 池宮神社　印/遠州櫻ヶ池、遠州櫻、桜ヶ池池宮神社　●桜ヶ池の龍神伝説は遠州七不思議のひとつに数えられています

秋に行われる納櫃祭は県指定無形民俗文化財。地元の若人が褌姿で桜ヶ池の中央へ古式泳法で泳ぎ、崇敬者から奉納された赤飯を詰めたヒノキ製のお櫃を沈めて五穀豊穣と心願成就を祈願します

「龍神守」(800円)は祭神にちなんだ心願成就のお守り

主祭神

皇円阿闍梨大龍神《コウエンアジャリダイリュウジン》　瀬織津比咩命《セオリツヒメノミコト》

ほかにも心願成就、開運厄除けなどの御利益が……

DATA
桜ヶ池 池宮神社
創建/584(敏達天皇13)年
本殿様式/入母屋造
住所/静岡県御前崎市佐倉5162
電話/0537-86-2309
交通/自主運行バス「桜ヶ池」から徒歩5分
参拝時間/自由
御朱印授与時間/8:30~17:30

みんなのクチコミ!!

納櫃祭が行われる桜ヶ池は、信州の諏訪湖と底が続いているという不思議な伝説があります

静岡市

豊穣の神に金運と繁栄を願う

先宮神社
【さきのみやじんじゃ】

伝説では、全国に干ばつがあったとき、降雨を願う農夫の前に美女が現れ、「我は神なり、汝は正直者であるから」と言って雨を降らせてくれたそう。この御神徳をたたえて神社を建てたのが始まり。徳川家康公や武田勝頼といった名だたる有力武将が寄進した記録もあり、御利益はお墨付きです。

墨書/奉拝、先宮神社　印/先宮神社、宮司之印　●基本的に神社には人がいないため、御朱印を頂きたい場合は、事前に電話で予約をしましょう

風格ある御本殿は静岡浅間神社から拝領したもので江戸時代後期の建造物

金糸が織り込まれた「御守」で金運アップ! 「交通安全御守」は剣先型の木札守りです(各500円)

主祭神

保食神《ウケモチノカミ》

木花開耶姫命《コノハナサクヤヒメノミコト》　大山祇命《オオヤマヅミノミコト》

ほかにも開運、安産、交通安全などの御利益が……

DATA
先宮神社
創建/778(宝亀9)年
本殿様式/権現造
住所/静岡県静岡市葵区横内町111
電話/054-245-3889
交通/しずてつジャストライン「横内町静岡学園入口」から徒歩4分
参拝時間/自由
御朱印授与時間/電話で事前予約

みんなのクチコミ!!

6月最終日曜の夏越の大祓(なごしのおおはらえ)は境内で茅の輪くぐりができます。氏子さん手作りの出店もあります

お稲荷さんが金運を守ってくれる

駅から歩いて5分、繁華街のなかに鎮座します。沼津城を守護する神社として創建と伝わります。

沼津市

城岡神社
【しろおかじんじゃ】

沼津城は江戸時代中期、沼津藩初代藩主・水野忠友が築いた城です。一角には木々が茂る丘があり、小さな祠があったといいます。2代藩主の頃、社殿を造営し、京都の伏見稲荷から御神体を勧請し、稲荷神社としたと伝わります。稲荷さまとも権現さまともたたえられていましたが、明治以降、城岡神社と改称しました。境内は町の中心にありますが、初夏にはサツキが咲き、心が和む空間になっています。

主祭神
宇迦之御魂神《ウカノミタマノカミ》

ほかにも商売繁盛、勝運などの御利益が……

みんなのクチコミ!!

沼津城の本丸跡は現在、中央公園として整備されています。神社からは徒歩3分ほどの距離です。園内には石碑が立っています

境内に立つ沼津兵学校址碑と記念碑
明治維新後、この地に徳川家兵学校を造り、徳川家家臣の子弟の教育にあたりました。その後、沼津兵学校となり、さらに陸軍士官学校へと発展。1894(明治27)年建立の址碑(左)と1940(昭和15)年建立の記念碑(右)があります。

水野家が所有していた狐像。明治になり、水野家が沼津から菊間(現千葉県市川市)に転封になったとき、城岡神社に移されました

墨書/奉拝　印/駿河國沼津城跡、城岡神社　●沼津城は江戸時代中期に平山城として築かれ、1872(明治5)年に解体されました。御朱印・授与品は神社に併設されている大手町会館で頒布しています

お守り

上品な色合いの錦のお守り袋に入った「御守」(500円)

「勝」守り(各1000円)は本革製。黒は〝黒字〟で商売繁盛・金運、白は〝白星〟で試験、試合、勝負に勝てるよう祈願が込められています

DATA
城岡神社
創建/不詳
本殿様式/一間流造
住所/静岡県沼津市大手町3-5-16
電話/055-962-1540
交通/JR東海道本線「沼津駅」から徒歩5分
参拝時間/自由 ※拝殿扉は17:00頃閉鎖
御朱印授与時間/9:30~16:00

神社の方からのメッセージ

例大祭は5月下旬の土・日曜に斎行しています。御神輿の渡御、子供や婦人会の踊りが練り歩き、境内では演芸大会も開催されます。6月30日は夏越の祓。境内に茅の輪を設け、自由に茅の輪くぐりをしていただけます。

毎年、7月中旬の土・日曜に「沼津夏まつり・狩野川花火大会」が開催されます。1948(昭和23)年に市民を活気づける祭事として始まりました。花火大会は市街地の花火としては東海随一の規模を誇り、多彩なプログラムで例年30万人もの来場があります。

一粒万倍《いちりゅうまんばい》のパワーを授かる！

江戸時代に甲府から分霊された神社。11月に斎行される開運高尾祭で知られています。

御殿場市

高尾山穂見神社

【たかおさんほみじんじゃ】

一粒万倍とはひと粒のモミが豊かな実りを生むことを表し、わずかな元手が何倍にも膨らむという意味を含んでいます。祭神はそんな一粒万倍の神通力をもち、福運や金運を授けてくれる神様として江戸時代から信仰を集めてきました。今も、物事を始める前に参拝すると成功に導いてくれる神として起業家にも信仰されています。現在の社殿は1970（昭和45）年の造営です。神職が常駐していないため、御朱印は神社から徒歩1分の和菓処 大田屋で頂きます。

主祭神

御崎大明神《ミサキダイミョウジン》

ほかにも商売繁盛、五穀豊穣、家内安全などの御利益が……

毎年11月に開催される開運高尾祭

商売繁盛や招福開運を願い、11月の最終土曜に行われる夜祭です。参道や境内には飲食の露店や縁起物の熊手やダルマを売る店がズラリと並び、熱気に包まれます。御殿場市民が集まる大きな祭事です。

みんなのクチコミ!!

通常、御朱印は印刷ですが、高尾祭の日は夕方から神職が社務所に駐在。御朱印帳にじかに書いてもらえます

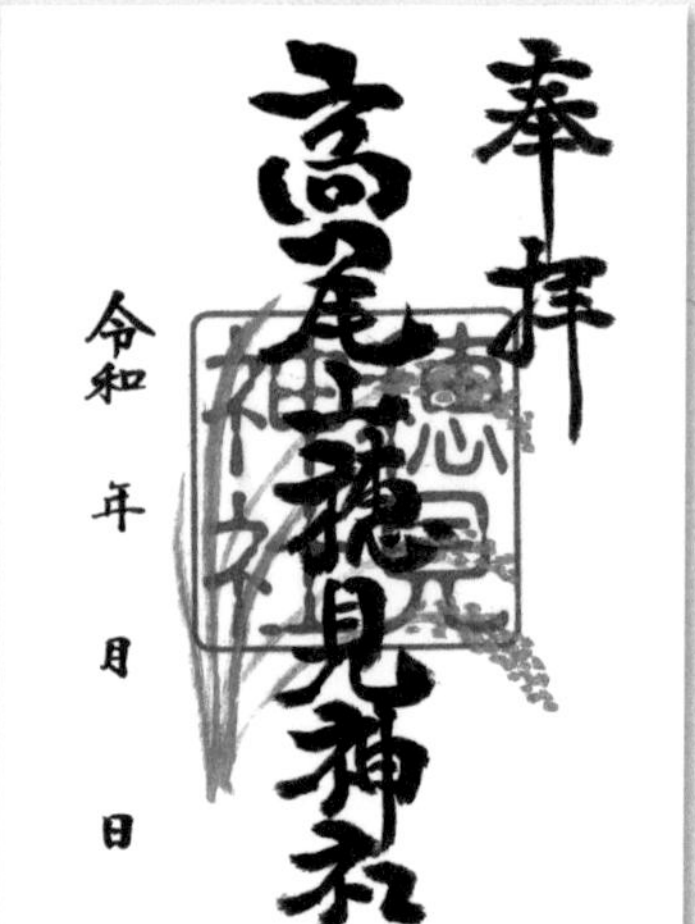

墨書／奉拝、高尾山穂見神社　印／穂見神社　●金の稲穂が一粒万倍の力をもつ祭神を表現しています。御朱印は印刷の書き置きです。ほかに見開きのカラフルな御朱印もあります

境内にツバキの古木と楓の木が結ばれた「縁結びの木」があります。いつ結ばれたのかは不明ですが、この木に手を触れ、願かけすると良縁に恵まれるといわれています

参道右手に御主殿稲荷神社が鎮座します。御殿場地区で最古ともいわれる社で、毎年、2月中旬の午の日には祭礼が行われます

DATA

高尾山穂見神社

創建／1616（元和2）年
本殿様式／八幡造
住所／静岡県御殿場市御殿場196
電話／0550-82-0055（御朱印に関する問い合わせ／和菓処 大田屋）
交通／富士急行バス「仲町」から徒歩2分
参拝時間／自由
御朱印授与時間／9:30～18:00（和菓処 大田屋で授与、第1·3火曜、水曜休み）
URL https://ootaya-gotemba.com

神社の方からのメッセージ

当社は甲府の高尾山（櫛形山穂見神社）から分霊された神社です。境内の縁結びの木ですが、ツバキの樹齢は推定150年。日本ツバキ協会から優秀古ツバキ11号に認定されています。冬には赤い花を咲かせます。

高尾祭は冬の到来を告げる夜祭とされています。17時から翌朝4時頃まで露店が開き、熊手やダルマを購入すると威勢のいい手締めが行われ、活気に包まれます。境内ではカラオケ大会や芸能人が出演する演芸会、福引や甘酒の無料サービスなどもありにぎわいます。

黄金のキツネに金運アップを祈ろう！

日本の名だたる将軍が参拝したと伝わる神社。祭神は「暮らしに関わるすべて」を司ります。

浜松市

分器稲荷神社

【ぶんきいなりじんじゃ】

にぎやかな通りを一歩入ると、ビルの谷間に拝殿が。風格ある姿を見ると、自然と頭が垂れてきます。神社には、このあたりが伊勢神宮の神領であった頃の創建であるという説や、徳川家康公が三河から浜松に来た際にお社が構えられたという説が伝わります。衣食住士農工商の守護神とされる祭神は稲の精霊。黄金色に輝く稲穂は、金運の象徴です。町の繁栄を間近に支えてきた神社だけに、参拝すれば金運も上向きになることでしょう。

凛とした姿の黄金の狛キツネ

稲荷神のお使いといえばキツネ。実はこの金のキツネ像は、境内のいたるところにあるんです。金運アップをサポートしてくださること間違いなしのキツネ様にも忘れずに参拝しましょう。

主祭神

倉稲魂命《ウカノミタマノミコト》

ほかにも家内安全、無病息災などの御利益が……

みんなのクチコミ!!

神社のごく近くに徳川家家臣・本多忠勝の屋敷推定地があります。徳川四天王、徳川十六神将、徳川三傑に数えられる功臣の元居住地となれば出世運UPを狙えるかも？

墨書／奉拝、遠江分器稲荷神社　印／神紋、分器稲荷神社、田町遠江分器稲荷神社之印　●御朱印は書き置きのみの授与。「分器」は地境の榜示（ほうじ）があったことに由来する古い地名といわれます

境内には御神木のほか、全部で5つの銘木があり、それぞれに御神徳があると伝わっています。境内に掲げられた絵図を頼りに探してみて！

境内には商売繁盛や家内安全を祈願した、赤い幟旗がずらりと並んでいます。これは地元の氏子崇敬者から送られたもの。古くより地域から大切にされている神社なのです

DATA

分器稲荷神社

創建／不詳
本殿様式／流造
住所／静岡県浜松市中区田町232-5
電話／なし
交通／遠鉄バス「常盤町」から徒歩2分
参拝時間／自由
御朱印授与時間／拝殿前の書き置きを授与

神社の方からのメッセージ

源頼朝公や坂上田村麻呂公なども参拝されたと伝わっており、非常に古くから引き立てられてきた神社です。この先も町の皆さんとともに歴史を紡いでいけたらと思います。浜松にお越しの際は、ぜひご参拝ください。

例年5月に市をあげて行われる浜松まつりでは「遠州のからっ風」にのせて、町ごとに凧揚げ合戦が繰り広げられます。神社の地元、田町の凧印は氏神様でもあるこちらの神社の神紋を採用しています。地元の人々からの信頼のあつさが感じられます。

清水の発展を永く見守る神社

国際港、清水の町に鎮座する歴史ある神社です。油揚げを奉納して、商売繁盛を祈願！

静岡市

美濃輪稲荷神社

【みのわいなりじんじゃ】

日本三大美港のひとつで、国際的な港としてにぎわう清水の町なかにある神社。江戸時代の初めに京都の伏見稲荷大社の分社として鎮座し、商売繁盛の神様として崇敬を集めています。境内にズラリと並ぶ赤い鳥居をくぐって社殿の前へ。キツネの好物だという油揚げを奉納してお参りするのもよいでしょう。明治維新の激動の時代に清水の発展に尽くした清水次郎長の生家もほど近く、清水の港が発展を遂げることを祈って奉納された玉垣にもその名を連ねています。

主祭神

宇迦之御魂大神《ウカノミタマノオオカミ》

ほかにも家内安全、開運招福などの御利益が……

清水次郎長ゆかりの玉垣

神社の周りを囲む玉垣は1880（明治13）年の造営。前年に新しい港が完成した清水の発展を祈って奉納されたもので、清水の米屋や茶商人、廻船問屋のほか、清水次郎長こと「山本長五郎」の名も刻まれています。

墨書／奉拝、正一位美濃輪稲荷神社　印／美濃輪稲荷印、稲紋　●「正一位」とは朝廷から祭神に授与された最高位の神階。御朱印は書き置きはなく、御朱印帳にのみ授与されます。不定期で休止する場合もあります

拝殿前には油揚げの奉納所があります。参拝前に油揚げを購入しておきましょう

みんなのクチコミ!!

お参りには、油揚げの奉納を。鳥居前の商店で1枚100円で販売しています

お守り

「開運袋守」（800円）は赤と青の2色。金糸で社紋が織り込まれていて、開運招福の力を感じます

福よ、来い！来い!!

「開運鈴守」（300円）。金色に輝く鈴の澄んだ音色で金運アップ！

DATA

美濃輪稲荷神社

創建／1624～1645年（寛永年間）
本殿様式／不詳
住所／静岡県静岡市清水区美濃輪6-12
電話／054-352-2310
交通／静鉄バス三保線「港橋」から徒歩5分
参拝時間／自由
御朱印授与時間／要問い合わせ

神社の方からのメッセージ

今から約400年前の江戸時代初期に、京都伏見稲荷大社の御分社として当地に鎮座いたしました。静岡県神社庁より三等級の御神階を授かり、静岡県下最高位の稲荷神社として県内外に信仰を広め、あつく崇敬されております。

例祭は商売繁盛、家内安全を祈願して毎年3月14～16日に斎行。子供の健康を祈願する稚児行列が行われるほか、舞踊や太鼓の奉納、カラオケ大会なども開かれます。日が落ちると境内全体につるされた提灯に明かりがともり、とても幻想的です。

Part4

美容・健康

すべての幸せは心と体の健康から。女性はもちろん、老若男女の強い味方になってくれる神様に会いに行きましょう。

★美容・健康★絶対行きたいオススメ神社 3選

- 伊那下神社（松崎町）／大井神社（島田市）／富知六所浅間神社（富士市）
- 伊勢神明社（静岡市）／伊那上神社（松崎町）
- 大歳神社（浜松市）
- 小梳神社（静岡市）／素盞鳴神社（東伊豆町）
- 大頭龍神社（菊川市）
- 山名神社（森町）
- 米之宮浅間神社（富士市）

美容◆健康　絶対行きたいオススメ神社 3選

美しくヘルシーな毎日を送る力をチャージ！

健康長寿の強力な御利益で知られる「伊那下神社」、女性の守護神を祀る「大井神社」、安産の御神徳で崇敬を集める「富知六所浅間神社」。こちらで願いを伝えれば、男女関係なく健康で自信に満ちあふれた生活を授けていただけるはずです。

御神木と神明水に健康長寿を祈願！

西伊豆の要衝の地に祀られた山・海・水の神様。古代祭祀跡の神聖な地で健康長寿祈願を。

絶対行きたいオススメ神社 1

松崎町

伊那下神社

【いなしもじんじゃ】

山の神、海の神、そして水神である祭神を祀る神社。山そのものが御神体としてあがめられ、航海安全を祈る人々の信仰を集め、源頼朝をはじめ武家の崇敬を受けた歴史があります。秋に境内を黄金色に染める「親子イチョウ」は落雷を受けた霹靂木《へきれきぼく》で「困難に負けない常若の生命力」をもつ御神木。健康長寿の泉「神明水」も境内に湧き出ています。また、境内社に祀られる「大足さん」は手足腰の健康の神様。草履の絵馬を奉納する信仰があります。

主祭神

大足大明神《オオアシダイミョウジン》　彦火火出見尊《ヒコホホデミノミコト》

龍谷水神《リュウコクスイジン》　住吉三柱大神《スミヨシミハシラノオオカミ》

ほかにも産業守護、交通航海守護、良縁成就、合格守護などの御利益が……

常若の生命力をもつパワースポット

拝殿前には樹齢約1000年を数える霹靂木の母イチョウをはじめ、ハート形に合体した父イチョウ、子イチョウが仲よく枝を広げています。「いつまでも若々しくいられる」、「良縁」などの御利益があるそう。

御朱印帳はP.24で紹介！

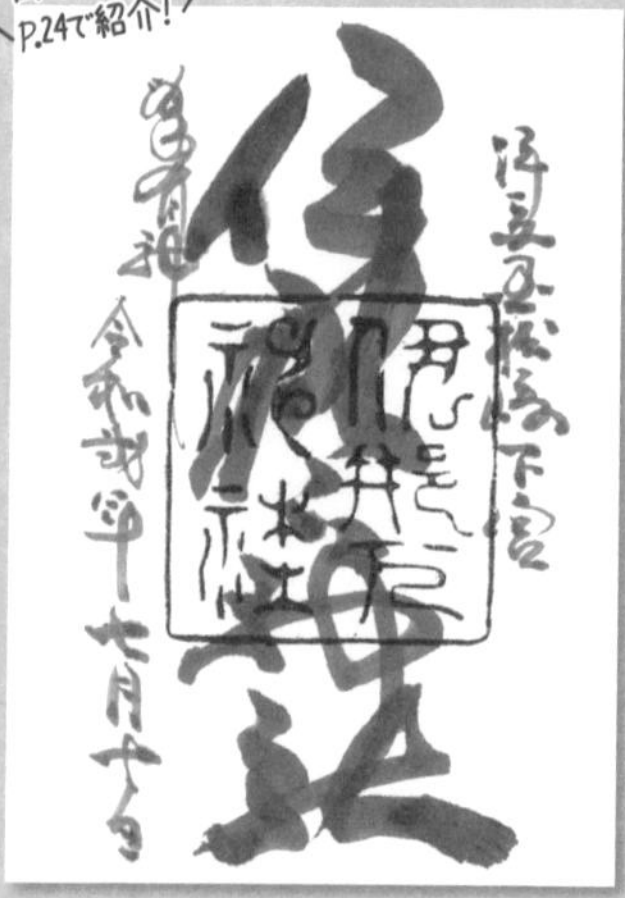

墨書／伊豆国松崎下宮、伊那下神社、筆有神　印／伊那下神社　●社印は山岡鉄舟（やまおかてっしゅう）の揮毫によるもの。駿河湾フェリー乗船者は県道223号の特別落款を押印。伊那上神社（→P.111）の御朱印も授与

龍谷水神社から湧く「神明水」は健康長寿の泉として人気があり、口に含むとまろやかな甘みが。境内の5カ所で汲むことができます

みんなのクチコミ!!

毎月1日の朔日参りには、限定の「神木気まもり」（1000円）を授与

お守り

「健康御守」（800円）は、樹齢1000年を数えるイチョウにちなんだ健康長生き祈願のお守りです

「大入叶御守」（800円）は松崎町を象徴する「なまこ壁」の柄。大願成就を祈願！

DATA

伊那下神社

創建／不詳 ※磐座があり原始の頃より祭祀は行われていた

本殿様式／流造

住所／静岡県賀茂郡松崎町松崎28

電話／090-7919-7780

交通／東海バス「松崎」から徒歩10分

参拝時間／自由

御朱印授与時間／9:00～17:00

URL http://www.inasimo-jinja.jp

神社の方からのメッセージ

社務所から拝殿への通路には、江戸時代から明治時代にかけての由緒ある品々を展示しています。無料で見学ができますので、どうぞお参りください。拝殿内で参拝することもできます。

毎年11月2～3日に行われる例大祭では、かがり火に照らされた舞殿を舞台に、若衆組織による式三番叟（しきさんばそう）が舞われます。また、2日には勇壮な「けんか獅子」、3日には「神輿浜振り」などの行事も行われます。

絶対行きたい
オススメ神社 2

三女神は女性の揺るぎない味方！

女性や子供の守護神として崇敬されています。さまざまな御神徳が頂ける境内社も必ず参拝を。

島田市

大井神社

【おおいじんじゃ】

島田駅に近い町なかにある神社。近くを流れる大井川の恵みに感謝をささげ、氾濫から人や土地を守る、水神信仰が起源です。やがて水の女神と土の女神、日の女神の三女神を祀るようになり、健康で美しくありたい女性の信仰を集めています。境内には「帯まつり」の様子を表したブロンズ像や安産祈願の帯塚など見どころ多数。また、表参道左手には結婚式場の宮美殿があり、神々に見守られながら神前式ができると人気です。

通称「悪口稲荷」に商売繁盛を祈願

境内から離れた飛び地にある「御陣屋 稲荷神社」。古くから例祭の日に近隣の民家がその年の風刺画の軒灯をこちらにかける風習があったそう。五穀豊穣を祈って勧請されたお社に仕事がうまくいくようお願いしてみては。

主祭神

彌都波能売神《ミズハノメノカミ》 波邇夜須比売神《ハニヤスビメノカミ》

天照大御神《アマテラスオオミカミ》

ほかにも旅行安全、交通安全などの御利益が……

みんなのクチコミ!!

先に境内社の祓戸神社を参拝すれば、体が清められ、願いがかなうのだとか

墨書／奉拝、大井神社　印／勅宣正一位、大井神社、駿州島田、川とモミジ　●「駿州（すんしゅう）」は駿河国の別称で、神社の鎮座する静岡県中部・北東部のこと。安産祈願なら、境内の「帯塚」も参拝しましょう

本殿には、信州の彫刻師・立川昌敬（たちかわまさよし）氏による美しい彫刻があります。本殿は境内のいちばん奥にあるため、普段は塀越しに拝観できます

お守り

キュートな「女身御守」（800円）は女性専用のお守り。肌身離さず持てば、女性の守護神である祭神から加護を得られます

「お多福ちりめん守」（800円）。ちりめんで作られた笑顔のお多福から福を頂いて、良縁を呼び込みましょう

DATA

大井神社

創建／不詳
本殿様式／流造
住所／静岡県島田市大井町2316
電話／0547-35-2228
交通／JR東海道本線「島田駅」から徒歩5分
参拝時間／自由
御朱印授与時間／8:30～16:30
URL https://www.ooijinjya.org

＼神社の方からのメッセージ／

祭神が3柱とも女神様であることから、昔から安産の神様、女性や子供の守護神として幅広く信仰されています。江戸時代に参勤交代の大名や飛脚が旅の安全を祈願したため、旅行安全の神としても知られています。

3年に1度、10月中旬に斎行される大祭「帯まつり」は日本三奇祭のひとつ。屋台の曳き回し、鹿島踊りなどで盛り上がります。島田に嫁入りした女性が参拝後に帯を披露していたのが、いつしか大奴が大太刀に帯を下げて練り歩くようになったのが起源とされています。

絶対行きたい
オススメ神社 3

子授けと安産の御利益を授かれる！

安産の神様として広く慕われている古社です。芸術的な特別御朱印や画期的な催しでも人気。

富士市

富知六所浅間神社
【ふじろくしょせんげんじんじゃ】

霊峰富士を仰ぎ、古くから富士山南麓を守護する岳南総社として崇敬されています。旧地名を三日市場ということから、地元では「三日市の浅間さん」と親しまれている富士市の大氏神様です。ほかの浅間神社と同じように、富士山を御神体とする美しい女神・木花《このはな》之《の》佐《さ》久《く》夜《や》毘《ひ》売命《めのみこと》をお祀りしていますが、主祭神はその父である大山祇命。厄除けや安産の御神徳がある神様から、第52代嵯峨天皇の中宮を安産に導いた、確かな御利益を頂きましょう。

主祭神
大山祇命《オオヤマヅミノミコト》

ほかにも厄除け、交通安全、家内安全などの御利益が……

神社でプロジェクションマッピング

8月の夏祭りでは、奉納DJとともに本殿でプロジェクションマッピングを行うという斬新な試みも行っています。境内がライブ会場となり、幻想的な光景と心震わせる音楽に老若男女問わず熱気に包まれます。

お参りのときに社殿を見上げると、富士山の彫刻された蟇股（かえるまた）を見ることができます

みんなのクチコミ!!

毎年8月15日に「夏祭り」を開催。境内には飲食店が並び、夜まで参拝者でにぎわいます。有名アーティストによる奉納DJが行われ、過去にはFPMやMONDO GROSSOが出演したことも

おみくじ

結び方に願いが込められた「恋みくじ」（300円）。ひもの色にも意味があります

限定御朱印と御朱印帳はP.20・23で紹介！

墨書／奉拝、富知六所浅間神社　印／富知六所浅間神社　●美しい富士山の印が印象的な御朱印です。「御一日参り」「月参り」など季節感あふれる御朱印や祭礼の限定御朱印も頂けます

DATA
富知六所浅間神社
創建／785（延暦4）年
本殿様式／流造
住所／静岡県富士市浅間本町5-1
電話／0545-52-1270
交通／富士急静岡バス「吉原中央駅」から徒歩10分
参拝時間／9:00〜17:00
御朱印授与時間／9:00〜17:00
Instagram：fuji6sho_lab

神社の方からのメッセージ→P.28もチェック！

毎年5月3日に斎行されるのが当社の祭祀のなかで最も重要とされる祭典である例祭です。前日は宵宮祭が斎行され、当日は境内に数十軒もの露店が軒を連ね、夕方まで多くの参拝者でにぎわいます。

本殿の右手にオオクスの御神木があります。樹齢1200年以上、高さ15m、幹回りは13mとされ、県の天然記念物に指定されています。根元には大きな空洞がありますが、途中で2本に分かれ、枝葉が元気に茂っています。神聖な大木から健康に生きるパワーを頂けそうです。

天然記念物の御神木に無病息災を

静岡市

伊勢神明社【いせしんめいしゃ】

富士山の絶景を望む丘陵地「日本平」の麓にある神社。御神木のクスノキは樹齢推定千数百年を数える巨木で、無病息災、延命長寿のパワースポットとして知られています。目の病が平癒する御利益があるともいわれ、関東方面から新幹線やバスを乗り継いで訪れる参拝者もあるほどです。

金書／奉拝　墨書／伊勢神明社　印／さやちゃん、伊勢神明社　●御朱印に押印されている女の子は伊勢神明社のイメージキャラクター「さやちゃん」です

幹周り12m、高さ30mの見事な大木。県の天然記念物に指定。大きさ、形、勢いが三拍子揃った一級のクスノキといわれています

神社で人気No.1の「大楠木霊」守り（1000円）。中に御神木のクスノキの木片が入っています

主祭神

天照皇大御神《アマテラススメオオミカミ》

ほかにも家内安全、子孫繁栄などの御利益が……

DATA

伊勢神明社

創建／1590（天正18）年
本殿様式／神明造
住所／静岡県静岡市駿河区小鹿886
電話／054-285-3429
交通／しずてつジャストライン美和大谷線「小鹿公民館前」から徒歩5分
参拝時間／自由
御朱印授与時間／6:30～18:30
URL https://www.iseshinmeisha.com

みんなのクチコミ!!

無病息災、延命長寿の御利益があると、御神木に手を合わせる参拝者の姿も見られます

御神木の彫刻に不老長寿祈願

松崎町

伊那上神社【いなかみじんじゃ】

伊予国（現在の愛媛県）の三島大明神（大山祇神社）から遷座されたとも、伊豆国国府の三島から遷されたとも伝えられる古社。源頼朝が参詣したほか、将軍家の崇敬を受けました。境内に鎮座する彫刻は、倒れた御神木に新たな生命を吹き込み、宮司自らが彫り上げた「精霊」たちです。

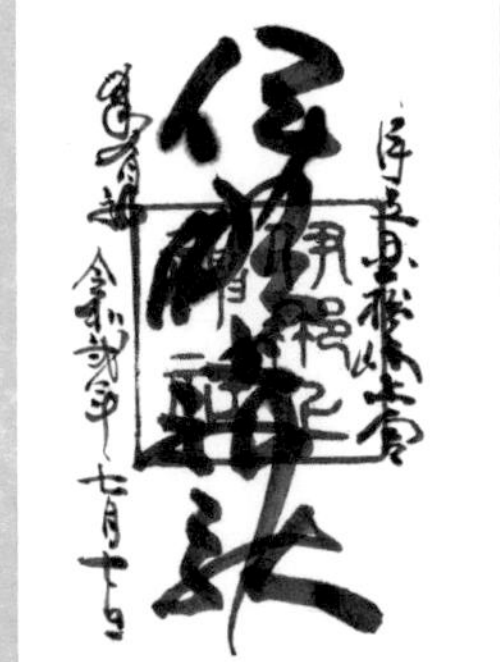

墨書／伊豆国松崎上宮、伊那上神社、筆有神　印／伊那上神社　●こちらの神社は無人のため、御朱印は伊那下神社（→P.108）で授与されます

拝殿前の左手に鎮座するのは「不老長寿」の彫刻。ヒョウタンに入った不老長寿の水が巧みに表現されています

拝殿前の右手に鎮座する彫刻は、伊那下神社の例大祭で舞われる三番叟の舞姿。「老いて学べば死して朽ちず」と言葉が刻まれています

主祭神

積羽八重事代主命《ツミハヤエコトシロヌシノミコト》

ほかにも商売繁盛などの御利益が……

DATA

伊那上神社

創建／不詳　※5世紀頃。現在の場所に建立されたのは701（大宝元）年
本殿様式／流造（拝殿は入母屋造）
住所／静岡県賀茂郡松崎町宮内37-1
電話／090-7919-7780
交通／東海バス「松崎」から徒歩10分
参拝時間／自由
御朱印授与時間／9:00～17:00（伊那下神社→P.108にて授与）

みんなのクチコミ!!

11月3日の例大祭で限定御朱印（初穂料500円）を頂けます。授与は徒歩8分の場所にある伊那下神社で

病魔をすっきり祓ってくれる

浜松市

大歳神社【おおとしじんじゃ】

地元では「お天王様」と呼ばれ親しまれています。土地柄から、バイクの交通安全祈願も多いです。

祭神は除災に強い力をもつ神様。昔、氏子4町内で疫病がはやったときにこの中の1町がキュウリを断って疫病退散を祈願しました。すると疫病は鎮まり、それ以来、社紋はキュウリを輪切りにした断面図になったそうです。神社が鎮座する浜松市は、スズキ、ホンダ、ヤマハをはじめ、オートバイのメーカーが多いエリア。そこで神社にはバイクの交通安全やツーリングの安全を願うバイク好きのライダーが多く訪れます。

主祭神

素戔嗚尊《スサノオノミコト》

ほかにも開運、厄除けなどの御利益が……

みんなのクチコミ!!

駐車場はクルマよりバイクと自転車専用のほうが広いくらいです。権禰宜もホンダに乗っているバイク好きだそうです

ライダー憩いの場でもある授与所

御朱印やお守りを頒布する授与所には、ひと休みできるコーナーが。無料コーヒーサービスやバイク関連の本が置かれ、ライダーの休憩場所にもなっています。広い駐車場があるなど、バイク好きが集まる場を提供しています。

限定御朱印とほかの御朱印帳はP.18・24で紹介!

墨書／奉拝、天王宮大歳神社　印／式内大歳神社、社紋、式内大歳神社之印章　●式内とは『延喜式』のことで、格式ある古社であることを示しています。遠州一円の天王社の総社といわれています

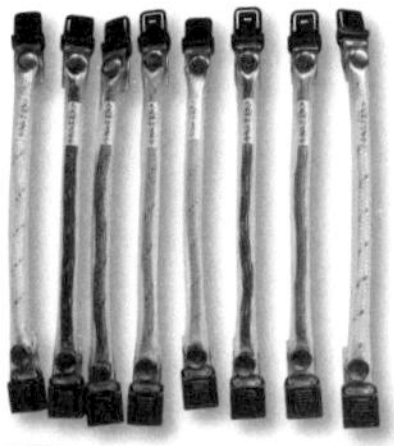

「道楽御守」(1000円)はツーリングの安全祈願が込められた、バイク専用のお守り。バイクのハンドルに付けられるようになっています。ときには売り切れるほど、ライダーの間で大人気です

お守り

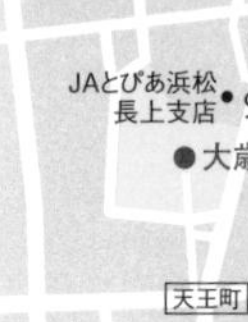

「鰻昇守」(800円)は浜松の神社らしいお守り。流れを遡るウナギにあやかり、運気上昇が期待できます

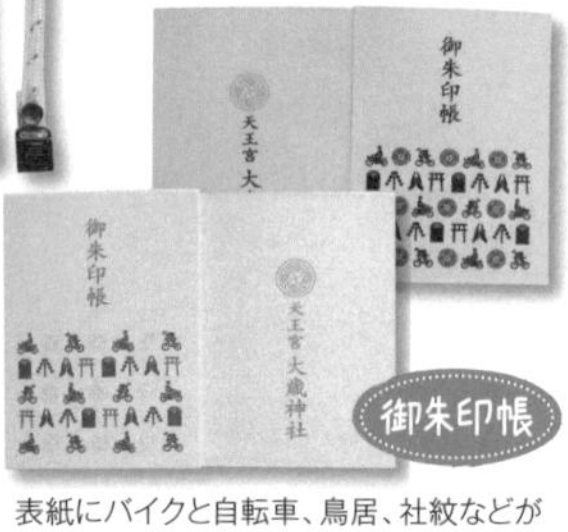

御朱印帳

表紙にバイクと自転車、鳥居、社紋などが配された「御朱印帳」(各1000円)。白地にカラフルな柄と、黒一色の柄の2種類

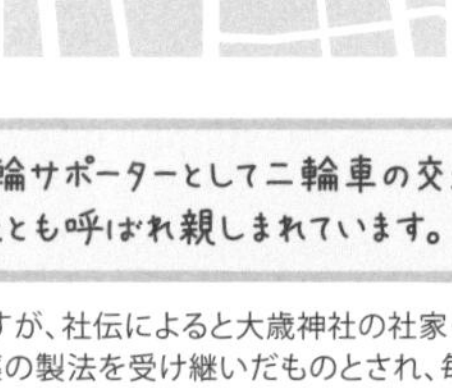

DATA

大歳神社

創建／不詳
本殿様式／権現造
住所／静岡県浜松市東区天王町1484-1
電話／053-421-6447
交通／遠鉄バス「長上農協前」から徒歩3分
参拝時間／7:00〜17:00頃
御朱印授与時間／7:30〜17:00頃
URL https://www.ootoshi-jinja.or.jp

神社の方からのメッセージ

オートバイメーカーの多い地に鎮座することから、二輪サポーターとして二輪車の交通安全やマナー向上に向けての啓発活動を行っています。ライダーの間ではバイク神社とも呼ばれ親しまれています。

真田幸村の一子大助は大坂夏の陣で戦死したと伝わりますが、社伝によると大歳神社の社家・石津家に入り余生を送ったといいます。8月の例大祭で打ち上げられる花火は真田家に伝わる火薬の製法を受け継いだものとされ、毎年、数千発の花火が打ち上げられます。

幼き人質・家康の心の拠り所

静岡市

小梳神社

【おぐしじんじゃ】

徳川家康公が今川家の人質としてとらわれていた幼少期。近くにあったこの神社に日夜、武運長久を祈願したと伝わっています。その後、家康公が天下を治めたのは誰もが知るところ。明日をも見えぬ身ながら、家康公が「強くなりたい」と祈った神社なら、心身の健康に力を授けてくださるはず。

主祭神

建速須佐之男命《タケハヤスサノオノミコト》　奇稲田姫命《クシナダヒメノミコト》

ほかにも夫婦和合、疫病退散などの御利益が……

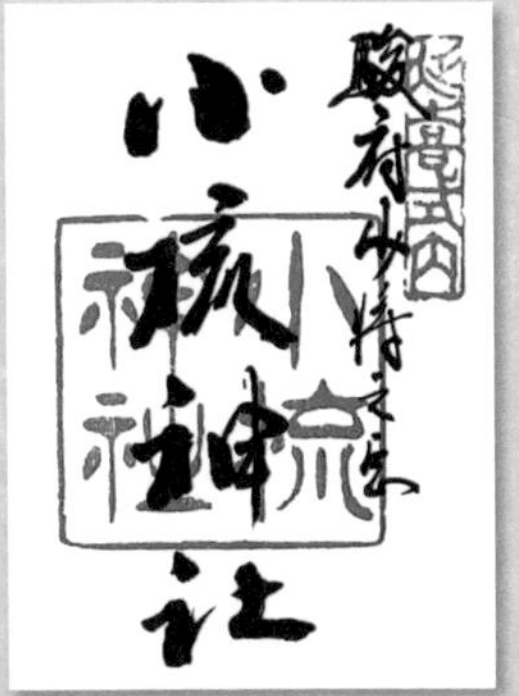

墨書／駿府少将之宮、小梳神社　印／延喜式内、小梳神社　●「少将之宮」は神社の通称です。地域の方からは今も「少将さん」の名で親しまれています

1676（延宝4）年から、隔年で続く7月の例祭の神幸祭。「駿府の祇園祭」としても知られ、疫病退散などの目的で行われています

鳥居をくぐった左手には湧き水の「少将の井」があります。病気平癒や健康増進に御利益があるという霊水です

DATA

小梳神社

創建／不詳
本殿様式／神明造
住所／静岡県静岡市葵区紺屋町7-13
電話／054-252-6660
交通／JR東海道本線「静岡駅」から徒歩5分
参拝時間／自由
御朱印授与時間／9:00～17:00

みんなのクチコミ!!

毎月第2土・日曜に境内で開かれる「のみの市」には骨董から雑貨まで多彩な品が並びます

雛壇飾りの神社で疫病除け！

東伊豆町

素盞嗚神社

【すさのおじんじゃ】

祭神は祇園精舎の守り神である牛頭天王《ごずてんのう》と同一との信仰があり、地元・稲取の人はこの神社を「天王さま」と呼び、疫病除けの神様として崇敬してきました。毎年2月下旬～3月初旬には参道で「雛段飾り」が行われます。雛人形の展示段数としては、日本一の規模を誇る壮大なものです。

主祭神

素盞嗚命《スサノオノミコト》

ほかにも厄除けなどの御利益が……

墨書／奉拝、伊豆稲取温泉、素盞嗚神社　印／素盞嗚神社　●2月下旬から3月上旬にかけて実施される「素盞嗚神社雛段飾り」開催期間のみ御朱印を授与

ズラリと並ぶ雛人形がすごい！

「素盞嗚神社雛段飾り」開催中は神社参道の第一鳥居から第二鳥居までの118の階段に、雛人形とつるし飾りが展示されます。例年約3週間開催され、人々を楽しませています

DATA

素盞嗚神社

創建／1617（元和3）年
本殿様式／入母屋造
住所／静岡県賀茂郡東伊豆町稲取15
電話／なし
交通／伊豆急行線「伊豆稲取駅」から徒歩10分　参拝時間／自由
御朱印授与時間／10:30～15:00（「素盞嗚神社雛段飾り」開催期間のみ）

みんなのクチコミ!!

初節句に娘の幸せと健康を祈る「雛のつるし飾り」は、江戸時代からこの地に伝わっています

疫病を鎮めたとの逸話が残る

蛇神様に病気平癒&健康を祈願！
拝殿前に置かれたパワーストーンから力を頂いて。

菊川市

大頭龍神社

【だいとうりゅうじんじゃ】

祭神は蛇神であり、病気治療、製薬の神ともされています。天明の飢饉（１７８２～１７８８年頃）と同時に疫病がはやったとき、社前で疫病鎮護の御神火を焚き、祈願したところ、病が治まったとされます。それ以降、毎年８月の例祭の際は「疫病鎮護のお篝火」と称する御神水を焚き、毎年祈願するようになりました。また、神社があるエリアでは古来、６～９月の水難事故が多かったため、水難除けの御利益を求めて近隣だけでなく遠方からも多くの参拝があります。

なる石からパワーを頂く

殿前に安置されている巳石（みいし）は、とろを巻いた蛇のように見える不思議な石。に諸願成就を願って優しくなでると、願いをなえるパワーを授かるそうです。

主祭神

大物主神《オオモノヌシノカミ》

大山咋神《オオヤマグイノカミ**》** 出雲龍神《イズモリュウジン》

ほかに水難除け、厄除け、縁結びなどの御利益が……

みんなのクチコミ!!

毎年8月第4日曜に例大祭を斎行。最終日の夜は花火の打ち上げがあります。境内には露店も立ちます

墨書／奉拝、大頭龍神社　印／疫病鎮護の神、大頭龍神社参拝之章、神社全景、馬に引かれて参拝する江戸時代の姿、釣燈籠、大頭龍神社社司之印　●版画のような絵印が押されます。家で眺めても参拝の風景がよみがえりそうです

お守り

「健康守」（500円）は心身の健康を保ってくれます

病気の快癒を願うなら、「病気平癒御守」（500円）を身に付けて。清潔感あふれる純白のお守り袋です

コマや風車などの絵柄がかわいい「こどもまもり」（500円）。子供の健康と安全を祈願しています

DATA
大頭龍神社
創建／1734（享保19）年
本殿様式／権現造
住所／静岡県菊川市加茂947
電話／0537-35-3577
交通／菊川市コミュニティバス菊川西循環コース「白岩下」から徒歩3分
参拝時間／自由
御朱印授与時間／9:00～16:00
URL http://www.daitoryu.jp

＼神社の方からのメッセージ／

当社は奈良県の大神神社（おおみわじんじゃ）より大物主神を、比叡山延暦寺の鎮守として祀られる滋賀県の日吉大社より大山咋神を勧請しております。磐座祭祀の神社の祭神と神仏習合の神社の祭神を祀る珍しい神社です。

古来、遠州地方（現在の静岡県西部）はもとより駿河・三河地方の人々が多く参拝し、「だいとうりゅうさま」「ごんげんさま」と呼ばれ親しまれ、信仰を集めています。神前鳥居は、文政年間（1818～1830年）に建造されたもので、唐銅製の鳥居としては遠州地方最大級です。

悪を倒す祭神に病も倒してと祈願を！

疫病退散を願う天王祭で奉納されるのは国が保護する価値ある舞楽です。

森町

山名神社【やまなじんじゃ】

森町飯田にあることから「飯田の祇園さん」と呼ばれる神社。世界的な地理学者の志賀重昂《しがしげたか》氏は、美しいこの地を「小京都」と称賛しました。7月の大祭「山名神社天王祭」期間に奉納される※八段舞楽は、京都の祇園祭の流れを汲みながらも京都で途絶えた貴重な芸能を今に伝えています。疫病除けの御神徳がある「京都の祇園さん」と祭神も同じ。祇園さんの力はなんといっても健康長寿。元気いっぱいで過ごせるようお願いしましょう。

※雅楽を伴奏として舞う芸能で「八段舞楽」は8曲の舞楽の意

主祭神

素戔嗚尊《スサノヲノミコト》

ほかにも開運厄除けなどの御利益が……

みんなのクチコミ!!

同じ森町の小國神社（→P.62）、天宮神社（→P.89）の十二段舞楽と、こちらの八段舞楽を合わせた「遠江森町の舞楽」は、国指定の重要無形民俗文化財です

祭神が悪を退治する物語を舞で表現

八段舞楽の「優塡獅子（うでんじし）の舞」は、祭神の化身となった優塡なる人物が荒ぶる獅子（＝悪）を退治し、世を安泰に導く物語を表現しています。舞楽の変遷を知る貴重な文化として保存と伝承が進められています。

墨書／奉拝、山名神社　印／遠州森町飯田、山名神社
●通常は書き置きでの授与となりますが、祭事などの日は状況により対応いただける場合もあるそう。祭事日は忙しい日なので、様子を見てお願いしてみましょう

お守り

「舞楽木守り」には八段舞楽の様子がそれぞれ木彫りされています。こちらは「優塡御守」(500円)

舞楽木守りのひとつ「蟷螂（とうろう）御守」（500円）

蟷螂の舞は、文字どおりカマキリのかぶり物をし、背中に4枚の羽根を付けて五穀豊穣を願って舞います

1732（享保17）年に建立された朱塗りの本殿は県指定の文化財です

DATA

山名神社

創建／706（慶雲3）年
本殿様式／流造
住所／静岡県周智郡森町飯田2590
電話番号／なし
交通／秋葉バス「天王」から徒歩1分
参拝時間／自由
御朱印授与時間／平時は無人のため書き置き、祭事など行事日は状況により対応

鎮座地は秋葉街道の宿場町として栄えた場所。中央に清流・太田川が流れ、今も格子戸の町屋といった風情ある街並みが楽しめます。国指定重要無形民俗文化財の「八段舞楽」が奉納される天王祭にも足をお運びください。

全国的にも珍しい昆虫の舞の「蟷螂の舞」は、京都から小田原に移り住んだ外郎（ういろう）家により伝えられました。外郎家は京都祇園祭の「蟷螂山」を制作し、蒸し菓子の「ういろう」を作った名家。小田原のういろう本店で山王祭舞楽の特別公演が行われたことも。

御神体はお米！　米穀発祥の地に鎮座

桜の精と称される祭神を囲むように、広い境内には多くの桜が植えられています。春には夜桜見物も。

富士市

米之宮浅間神社

【よねのみやせんげんじんじゃ】

大鳥居と小さな石の鳥居をくぐり、清涼な空気の漂う参道を進むと、朱塗りの美しい社殿が出迎えてくれます。こちらは富士山信仰によって創建された「浅間神社」の1社。富士山の南南西の麓に位置します。「米之宮」の名は、この神社がかつて米粒を御神体とし、「日本の米穀発祥の地」であったことに由来するとされています。日頃食べているお米に感謝し、美容の御神徳で知られる祭神にあやかって、健やかな美しさを手にしましょう。

主祭神

木花開耶姫命《コノハナサクヤヒメノミコト》

ほかにも学業上達、商売繁盛などの御利益が……

みんなのクチコミ!!

桜の名所として有名。桜の花と富士山の競演は絶景です

社殿を囲むように立つ7本の御神木

鳥居をくぐり、参道を進むと、右手に寄り添うようにそびえ立つクスノキとムクノキ。「夫婦木」と呼ばれる御神木で、根本には夫婦木神社が鎮座しています。この「夫婦木」をはじめ、境内には7本もの御神木があります。

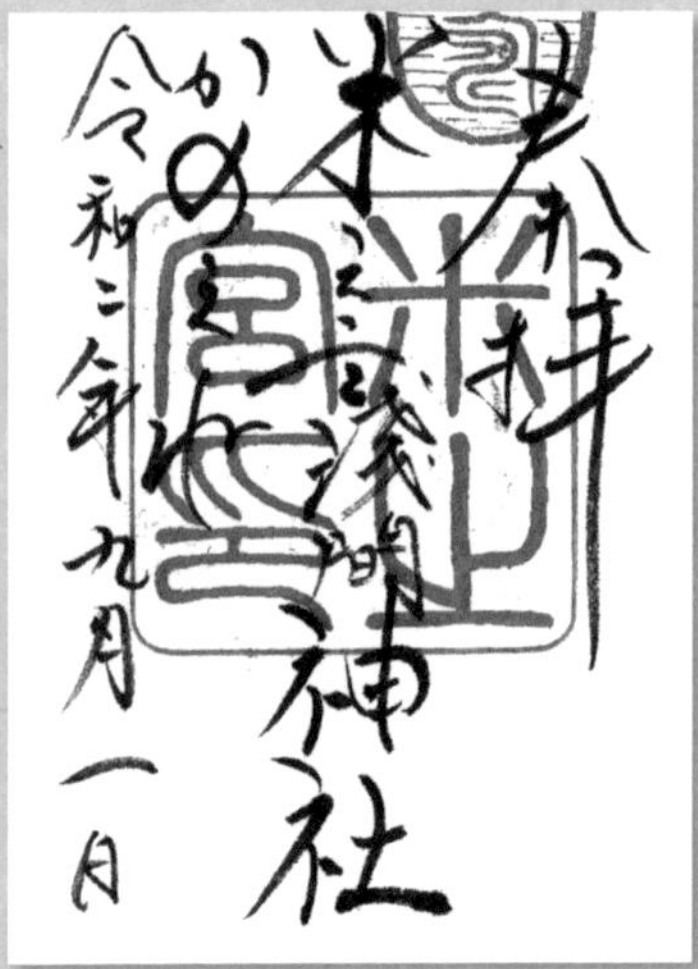

墨書／奉拝、米之宮浅間神社、かのえね　印／富寿、米之宮印　●右上に押される富寿の印は御朱印には珍しく割印となっています。「かのえね」は干支の「庚子」のことで、毎年変わります。御朱印は書き置きのみ

縁起物と富士山が描かれています

社殿に設置されている巨大な絵馬は、地元中学校の美術部から奉納されたもの。縦1.8m×横2.7mの力作です。毎年奉納されていて、年末の風物詩として楽しみにしている人も多いとか

合格祈願・就職祈願なら、菅原道真公をお祀りする境内別社の米之宮天満宮へ。合格祈願の祈祷が受けられるほか、合格祈願の絵馬やお守り、合格鉛筆なども用意されています

2月の節分祭では、地域の人による福豆・菓子まきが行われ、境内は熱気に包まれます

DATA

米之宮浅間神社

創建／不詳

本殿様式／不詳

住所／静岡県富士市本市場582

電話／0545-61-0817

交通／JR東海道本線「富士駅」から徒歩18分

参拝時間／自由

御朱印授与時間／9:00~16:00

URL http://yonenomiyasengen.main.jp/toppg/

神社の方からのメッセージ

当社では新生児の名前を画数や独自の方法で命名・選名いたします。赤ちゃんが生まれてから、社務所へ申し込んでください。申し込みから命名・選名までは3~7日程度かかります。命名時には命名書を差し上げます。

毎年5月2日に例大祭を斎行。9時30分から神事が執り行われ、境内には露店が軒を連ねます。メインイベントは午後に行われる稚児・武者行列です。神職を先頭に、金冠を頭に戴き、華やかな衣装に身を包んだ稚児が保護者に手を引かれながら町を練り歩きます。

Part5

仕事・学業

受験やビジネスの成功、キャリアアップなど、夢の実現を神様があと押し！ 新たな道を進むパワーを頂きましょう。

★仕事・学業★絶対行きたいオススメ神社 2選

- 井伊谷宮（浜松市）／静岡天満宮（静岡市）
- 縣居神社（浜松市）
- 秋葉山本宮秋葉神社（浜松市）
- 飽波神社（藤枝市）
- 小芝八幡宮（静岡市）
- 片岡神社（吉田町）
- 高天神社（掛川市）
- 龍尾神社（掛川市）
- 松尾神社（浜松市）／谷崎天神社（森町）
- 見付天神 矢奈比賣神社（磐田市）

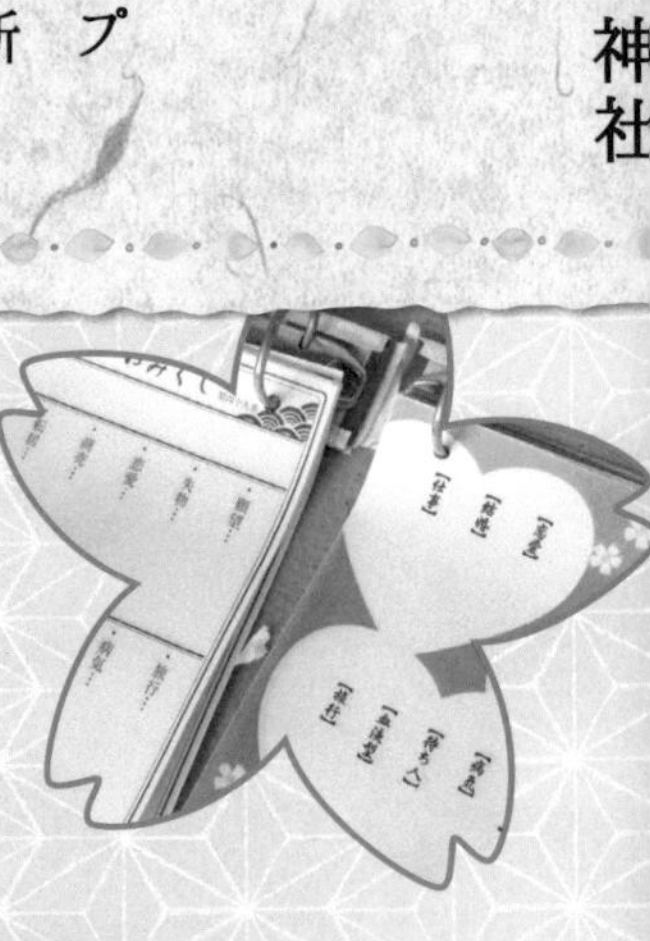

仕事◆学業 絶対行きたいオススメ神社 2選

学力向上、キャリアアップをあと押し！

仕事や勉強に全力投球して夢を実現したい！そう思ったら、
ぜひ参拝しておきたいのが学問や芸術の才能を伸ばしてくれる神様を
祀る「井伊谷宮」と、合格祈願で有名な「静岡天満宮」です。

絶対行きたい
オススメ神社 1

浜松市

井伊谷宮【いいのやぐう】

歌道の聖人から才能を授かる

祭神は和歌に優れ、聖人とたたえられたほど。そこで学問成就・合格の神様とされています。

祭神は後醍醐天皇の第四皇子で、南北朝時代には神社のある地を本拠に吉野朝のために活躍。和歌に優れ、人生で苦難に遭っても歌を作り続け、『李花集』という歌集を残しています。〝歌の道の聖〟と尊敬されたことから、学問や芸術の才能を伸ばしてくれる神様として信仰を集めてきました。また、亡くなったのが73歳で、当時としては長寿であるため長寿・厄除けの守護神ともされています。本殿裏の御墓は正月と9月22日の例祭にだけ参拝できます。

主祭神
宗良親王《ムネナガシンノウ》

ほかにも長寿、厄除け、交通安全などの御利益が……

みんなのクチコミ!!

9月の例祭で行われる手筒花火は大迫力。人が持った筒から火が吹き上がります

**良縁を結ぶ
シイの御神木**

樹齢は不明ですが、巨木で幹の樹皮がまるで2本の糸を紡ぎ、ねじれているように見えます。そこでいつしか、縁結びに御利益があると広まり、熱心に手を合わせ、良縁成就を願う参拝者が増えてきました。

限定御朱印と御朱印帳はP.19・24で紹介！

墨書／奉拝、井伊谷宮　印／菊紋、官幣中社井伊谷宮、スモモ紋　●官幣社とは格別に格式が高い、または皇族を祀る神社。明治時代に官幣中社という格式高い神社となりました

難転厄割石。難を転じるという植物ナンテンに囲まれた岩で、自分の厄を移した盃をこの岩にぶつけて割り、厄祓いします

「水守」(800円)は清らかな井伊谷の水の御利益を封じ込めたお守り。厄難、災いを祓ってくれます

「水みくじ」(200円)は水に浮かべると文字が浮き上がるおみくじです。通常のおみくじと、恋愛運や仕事運を占える〝幸せみくじ〟の2種類があります

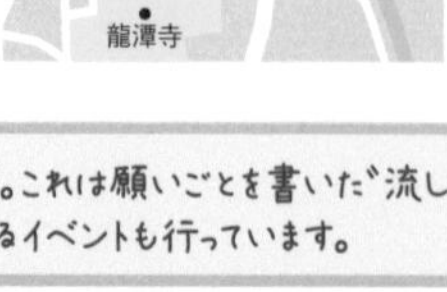

DATA
井伊谷宮
創建／1872(明治5)年
本殿様式／神明造
住所／静岡県浜松市北区引佐町井伊谷1991-1
電話／053-542-0355
交通／遠鉄バス「神宮寺」から徒歩5分
参拝時間／自由
御朱印授与時間／9:00～17:00
URL https://www.iinoyaguu.or.jp

神社の方からのメッセージ

毎年3月第1日曜には流しびな神事を行っています。これは願いごとを書いた〝流しびな絵馬〟を川に流す神事です。また、お雛様の衣装である十二単の着付けが見学できるイベントも行っています。

2022年の鎮座150年奉祝事業の一環として、2020年8月に史料館と休憩室が新築されました。神社や地域の歴史、宗良親王の生涯を紹介するパネル、刀剣パネルなどが展示されています。2階は展望室で緑の境内が一望でき、すがすがしいひとときを過ごせます。入館は無料。

絶対行きたい
オススメ神社 2

合格には朝の福梅が効果あり

太古、天つ神が祀られていたという地に平安末期になり、祭神をお祀りしました。

静岡市

静岡天満宮【しずおかてんまんぐう】

安倍川の流れが定まっていない太古、川の中に増水や濁流でも流されない巨岩があり、天つ神が宿る石とされていました。いつしか川中天神と呼ばれるようになり、平安時代、この地に祭神を祀ったのが始まりと伝わります。合格祈願の御祈祷を受けると福梅が授与されます。中学生が朝、福梅を食べて難関校受験に挑んだところ、答案用紙を前に梅の味が口の中で再現され、同時に解答が浮かび、合格したと、お礼の報告があったそうです。

主祭神
菅原道真公《スガワラノミチザネコウ》

ほかにも無病息災、厄除けなどの御利益が……

天神様のお使い牛をなでて大願成就
参道の右手に臥牛（がぎゅう）の石像があります。祭神の干支が牛年であることなどから、牛がお使いとされています。牛は前進、隆盛、幸福の象徴とされ、この臥牛をなでると夢をかなえるパワーを授かるそうです。

御朱印帳はP.25で紹介！

墨書／参拝記念、静岡天満宮　印／紅白梅、静岡天満宮、宮司之印、梅鉢紋　●紅白の梅が押印されていますが、境内には紅梅、白梅の梅が数多く植えられています

絵馬

「すべらない絵馬」（2000円）。絵馬の表面に特殊加工がしてあり、ツルツルと“滑る”ことがありません

みんなのクチコミ!!

呉服町の大通り沿いにある天満宮で、駐車場はありません。車で行ったら、近隣の民間駐車場を利用します

お守り

「合格御守」（800円）は学校だけでなく資格試験など、あらゆる試験のためのお守り。お守り袋には梅模様があしらわれています

授与品

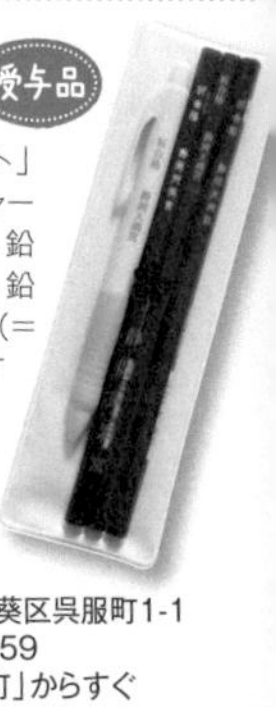

「合格鉛筆セット」（1000円）。シャープペンシル1本、鉛筆3本のセット。鉛筆の1本は五角（＝合格）の鉛筆です

DATA
静岡天満宮
創建／不詳
本殿様式／流造
住所／静岡県静岡市葵区呉服町1-1
電話／054-251-3759
交通／静鉄バス「中町」からすぐ
参拝時間／自由（拝殿が開くのは9:30〜17:00）
御朱印授与時間／4〜8月10:00〜15:00
9〜3月9:30〜16:00
URL https://www.shizuoka-tenmangu.j

神社の方からのメッセージ

毎年1月1日、午前0時から早朝合格祈願祭を行っています。神事のあとには合格祈願の御神札、お守り、合格ボールペン、干支のお守りなどを授与しています。正月3日にも9:00から16:00まで祈願祭を斎行しています。

境内に入るとすぐ、参道の右手に道祖神が祀られています。男女2体のかわいい神様が手をつないでいる姿で江戸時代中期のものと推定されます。また、臥牛と並んで筆塚が立ちます。神社に納められた筆や鉛筆をお祓いしたあと、焼いて灰にし、筆塚に埋めています。

浜松出身の国文学者に学業成就祈願

神社名は祭神の雅号にちなんで付けられています。秀でた教育者だったという祭神に力をもらいたい！

浜松市

縣居神社

【あがたいじんじゃ】

祭神は国学の開拓に一生をささげた国文学者。本居宣長などと並ぶ「国学の四大人」のひとりです。浜松市にある賀茂神社の境内に祀られていましたが、1924（大正13）年に現在の地に遷座しました。教育者としても知られ、特に優れた弟子は「県門の三才女」「県門の四天王」と称されたほど。その御神徳にあやかりたいと受験シーズンには合格祈願の参拝者でおおいににぎわいます。浜松を代表する学問の神様に受験を乗り越える力を頂きましょう。

主祭神

賀茂真淵大人命《カモノマブチウシノミコト》

ほかにも合格祈願などの御利益が……

祭神について知りたいなら記念館へ

神社に隣接する「賀茂真淵記念館」では、貴重な資料や映像による説明コーナーを設け、賀茂真淵の業績を紹介しています。開館時間は9:30～17:00、入館料は大人300円。月曜（祝日の場合は火曜）と年末年始は休館日です。

みんなのクチコミ!!

うっそうとした森に囲まれた神社。江戸中期の国学者・賀茂真淵を祀っています

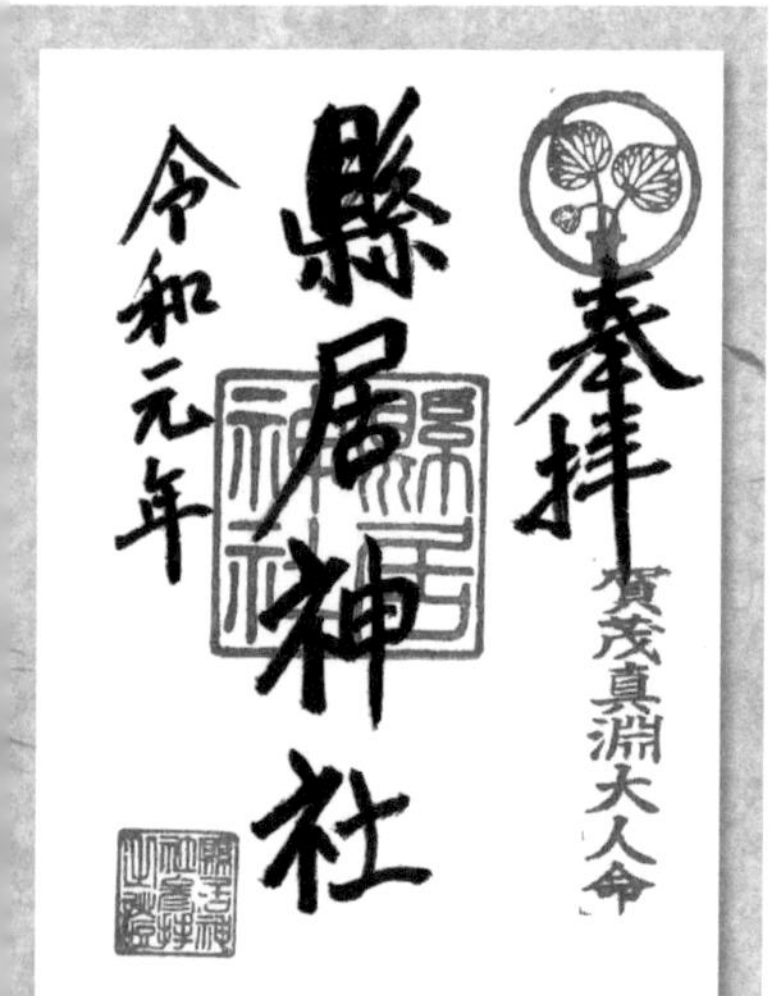

墨書／奉拝、縣居神社　印／花つき二葉葵紋、賀茂真淵大人命、縣居神社、縣居神社参拝之證　●賀茂真淵は、神様として祀られた国文学者の第1号。二葉葵紋は真淵の遠祖である賀茂神社の祭神の神紋でもあります

祭神を崇拝する浜松藩領主・水野忠邦公などの奔走により創立した神社です。緑の多い境内には、学業成就を願う参拝者があとを絶ちません

本居宣長が書斎の床の間に飾っていた「縣居大人霊位（あがたいのうしのれいい）」という掛け軸にちなんで作られたお札（800円）

旧鳥居の木材を使用した木守「合格御守」（1000円）は限定品。祭神のパワーが宿っているようです

DATA

縣居神社

創建／1884（明治17）年
本殿様式／神明造
住所／静岡県浜松市中区東伊場1-22-1
電話／053-453-3401
交通／JR東海道本線「浜松駅」から車10分
参拝時間／自由
御朱印授与時間／8:00～17:00

神社の方からのメッセージ

42歳のときに初めて弟子をもち、亡くなる73歳まで指導し続けた賀茂真淵。弟子と交わした書状などの資料から、弟子が自ら気づき、やる気が育つよう具体的でわかりやすい指導をする先生だったことがうかがえます。

縣居神社から車で5分の位置に、京都の賀茂別雷神社（上賀茂神社）の流れを引く賀茂神社（静岡県浜松市中区東伊場1-17-1）が鎮座。縣居神社の祭神が賀茂一族の流れをくむという所縁から、縣居神社で書き置きの御朱印を頂けます（正月三が日は賀茂神社で頒布）。

火の神様に強力な厄祓いをお願い！

厄を祓う火の神様を奉じる秋葉神社の総本宮です。浜松市街と遠州灘を望む絶景を楽しみながらお参りを。

浜松市

秋葉山本宮秋葉神社

【あきはさんほんぐうあきはじんじゃ】

全国に800社以上ある秋葉神社の総本宮です。『古事記』に出てくる火の神様を祀っていて、全国から消防士や火を扱う料理人が参拝に訪れます。火には強い厄除け効果があると考えられており、厄除けの御利益でも有名です。本殿がある上社が鎮座するのは標高866mの秋葉山の山頂付近。かつては山伏の修行場で、片道約1時間30分の登りはやや疲れますが、ハイキングコースとして人気です。境内からは遠州灘や浜松市街を一望する絶景が楽しめます。

主祭神

火之迦具土大神《ヒノカグツチノオオミカミ》

ほかにも火災消除、家内安全などの御利益が……

みんなのクチコミ!!

お祓いには塩や水を使うものがありますが、火の祓いが最も強いとされます。火まつりでは弓の舞・剣の舞・火の舞を奉納します

金色に輝く「幸福の鳥居」で幸せに

「幸福の鳥居」越しに浜松市街と遠州灘を望みます。人々の幸福を願って建てられたこの鳥居をくぐると、幸せが訪れるのだとか。境内には火打ち石「神恵岩」があります。厄を祓う岩なのでこちらも忘れずに参拝しましょう。

素焼きのお皿に願いを書き、崖下の白い的を目がけて投げる「天狗の皿投げ」。的に入れるのは難しいですが、お皿は土に返るので安心を（お皿3枚、おみくじ、お守りで500円）

お守り

「火打石祓守」（800円）は、お清めをした砂と境内にある火打石の原石「神恵岩」が入った珍しいお守り。砂と石が厄を祓ってくれます

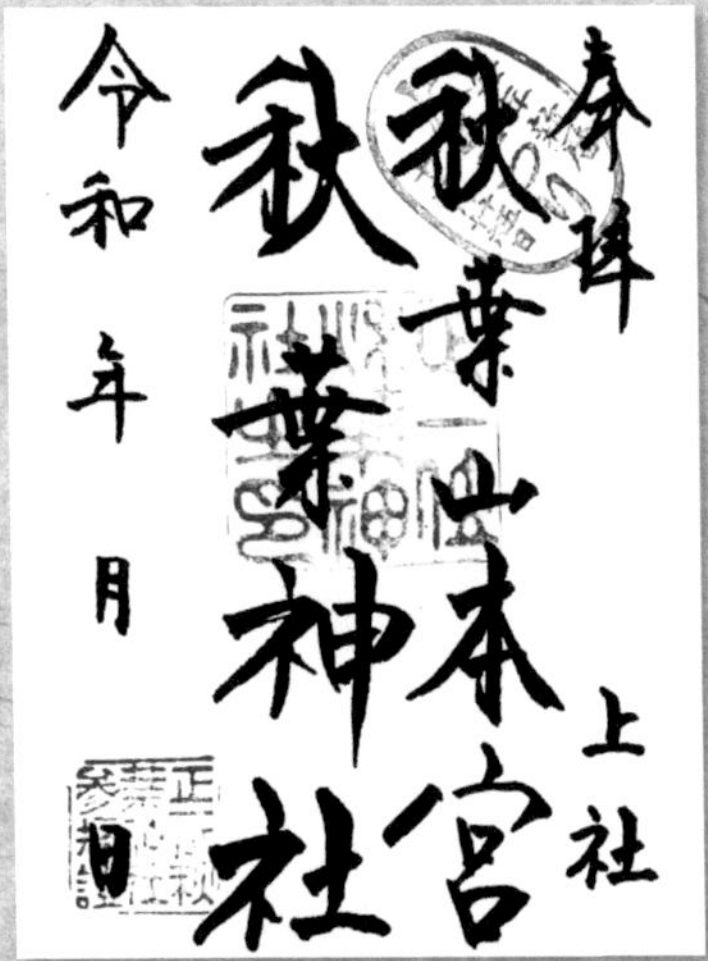

墨書／奉拝、上社、秋葉山本宮秋葉神社　印／毎年新暦 火まつり 十二月十五十六日、正一位秋葉神社之印、正一位秋葉神社参拝證　●御朱印は上社と下社でそれぞれ違います。せっかくなので見開きで頂いてみては

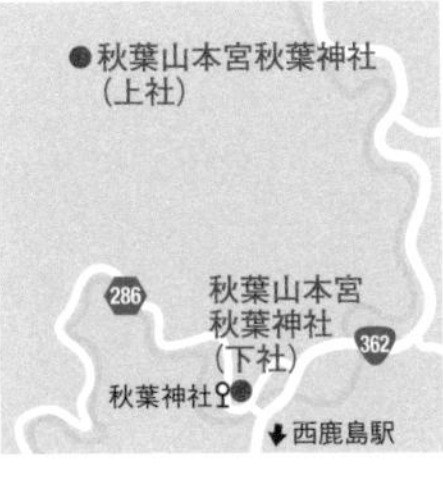

DATA

秋葉山本宮秋葉神社

創建／709（和銅2）年
本殿様式／入母屋流造（権現造）
住所／静岡県浜松市天竜区春野町領家841
電話／053-985-0111（上社）、053-985-0005（下社）　交通／遠鉄バス秋葉線「秋葉神社」から徒歩3分（下社）　※上社まで徒歩約1時間30分（登山）
参拝時間／8:00～17:00
御朱印授与時間／8:00～16:00
URL https://www.akihasanhongu.jp

神社の方からのメッセージ

秋葉山を神体山と仰ぐ当社では、今なお古式ゆかしい神事が営まれます。毎年12月16日に斎行される火まつり（防火祭）では、火防開運の御神徳を願う人々の思いを込めて3人の神職によって「三舞の神事」が奏されます。

気田川のほとりに鎮座する下社の正式名称は「遥斎殿（ようさいでん）」。山上の本殿を遥拝する神殿です。火の神様への信仰から鉄鋼業の崇敬者が多く、昔から数多くの鉄の工芸品が寄進されてきました。社殿横には巨大な「十能」「火箸」が掲げられています。

医学部・医師免許受験生を応援

瀬戸川の水害から人々を守る神様として、また医薬の神様として太古から信仰されてきました。

藤枝市

飽波神社

【あくなみじんじゃ】

祀られているのは医薬を広めたと伝わる神様です。創建当時、境内から湧く清らかな水は諸病に効くとの御利益が広まりました。また、近くを流れる瀬戸川の氾濫を鎮めるパワーをもち、藤枝一帯を守護する神としても信仰されてきました。最近は藤枝が「サッカーの町」として有名になったことから、サッカー上達祈願や試合の勝利を願う選手の参拝が増えています。境内社として金属・鉱業の神様を祀る金山神社、7柱の神様を祀る七ツ森神社があります。

主祭神

少彦名命《スクナヒコナノミコト》

ほかにも開運、縁結び、無病息災などの御利益が……

3年に1度の藤枝大祭り

3年に1度、寅・巳・申・亥年に藤枝大祭りを斎行。氏子地域14町内から屋台が曳き出され、拝殿前では長唄による地踊りが披露されます。長唄、三味線、囃子方が揃って演奏する地踊りは規模、質ともに日本一と称されます。

みんなのクチコミ!!

岡出山公園の麓に位置します。岡出山公園は小高い公園で、藤枝の街が一望できるほか、桜や紅葉が楽しめます

墨書／奉拝、延喜式内、飽波神社　印／波三つ巴紋、社印（駿河・藤枝・鎮座・延喜式内・飽波神社）　●神紋は三つ巴が波を表現する波三つ巴の印になっています。川や水に関係の深い祭神らしい神紋です

お守り

サッカー上達を願う「御守」（800円）。日本サッカー協会のマークであるヤタガラスがあしらわれています

「勝守」（700円）は受験、就職などの困難に打ち勝つ力を授かるようにとの祈願が込められています

「癒守」（2000円）。医薬の神様の力を授かり、病気平癒を願うお守りです

DATA

飽波神社

創建／318（仁徳天皇6）年
本殿様式／流造
住所／静岡県藤枝市藤枝5-15-36
電話／054-643-2915
交通／しずてつジャストライン「千才」から徒歩3分
参拝時間／自由
御朱印授与時間／9:30～16:30
URL https://akunami.amebaownd.com

神社の方からのメッセージ

当社は多くのJリーガー、サッカー選手が育っていった町に鎮座する神社です。藤枝は選手を育て、サッカーを盛り上げるという仕事に地域をあげて取り組んでいます。当社も、その役に立てればと思っています。

境内に水が湧いたことから「湧波」となり、後に飽波という社名になったという説があります。水害から住民を守る「川関大明神」とも呼ばれ、神社の土を頂くと洪水から免れるとの信仰も。祭神にあやかって医療関係者、医薬品メーカーの参拝も多くあります。

受験やビジネスに勝つ力を授かる

サッカー王国・清水に鎮座。ライバルに勝ち自分自身にも打ち勝つ力を頂けます。

静岡市

小芝八幡宮
【おしばはちまんぐう】

清水区江尻町にある魚町稲荷神社とともに「サッカー神社」と呼ばれ親しまれています。戦国時代には戦の神として武将からあつく信仰されていたことから、参拝すれば困難に勝つパワーを頂けそう。一の鳥居をくぐると左手に樹齢５００年ほどのケヤキの大木が茂り、正面には拝殿が立ちます。拝殿の右手には絵馬かけがありますが、その形は紅白のサッカーボールを表しているとのこと。絵馬もサッカーボール形です。本殿は１９３３（昭和８）年の造営。

主祭神
誉田別命《ホンダワケノミコト》　大雀命《オオサザキノミコト》

ほかにも家内安全、交通安全、厄除けなどの御利益が……

みんなのクチコミ!!

サッカーのお守りはサッカー好きの彼へのプレゼントに購入する女子が多いとか。「ゴルフ御守」、「野球御守」もあります

赤い鳥居が立ち並ぶ境内社

境内社に見通稲荷神社、金山神社、金比羅神社が鎮座しています。参道には赤い鳥居が並び、百度石があります。百度石は祈願成就のため、100回参拝するお百度参りの起点となる石です。

墨書／奉拝、小芝八幡宮　印／八幡宮印、清水小芝八幡宮印　●御朱印は拝殿左手の社務所で御朱印帳にじかに書いていただけます。社務所は2003（平成15）年、御鎮座1200年の記念事業で建設しました

お守り

JFA公認の「御守」（1000円）。お守り袋にはヤタガラスが配されています。ストラップ付き

学徳成就を祈願した「小芝八幡宮御守」（300円）。バッグなどにつけて学業向上を願って

「合格」守り（500円）は、白地に桜とピンクの神紋をあしらった、かわいいお守りです

DATA
小芝八幡宮
創建／不詳 ※811（弘仁2）年鎮座との記録あり
本殿様式／不詳
住所／静岡県静岡市清水区小芝町4-10
電話／054-366-4842
交通／JR東海道本線「清水駅」から徒歩13分
参拝時間／自由
御朱印授与時間／9:00～15:00

神社の方からのメッセージ

記録には811（弘仁2）年の鎮座とあります。その後、室町時代後半までの歴史は不詳ですが、1569（永禄12）年1月、武田信玄が小芝山に江尻城を築くと、城内の三の丸に鎮守として祀ったと伝わります。

毎年6月30日は茅の輪祭（通称わくぐりさん）が斎行されます。茅の輪はカヤで大小ふたつを作ります。大きい輪は鳥居の下に設置されますが、小さい輪は氏子に担がれ、各町内をめぐり、輪くぐりを行います。無病息災の御利益があるとされています。

大漁から学問成就までオールマイティ

江戸時代から、地元では住吉神社と呼ばれ特に漁業関係者があつい信仰を寄せています。

吉田町

片岡神社【かたおかじんじゃ】

近くに海が広がり、境内社の船玉神社とともに漁師たちから、大漁や漁の安全をかなえてくれる神として信頼されてきました。漁で使っていた漁船が奉納され、境内に置かれているのはこの神社だけかもしれません。祭神は和歌の神様ともされ、学問成就や合格の御利益もあるそうです。創建は不明ですが、孝霊天皇の時代（紀元前）に大和（現奈良県）から片岡神社を勧請、その後、仁徳天皇の時代（4世紀）に摂津国（現大阪府）から住吉神社を勧請したと伝わる古社です。

主祭神

底筒男命《ソコツツノヲノミコト》　中筒男命《ナカツツノヲミコト》
表筒男命《ウハツツノヲミコト》　息長帯毘賣命《オキナガタラシヒメノミコト》

ほかにも厄除け、子宝、安産、海上安全などの御利益が……

豊かな湧き水が手水舎に流れる

銅葺きの手水舎は1958（昭和33）年の改築。深さ約70mから汲み上げている地下水が常に流れています。神社が位置する榛原郡は湧き水の豊かな所でウナギの養殖が盛んに行われ、吉田町の特産品もウナギです。奥之院に祀られている虚空蔵菩薩のお使いもウナギとされています。

みんなのクチコミ!!

島田駅からのバスは1～2時間に約1本。車だと東名高速吉田ICから10分。神社の向かいに参拝者用駐車場が4台分あります

お守り

浦安舞を舞う巫女さんをイメージした人形の付いたストラップ「舞姫幸福守」（500円）をはじめ、「厄除開運守」（300円）など、各種お守りを頂けます

境内には2009（平成21）年に奉納された漁船が置かれています。漁で実際に35年間使われていた船で、全長約7.5m、重さ約1.9t

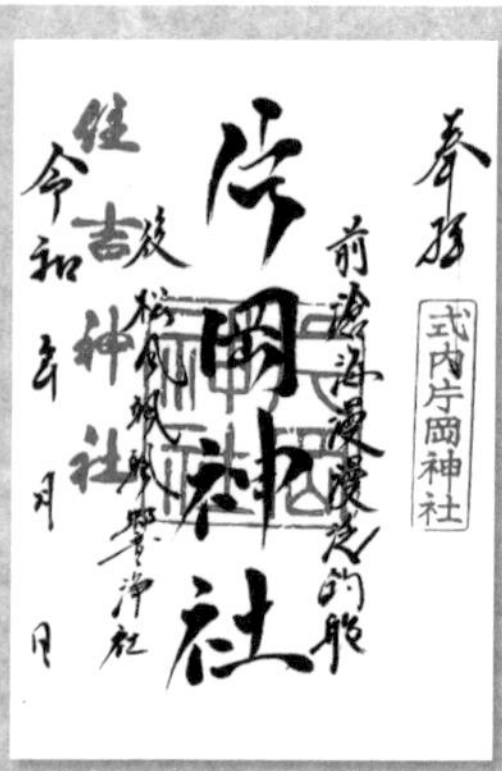

墨書／奉拝、前滄海漫漫泛釣船、片岡神社、後松風颯颯響浄社　印／式内片岡神社、片岡神社、住吉神社　●漢詩は1647（正保4）年の本殿・拝殿の改築の棟札に書かれていた神社の様子

墨書／奉拝、星宮神社　朱書／奥之院　印／星宮神社　●本殿裏の「奥の院」星宮神社の御朱印。天の運行を司る星宮大明神を祀っています。虚空蔵菩薩も安置

DATA

片岡神社

創建／不詳 ※927（延長5）年の『延喜式神名帳』に記された「遠江国榛原郡片岡神社」は当社だとされる
本殿様式／流造
住所／静岡県榛原郡吉田町住吉2212-1
電話／0548-33-9603
交通／しずてつジャストライン「住吉」から徒歩1分　参拝時間／自由
御朱印授与時間／宮司在社時は随時、不在時は書き置き対応

神社の方からのメッセージ

地元テレビ局の情報番組で何度か「船のある神社」として紹介されてきました。海沿いを歩くと絶品のシラス販売所があります。遠方よりお越しの方には町のパンフレットを差し上げていますのでご利用ください。

8月第1日曜は神幸祭が行われます。祭事では勇壮な奴道中、きらびやかな山車が曳かれ、御神輿が練り歩く御渡り行列があります。奴道中は静岡県教育委員会から「大井川流域の大名行列・奴道中」として無形文化財に選択されています。露店も出てにぎやかです。

難攻不落の城の鎮守社で大願成就

名だたる戦国武将が攻防戦を繰り広げた
堅固な山城跡に鎮座する神社です。

掛川市

高天神社
【たかてんじんしゃ】

標高132mの鶴翁山《かくおうざん》に造られ、「難攻不落の名城」とうたわれた高天神城《たかてんじんじょう》の鎮守社。921（延喜12）年に高皇産霊命が祀られ、1416（応永23）年に城を修復した際、菅原道真公と天菩比命を勧請し、3神を合祀して城の守護神としたと伝わります。約290年前には社殿が本丸から現在の鎮座地である西の丸に遷座。3月最終日曜に斎行される例大祭は、元宮に神様が里帰りされる行事です。城を守護した強力なパワーで仕事や受験を成功に導いていただけそう。

主祭神
高皇産霊命《タカミムスビノミコト》
天菩比命《アメノホヒノミコト》　菅原道真公《スガワラノミチザネコウ》

ほかにも五穀豊穣、学業成就、縁結びなどの御利益が……

東海一を誇る堅固な山城跡に鎮座
「高天神を制するものは遠州を制する」といわれた要衝。戦国時代末期に行われた武田勝頼と徳川家康公の「高天神城の戦い」で知られています。城の北側にあるかつての裏玄関が参拝道になっています。

みんなのクチコミ!!

3月の例大祭では神楽奉納や献茶式、修祓式、遷幸式、還霊式などが斎行されるほか、駿府古式火縄銃の砲術演舞も行われ迫力たっぷりです（砲術演舞は雨天中止）

墨書／御登拝、高天神社　印／遠江國鶴翁山、高天神社、高天神社　●山にある神社らしく、ほかの神社にはない「御登拝」の文字が書かれるのが特徴です。御朱印は3月最終日曜の例大祭などで授与されます

絵馬

五角形の「五角絵馬」（500円）は「ごかく＝合格」に通じる縁起のよい絵馬。試験への合格を強力プッシュ！

お守り

「大願成就必勝守」（500円）は、大願成就を祈祷。「必勝」の文字が心強いお守りです

左三つ巴紋の神紋と道真公ゆかりの梅模様が織り込まれた「合格祈願」守り（各500円）

DATA
高天神社
創建／921（延喜12）年
本殿様式／不詳
住所／静岡県掛川市上土方嶺向2650
電話／なし
交通／しずてつジャストライン大東浜岡線「土方」から徒歩10分
参拝時間／自由
御朱印授与時間／要問い合わせ

神社の方からのメッセージ

地元集落の氏子による総代会で神社をお守りしています。普段は不在の場合が多く、3月の例大祭や11月の七五三、新嘗祭の時期に参拝して、御朱印を受けていただくのがおすすめです。

高天神城は徳川家康公や武田信玄などが激闘を繰り広げた戦国ロマンあふれる山城。1975（昭和50）年に「主要郭が遺存し、中世山城としての遺構に秀でたものがある」として国指定史跡に、2017（平成29）年には日本城郭協会により「続100名城」に選ばれています。

強い御神徳で高知城にも勧請された

戦国の名将が出世するきっかけとなった歴史が残る立身出世の御利益がいっぱい！

掛川市

龍尾神社

【たつおじんじゃ】

戦国武将の山内一豊《かずとよ》公が10年もの間、城主を務めた掛川城。その鬼門を守護する神社で、歴代城主から崇敬されてきました。一豊公が土佐高知に国替えされた後、2代目を継いだ忠義公は、こちらより御分神を高知城下に勧請して高知城鬼門に祀りました。祭神は国土経営や産業開発の御神徳があらたか。名君として名高い武将一家が、遠い地にまで呼び寄せた歴史が示すように、仕事や学業に励む人々をよい方向へ導いてくださるに違いありません。

主祭神

素戔嗚尊《スサノオノミコト》

ほかにも厄除け開運、方災除け、社運隆昌などの御利益が……

みんなのクチコミ!!

春には神社の「花庭園」（入場料600円）へぜひ。300本の枝垂れ梅が色とりどりに咲き誇ります。アジサイのシーズンもおすすめです

徳川家康公が本陣を置いたパワスポ！

鎮座する龍尾山は、天王山の戦い（山崎の戦い）で家康公が本陣をおいた場所。この戦いを機に豊臣秀吉公は天下統一へと動き、後に家康公が江戸幕府を開いたことはご存じのとおり。出世開運のパワーがあふれています。

御朱印帳はP.25で紹介！

墨書／奉拝　印／織田木瓜紋、龍尾神社、和歌
●「みな人も深き願ひを掛川の……」とあるのは鎌倉時代の1248（宝治２）年に詠まれた神社にまつわる和歌。辰の日には「龍の日参り」の限定御朱印が頂けます

名前も見た目もユニークな「大丈夫」守り（700円）は、仕事や試験の大勝負で、努力のあと押しをしてくれると人気です

お守り

「特大昇福守」（各3000円）は、通常のお守りの8倍という特大サイズ。出世を果たした一豊公のように「成功へ道を昇る」という意味が込められています

通常サイズのお守り ↓

とってもビッグです！

DATA
龍尾神社
創建／不詳 ※1248（宝治2）年には記録あり
本殿様式／流造
住所／静岡県掛川市下西郷84
電話／0537-23-0228
交通／JR東海道本線「掛川駅」から徒歩15分
参拝時間／自由
御朱印授与時間／8:30～16:00
URL https://tatsuojinja.be/76275/

神社の方からのメッセージ

コロナ禍など、皆さん何かとご不安な日々かと思います。当社の「大丈夫」守りは、そんな不安をもつ方の心に寄り添いたいという思いを込めて、日々祈願しております。機会がございましたらどうぞお受けください。

境内に続く階段は少々長いのですが、上った所に人気キャラクターの石像があります。これはここまでがんばったチビっ子たちに「喜んでもらいたい」という神社の皆さんが考えたちょっと楽しい仕掛け。これを見たら大人だって思わずニッコリしてしまいますよね。

浜松の産土神といわれる神社

浜松市

松尾神社

【まつのをじんじゃ】

祭神の大山咋神は、大山に「咋＝杭」を打つ神、つまり大きな山を所有し、守ってくれることから、災難を除け、産業を守護する神様といわれています。さらに金運や財運に御利益のある神様と徳川家康公も祀られているとなると、仕事や出世のお願いごとにも強い味方になってくれそうです。

主祭神

大山咋神《オオヤマクイノカミ》　厳島姫神《イックシマヒメノカミ》

徳川家康命《トクガワイエヤスノミコト》

ほかにも災難除け、家内安全、平和などの御利益が……

墨書／奉拝、松尾神社　印／花付き二葉葵紋、遠江国浜松総鎮護、松尾神社、松尾神社参拝之證　●宮司さんは同じ浜松市内の縣居神社（→P.120）と兼任です。御朱印は縣居神社で頂けます

神社には明治天皇が使用されたという茶碗が収蔵されています

1860（万延元）年に建立された狛犬。江戸時代の狛犬は阿吽一対が向かい合っているものが多いですが、こちらは参拝者を迎え入れるように首を正面に向けています

DATA
松尾神社
創建／708～715年（和銅年間）
本殿様式／明神鳥居の神明造
住所／静岡県浜松市中区元魚町29
電話／053-453-3602
交通／JR東海道本線「浜松駅」から徒歩15分　参拝時間／自由
御朱印授与時間／8:00～17:00（縣居神社→P.120にて授与）

みんなのクチコミ!!

毎年6月の例大祭ではバケツやホースを用意して、水掛神輿に水をかけます

難関試験の合格をあと押し！

森町

谷崎天神社

【やざきてんじんしゃ】

古くは天満天神と呼ばれた神社で、江戸時代以前から村の鎮守の神様として深く崇敬を受け、「この神に願いをかけてかなわなき事なし」と言い伝えられてきました。明治時代には八王子社（五男神三女神）が合祀され、試験合格や学業向上、芸事上達などさまざまな願いに力を頂けます。

主祭神

菅原道真公《スガワラノミチザネコウ》

ほかにも人生進路、家門繁栄などの御利益が……

墨書／遠江一宮、谷崎天神社　印／梅に谷崎、天神神社　●書き置きはせず、直書きのみ。谷崎の梅の印は、その年のラッキーカラーを使用しています

奉仕で植樹された梅が早春に花を咲かせる谷崎天神公園。実った梅の実は天神会会員によって参拝記念の梅干しにされます

境内の西、鳥居をくぐった左手に鎮座する巨石「亀石」。社殿にお参りをしたあとに、なでると願いがかなうと言い伝えられています

DATA
谷崎天神社
創建／不詳　※1664（寛文4）年本殿焼失のため
本殿様式／流造
住所／静岡県周智郡森町一宮3175
電話／0538-89-7787
交通／天竜浜名湖鉄道「遠江一宮駅」から徒歩25分
参拝時間／8:30～16:30
御朱印授与時間／8:30～16:30
URL https://yazakitenjinsha.web.fc2.com

みんなのクチコミ!!

亀石の台座に刻まれた干支に、社務所で授与される金色の亀を載せて祈願すると願いがかなうとか

「見付のお天神様」として崇敬を集める

学問の大神様と呼ばれ、学業向上・合格祈願に御利益あり！妖怪を退治した勇気ある霊犬の伝説でも有名です。

磐田市

見付天神 矢奈比賣神社

【みつけてんじん やなひめじんじゃ】

創建は不詳ですが、平安時代に書かれた文書『延喜式神名帳』に社名の記載があります。主祭神は安産・縁結びなどの御利益がある神様ですが、993（正暦4）年に太宰府天満宮から菅原大神を勧請。以来、見付天神と呼ばれるようになり、学問の大神様として信仰されています。毎年9月に行われる見付天神裸祭は、腰蓑をつけた男たちが拝殿で鬼踊りという勇壮な練りを披露する奇祭で、国の重要無形民俗文化財に指定されています。

霊犬神社でペットの健康祈願を

境内社の霊犬神社に祀られているのは霊犬・悉平太郎（しっぺいたろう）。妖怪を退治したことから、危難避けの神様として信仰されていましたが、最近ではペットの健康祈願にも御利益があるといわれています。

絵馬

祭神の道真公が描かれた祈願絵馬です。中学・高校・大学などの入試だけではなく、資格試験の合格など、さまざまな祈願を込めて奉納してください

主祭神

矢奈比賣命《ヤナヒメノミコト》

ほかにも安産、子育て、縁結びなどの御利益が……

みんなのクチコミ!!

霊犬をモチーフにした授与品がたくさん揃っています

おみくじ

コロンとしたフォルムの「しっぺいみくじ」（500円）

限定御朱印と御朱印帳はP.17・25で紹介！

墨書／奉拝、見付天神 矢奈比賣神社 印／こちふかば 匂ひおこせよ梅の花 あるじなしとて 春な忘れそ、矢奈比賣神社 ●押印されている和歌は、菅原道真公の詠んだ歌です

墨書／奉拝、危難除、霊犬神社 印／霊犬神社、霊犬悉平太郎伝説、霊犬の絵 ●霊犬「霊犬悉平太郎」の印がありがたい、境内社の霊犬神社の御朱印

DATA

見付天神 矢奈比賣神社

創建／不詳
本殿様式／流造
住所／静岡県磐田市見付1114-2
電話／0538-32-5298
交通／遠鉄バス「見付」から徒歩5分
参拝時間／自由
御朱印授与時間／9:00～16:30
URL https://www.mitsuke-tenjin.com

神社の方からのメッセージ

当社は社頭に神職や巫女が常駐し、お守りの授与や御朱印の受付をしています。また、無料の駐車場を多数用意し、初詣や花見、ウオーキングなどペット連れの参拝も可能です。皆様のご参拝をお待ちしております。

旧暦7月13日の夜、旅人が神社の近くで腹痛におそわれました。苦しいときの神頼みで神社の方を向いて手を合わせ、神社で白湯を一杯飲むと痛みがすっかりよくなったそうです。この故事により、神社では毎年8月13日に梅の湯を無料でお分けしています。

第三章 御利益別！ 今行きたい神社

Part6

レア御利益

ペットの健康を守護する神様から剣の神様まで、珍しい神様を祀る神社をご紹介。悩みや願いに合った神様を見つけて。

★レア御利益★絶対行きたいオススメ神社 2選
- 沼津日枝神社（沼津市）／秋葉神社（浜松市）
- 大瀬神社（沼津市）
- 賀久留神社（浜松市）
- 貴船神社（磐田市）
- 巖室神社（島田市）／住吉神社（沼津市）
- 駒形神社（御前崎市）
- 神祇大社（伊東市）
- 曽許乃御立神社（浜松市）
- 諸口神社（沼津市）
- 御朱印＆神社 Information
- 日にちを狙って参拝したい！ お祭り期間のみ頂ける御朱印
有玉神社（浜松市）

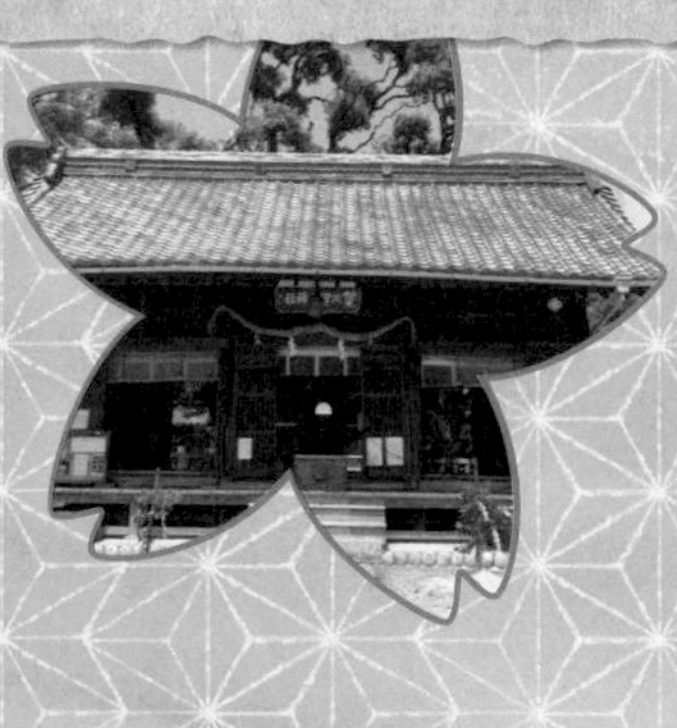

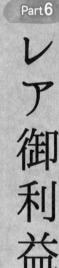

✿レア御利益✿絶対行きたいオススメ神社 2選

入生のピンチをチャンスに変える力をゲット！

火除けや雨乞いなど、ピンポイントな望みをかなえてくれるのがレア御利益。
特に交通安全を守護してくださる「沼津日枝神社」と、火防の神様を祀る
徳川家康公ゆかりの「秋葉神社」はぜひ参拝したい神社です。

絶対行きたい
オススメ神社 1

山の神様に厄除けと家内安全を祈願！

魔除けはもちろん、交通安全祈願もOK。パワフルな御神徳で厄を祓って身辺をきれいに！

沼津市

沼津日枝神社

【ぬまづひえじんじゃ】

創建は平安時代まで遡る、900年以上の歴史ある神社。神の怒りにふれて亡くなった息子の供養と神の怒りを鎮めるため、母親が創建したと伝わります。祭神は山の神様。さらに交通安全の神様ともされ、教習所やプロの運転手からも信仰を集めています。魔除け・厄除けのパワーも強力で、厄や病、災難など身辺のさまざまな「魔」を祓っていただけます。

**造鳥居をくぐって
様にごあいさつ**

殿正面にある石造鳥居は362(文久2)年に奉納されもの。春になると鳥居左手ある大きな桜の木が見事なを咲かせます。日枝天満宮で続く石畳は、桜の花を間で見ることができます。

主祭神

オオヤマクヒノカミ
大山咋神

ほかにも家内安全、商売繁盛などの御利益が……

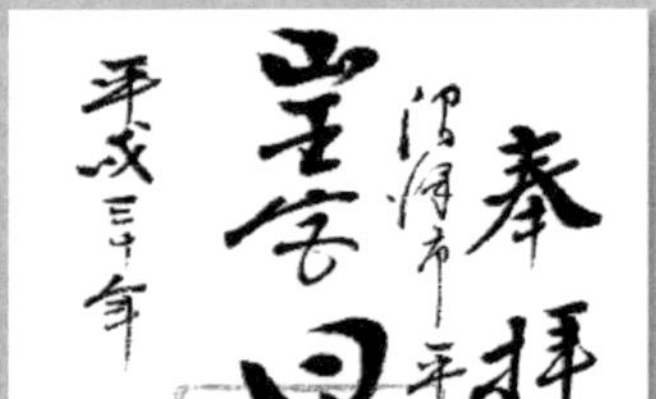

墨書／奉拝、沼津市平町鎮座、山王宮日枝神社　印／日枝神社　●神社の鎮座地が書かれた達筆な墨書の御朱印。御朱印は石造鳥居の右手にある社務所で頂けます

樹齢450年とされる御神木のシイの木。このあたりは古くから「シイの社」「クスノキ社」と呼ばれてきました

境内社の高尾山 穂見神社。通称「お稲荷さん」の別名で親しまれ、五穀豊穣、商売繁盛の神様を祀っています

みんなのクチコミ!!

境内社の日枝天満宮には菅原道真公が祀られています。勉強や仕事のお願いはこちらへ！

DATA

沼津日枝神社

創建／1096（永長元）年
本殿様式／流造
住所／静岡県沼津市平町7-24
電話／055-962-1575
交通／JR東海道本線「沼津駅」から徒歩15分
参拝時間／要問い合わせ
御朱印授与時間／要問い合わせ
URL https://numazu-hieijinjya.com

＼神社の方からのメッセージ／

当社の境内には約30本の桜があり、3月末から4月上旬に見頃を迎えます。石造鳥居のすぐ隣にある「三春の滝桜」は、見事な枝垂れ桜です。また、4月上旬頃は鎮花祭を執り行い、疫病の神を鎮め、無病息災を祈願します。

9月23〜24日に斎行される例祭は神社でいちばん大きなお祭りで、沼津市の秋の風物詩です。神社前の山王通りは歩行者天国になり、通りから境内までズラリと露店が並びます。宮神輿渡御、稚児行列、太鼓演奏など多くの催しが開催され、夜までにぎわいます。

絶対行きたい
オススメ神社 2

暮らしと文化を守る火の神

火は恵みをもたらすと同時に火災も招きます。
火を司る火の神は人々から畏敬されている神様です。

浜松市

秋葉神社
【あきはじんじゃ】

火事を防ぐ火防の神として古くから信仰されてきました。徳川家康公が岡崎城から浜松城に移ったおり、秋葉山から勧請したのが始まり。新しい土地の繁栄や民衆の安全を祭神に託したのです。また、家康公はかつて敵対していた武田家家臣団に忠誠の証として起請文を書かせ、神社に奉納させました。いかに祭神の力を信頼していたかがわかります。以後、秋葉神社は浜松や三河の大名家から庶民まで広い信仰を集め、現在にいたっています。

主祭神
迦具土神《カグツチノカミ》

ほかにも縁結び、家内安全、子育てなどの御利益が……

武田軍を供養したとされる塚
1573(元亀3)年、武田信玄と徳川家康・織田信長連合軍が戦った三方ヶ原の戦いで武田軍は200人の死傷者を出したとされます。武田軍の犠牲者を供養したと伝えられている、直径約5m、高さ2.5mほどの山型の塚です。

神社が建立されたのは家康公の家臣、奥平信昌の屋敷内。信昌は長篠の戦いで活躍。家康公は長女の亀姫と結婚させています

みんなのクチコミ!!

木々の緑に社殿の朱色が映える、静寂に包まれた神社です。すがすがしい気分になります

墨書／奉拝、秋葉神社　印／モミジ紋、火の舞、濱松秋葉神社　●モミジは社紋で、徳川、武田、井伊の三家を表現。火の舞は火の神の斎火によりお祓いする姿を表しています

毎年1月28日に焼納祭が行われます。多くの人々がお札、お守り、しめ縄などを納めるために参拝し、火の神に感謝します

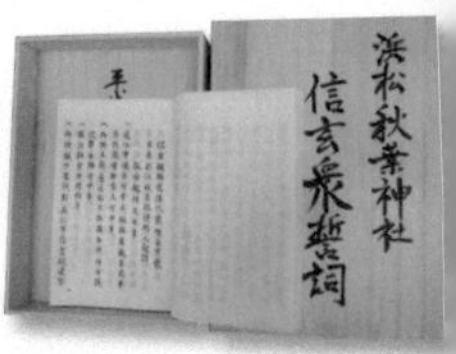

武田家滅亡後、家康公は800人を
える武田家家臣を迎え入れます。
田家家臣に書かせた起請文「信玄
誓詞」が復元されて再奉納されまし

DATA
秋葉神社
創建／1570(永禄13)年
本殿様式／権現造
住所／静岡県浜松市中区三組町39
電話／053-453-0843
交通／JR東海道本線「浜松駅」から車5分
参拝時間／自由
御朱印授与時間／9:00~16:00
URL https://hamamatsu-akiha.jp

神社の方からのメッセージ

当社は徳川家康公が浜松城の裏鬼門にあたる高台の地を神域とし、城下の守護として勧請した神社です。ご希望により起請文「信玄衆誓詞」や塚をご覧になれます(要予約)。

秋葉神社は井伊家と関係の深い神社。徳川家康公は家臣とした旧武田家家臣を井伊直政に与えます。武田軍は精鋭部隊の兜甲冑を赤で揃える「武田の赤備え」で有名でした。井伊直政はその赤備えを引き継ぎます。これが「井伊の赤備え」となり、敵に恐れられました。

海の守護神として知られる

岬の先は富士山を望むビュースポット！天然記念物の御神木に囲まれた聖域です。

沼津市

大瀬神社【おせじんじゃ】

駿河湾で漁をする漁民の守護神とされ、船を新造するときには必ず参拝して、海上の安全を祈願したと伝わる神社。また、弓の名手、源為朝が技の上達を祈願し、力を得たという伝承から、武術上達の神としても信仰されてきました。境内には海の近くなのに淡水が満ちる神池があります。神社の鎮座する大瀬崎《おせざき》は、天気がよい日には富士山を仰ぐ風光明媚な場所。そのことから、風雅を愛する文人が多く訪れ、そぞろ歩きを楽しんだそう。

主祭神
引手力命《ヒキタジカラノミコト》

ほかにも勝運、諸願成就などの御利益が……

みんなのクチコミ!!

海で働く人々が信仰する神社だけあって、社前に模造の小型船舶が奉納されています

海の近くながら真水の湧出する霊池

神池は最長部の直径が約100m。岬の先端にあるにもかかわらず淡水が湧いていますが、なぜかは不明。伊豆七不思議のひとつです。池にはフナやコイが群棲し、自動販売機で餌（100円）を購入して給餌することも可能。奉賛金100円。

墨書／延喜式内社、引手力命、奉拝、大瀬神社　印／大瀬神社　●流れるような筆致で祭神の名前や社名が書かれています。神職は常駐していませんが、受付で書き置きの御朱印が頂けます

大瀬岬一帯には天然記念物に指定されている130本ものビャクシンが群生。すべてが御神木です。最大のものは推定樹齢1500年以上、幹回り7mにもなります

鳥居をくぐると一本足の赤い鉄下駄が。天狗が履いているとのうわさも……

神社の神域に立つ「伊豆大瀬埼灯台」。駿河湾越しに富士山を望むビュースポットです

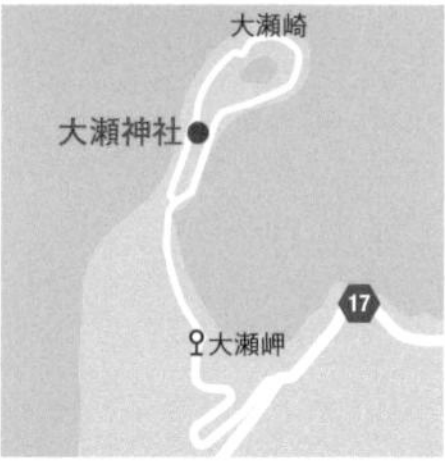

DATA
大瀬神社
創建／684（白鳳13）年
本殿様式／不詳
住所／静岡県沼津市西浦江梨大瀬
電話／055-942-2603
交通／東海バス「大瀬岬」から徒歩5分
参拝時間／自由
御朱印授与時間／要問い合わせ

神社の方からのメッセージ

当社は『延喜式神名帳』に書かれている「引手力命神社」にあたります。古来、力技射術など武術の霊験があるとされ、ひじを痛めた源為朝が祈願して傷を癒やし、以前に増して力を得たという言い伝えが残っています。

毎年4月4日に例祭「大瀬まつり」が斎行されます。長襦袢をまとい、顔を白塗りにした女装姿の青年たちが船に乗り、お囃子に合わせて「勇み踊り」を踊ることから「天下の奇祭」と称されています。大漁と航海の安全を祈願するにぎやかなお祭りです。

干ばつを大雨に変えた強力パワー！

雨乞いの御利益バツグンの古社。心も潤うように祈りをささげましょう。

浜松市

賀久留神社【かくるじんじゃ】

いつの頃からか神社に伝わる雨乞いの「竜の面」。この面を洗って祈ると「お面が荒れて大雨になる」と恐れられていました。ある年ひどい干ばつに見舞われ、一滴も雨が降らずとうとう村人たちはこの竜の面を用いて祈ることに。神官が賀久留川にお面を浸して祈ると、松の大木が下流まで押し流されてしまうほどの大雨が降ったとか。闇御津羽神と闇淤加美神はイザナミの剣から生まれた龍神です。雨にまつわるお願いはこちらで！

主祭神

闇御津羽神《クラミズハノカミ》

闇淤加美神《クラオカミノカミ》　氣長帶比賣命《オキナガタラシヒメノミコト》

誉田別命《ホムダワケノミコト》　玉依比賣命《タマヨリヒメノミコト》

ほかにも五穀豊穣、護身などの御利益が……

本殿裏手を横切る龍のような御神木

御神木としては樹齢800年といわれる「夫婦木楠」が有名ですが、実はもうひとつ御神木があります。それは本殿の裏手に伸びている木。龍が空を泳ぐような姿をしていて、まるで祭神が宿っているかのように思えてしまいます。

みんなのクチコミ!!

参拝では、本殿にある御神鏡に自分の姿が写るようにしてお参りするのがいいそうですよ！

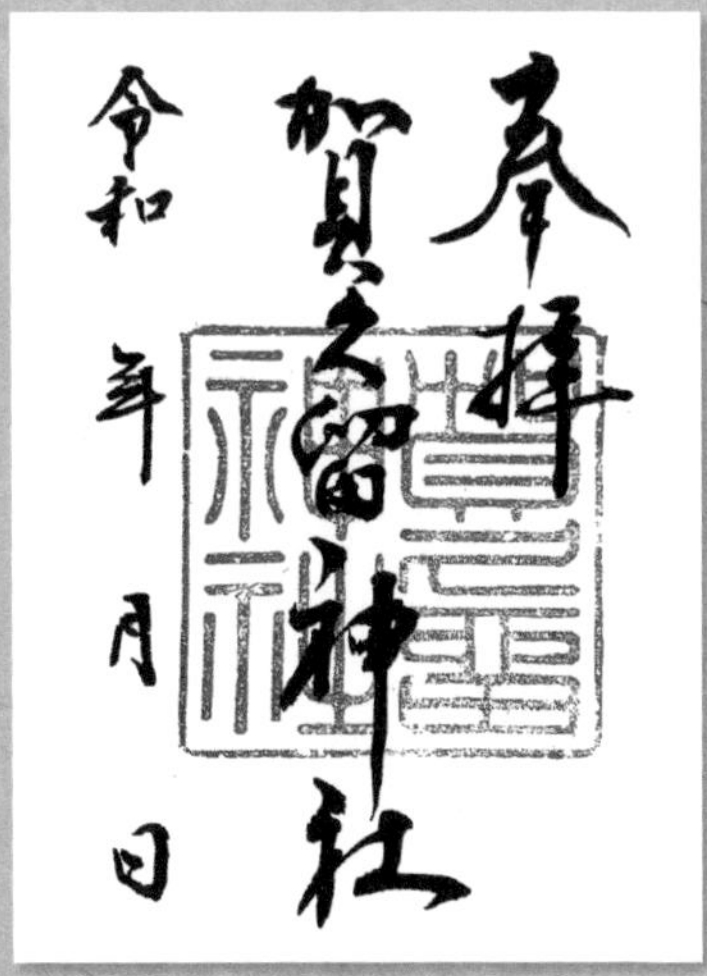

墨書／奉拝、賀久留神社　印／賀久留神社　●雨乞いの神社らしく、雨の日には早めに社務所が閉まってしまうこともあるそうです。御朱印を確実に頂くのであれば、晴天の日を狙って参拝しましょう

祭神の誉田別命は戦いの守護神。日清・日露戦争の頃には、弾除けの神様として崇敬され、戦地におもむく人々が守り札を求めてお参りに訪れました

授与品

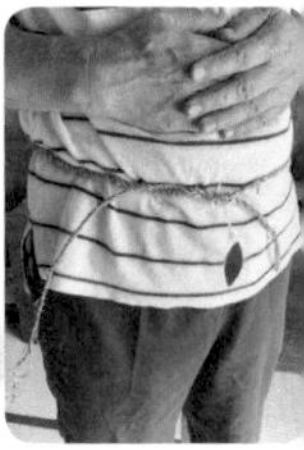

腰に巻き付けるタイプの「茅の輪」（1000円）は、社務所がすいているときにだけ授けていただける超レアな授与品です！

DATA

賀久留神社

創建／不詳　※約1200年前にあったと『三代実録』に記載あり

本殿様式／神明造

住所／静岡県浜松市西区神ケ谷町4279-1

電話番号／なし

交通／遠鉄バス「神ヶ谷西」から徒歩5分

参拝時間／9:00～17:00（雨天除く）

御朱印授与時間／9:00～17:00（雨天除く）

神社の方からのメッセージ

秋の例祭で斎行される、古式ゆかしい装束に身を包んだ100人の行列と3台の山車が練り歩く神事「神幸祭（しんこうさい）」は見応えがあります。室町時代から続くものです。舞や農事を占う儀式なども途中で行われます。

創建は平安時代とのことですが、日清戦争の際には、賀久留神社が鎮座する村の出征兵士からはひとりの戦死者もなかったと伝わり、時代に合わせてさまざまな御神威を発揮されているパワースポットです。心して参拝を！

水に関する一切を支配する

ひ照りには雨を降らし、豪雨なら降雨を鎮め、穏やかな天候をもたらしてくれる祭神です。

磐田市

貴船神社【きぶねじんじゃ】

日照りや長雨、暴風雨による被害を鎮め、農業、林業、漁業を営む人々を守るパワーの持ち主として、地域の人々からの信仰を集めています。また、天竜川河口掛塚港の総鎮守として川を行き来する廻船業者からも敬われてきました。境内は広々として明るく、社殿を囲んで古松が茂ります。境内社には、宗像三女神を祀って芸能上達の御神徳を授けてくださる厳島神社や、ダイコク様を祀る福神社、女性を保護する津島神社が鎮座します。

主祭神

高龗神《タカオカミノカミ》

ほかにも諸願成就、病気平癒、金運などの御利益が……

明治時代になり再建された本殿

石の鳥居をくぐると正面に拝殿が立ちます。記録には1576（天正4）年に社殿の再建を行ったとありますが、1883（明治16）年に火事で境内の樹木ともども焼失。本殿は1887（明治20）年、拝殿・幣殿は1897（明治30）年に再建されました。

みんなのクチコミ!!

狛犬がユニークです。向かい合って毛を逆立てている様子は猫のケンカを思わせます。構え獅子型というらしいです

墨書／奉拝、遠州掛塚、貴船神社　印／貴船神社
●遠州とは大井川以西の地域を指します。貴船神社は天龍川左岸河口周辺の鎮守です。古くは「貴布祢神社」とも書き、明治になり貴船の字に定められました

授与所では金運アップのお守りをはじめ、合格祈願や健康祈願などの各種お守りを頒布しています。自分の悩みや祈願したい内容に合わせてお守りを選びましょう

お守り

諸願成就を祈願した「御守」（各500円）はきれいな織りが目を引きます。天災や災害、厄難から身を守るパワーが込められているため、いつも身に付けてパワーを頂いて

DATA

貴船神社

創建／不詳 ※1469～1487年（文明年間）以前
本殿様式／神明造
住所／静岡県磐田市掛塚926-1
電話／0538-66-2772
交通／遠鉄バス「掛塚」から徒歩2分
参拝時間／6:00～18:00
御朱印授与時間／8:00～18:00

神社の方からのメッセージ

当社は1648（慶安元）年、3代将軍徳川家光公より朱印地8万石の寄進がありました。明治になり、数度の火災に遭いましたが、1904（明治37）年から復興を始め樹木を植え、それが繁茂し現在にいたっています。

毎年10月第3土・日曜には「掛塚まつり」と呼ばれる貴船神社例祭を斎行。例祭では金箔や漆を塗り、周囲を彫刻で飾った豪華な屋台が曳き回されます。また、お囃子は静岡県無形民俗文化財に指定されています。御神輿の渡御、女児によるお神楽奉納もあります。

火災を防ぐ鎮火祭で有名

島田市

巖室神社
【いわむろじんじゃ】

安産の女神を祀り、「姫宮さん」とも呼ばれています。毎年10月28日の夜に行われる鎮火祭は江戸時代中期から続く祭事。金谷宿《かなやしゅく》(現在の島田市)で大火が相次ぎ、火の神の怒りを鎮めようと行ったのが最初とされます。現在も神官が太刀で焚火を切るなど、古式に則った神事が行われています。

鎮火祭は境内の庭場に祭場を設け、野菜を備えます。神官が焚火を切り、水をかけ、火を鎮める神事が行われます。市の無形文化財です

諸願成就の「御守」や「交通安全御守護」などの授与品を頂けます

主祭神

瓊瓊杵尊《ニニギノミコト》

木花開耶姫命《コノハナサクヤヒメノミコト》　金山彦命《カナヤマヒコノミコト》

ほかにも商売繁盛、金運などの御利益が……

みんなのクチコミ!!

例大祭は10月9日に近い土・日曜に斎行されます。お神楽の奉納や神輿渡御があります

墨書／奉拝、巖室神社　印／巖室神社神璽　●御朱印は境内裏手にある宮司の自宅で頂きます。不在の場合もあるため、確実に頂きたいときは事前に電話で連絡をしましょう

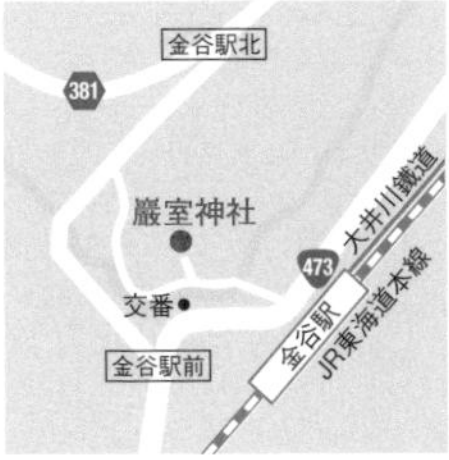

DATA
巖室神社
創建／1199～1201年(正治年間)頃
本殿様式／不詳
住所／静岡県島田市金谷新町1-1
電話／0547-45-5422
交通／JR東海道本線・大井川鐵道「金谷駅」から徒歩3分
参拝時間／自由
御朱印授与時間／要問い合わせ

魚も幸せも大漁祈願!

沼津市

住吉神社
【すみよしじんじゃ】

海の神様を祀り、大漁祈願や海上安全の御神徳と「江浦の水祝儀」で知られています。水祝儀は1月2日夜、前年までに結婚した花婿と添婿《そえむこ》(付き添いや後見人のこと)に大量の水を浴びせて祝儀とする神事です。参拝すれば、釣りの大漁はもちろん、幸せの大漁も期待できそう!

西郷隆盛を叔父にもつ、西郷従徳(従二位侯爵・当時)の筆が見事な石碑です。神社の鎮座地は、かつて「江の浦ドック」と呼ばれた軍港があった場所。1930(昭和5)年に、この港から貞明皇后が戦艦陸奥に乗御された際、母君とともに昭和天皇がお立ち寄りになったことを記念した碑です

主祭神

表筒男之命《ウワツツノオノミコト》

中筒男之命《ナカツツノオノミコト》　底筒男之命《ソコツツノオノミコト》

ほかにも航海安全、家内安全などの御利益が……

みんなのクチコミ!!

海で禊をしてから、寺社や網元などをふんどし姿で巡拝する初詣の「裸まいり」が有名です

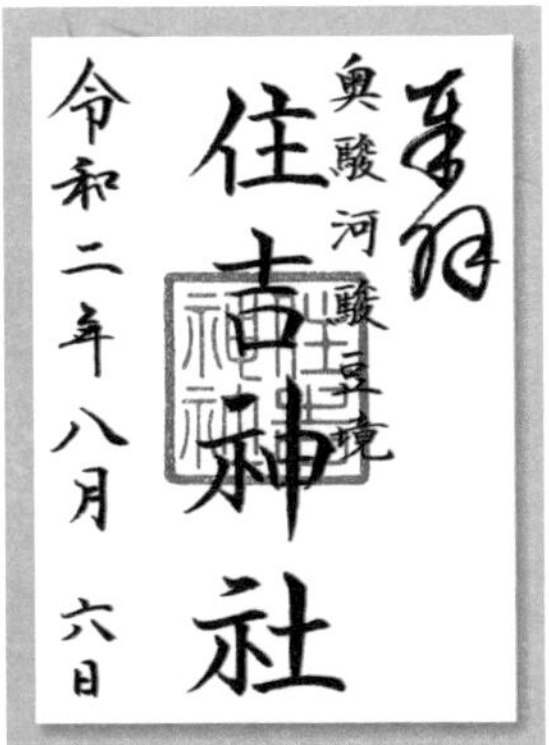

墨書／奉拝、奥駿河駿豆境、住吉神社　印／住吉神社　●駿豆(すんず)とは駿河国と伊豆国のこと。神社の前に広がる江浦湾は駿豆の境に位置し、マリーナや漁港があります

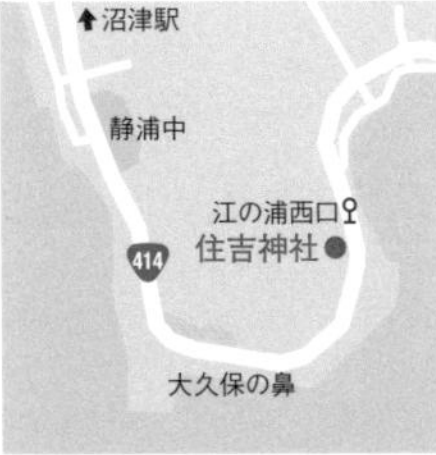

DATA
住吉神社
創建／1704(宝永元)年
本殿様式／流造
住所／静岡県沼津市江浦10
電話／055-939-0371
交通／東海バス・伊豆箱根バス「江の浦西口」から徒歩1分
参拝時間／自由
御朱印授与時間／9:00～17:00(不在の場合あり、要連絡)

海の安全を守り大漁をもたらす

古くから航海の難所と恐れられた場所を守護。釣り好きは釣果アップをお願いして。

御前崎市

駒形神社

【こまがたじんじゃ】

静岡県最南端にあたる遠州灘の東端の岬に鎮座する神社。祭神はウミガメに乗って海から上陸されたと伝わります。ウミガメはよい漁場へ導くお使いとして大切にされています。太古から、御前崎の前に広がる海は航海の難所とされてきました。そこで漁師たちは漁の安全と大漁をかなえてくれる神として信仰を寄せてきました。海釣りが盛んなエリアですので、釣りの前に大漁祈願で参拝すると力強い御利益を頂けそうです。

主祭神

天津日高彦穂々出見命《アマツヒダカヒコホホデミノミコト》

豊玉毘売命《トヨタマヒメミコト》　玉依毘売命《タマヨリヒメミコト》

ほかにも旅行安全、交通安全などの御利益が……

約130年前に奉納された「千羽の鶴」

拝殿に掲げられている絵画は、1880（明治13）年に奉納され、2019年に修復作業が行われた「千羽の鶴」。縦1.25m、横3.25mの大作で、鶴の群れが水辺で羽を休める光景が描かれています。市指定有形文化財で、拝観は事前許可が必要。

境内の史料館に展示されている小早船の5分の1の模型。史料館は入館無料

伊勢神宮を拝む遥拝所。立派な2本の柱は伊勢神宮から移された向拝柱の残材です

みんなのクチコミ!!

2月3日に近い日曜には節分星祭があります。演武の奉納や福豆・餅まき、福引などが催されます

お守り

「交通安全御守」（500円）。事故から身を守る守護を得られます

墨書／奉拝、駒形神社　印／駒形神社神璽、祭神とカメ、御前崎駒形山、駒形神社　●荒波を泳ぐカメの上に祭神が乗っている、神社の由緒を表す版画が見応えのある御朱印です。白羽神社（→P.76）で頂けます。不在時は書き置き

DATA

駒形神社

創建／834（承和元）年
本殿様式／入母屋造
住所／静岡県御前崎市御前崎937-1
電話／0548-63-4123
交通／静鉄バス「港入口」「御前崎海洋センター」から徒歩10分
参拝時間／自由
御朱印授与時間／8:30～17:00
（白羽神社→P.76にて授与）

神社の方からのメッセージ

当社は久能山～富士山～日光を結ぶ徳川家康公ゆかりのレイラインの出発地に当たります。神社の向拝柱が異様に太いのは、前回遷宮で古材となった伊勢の神宮内宮第一別宮荒祭宮の旧棟持柱を頂戴したためです。

10月17日に近い日曜に地域の発展や大漁・海上の安全を祈願する秋祭りを斎行。前日から町内6地区の屋台が曳き回されます。1歳前後の子供の健やかな成長・健康長寿を願う神ころがし神事も行われます。子供が泣くほどよいとされるほほ笑ましい行事です。

ペットと一緒に参拝して健康祈願!

境内から遠く海を望む伊豆高原にある神社です。ペット用の水場やお守りがあると密かな人気。

伊東市

神祇大社【じんぎたいしゃ】

ペットと一緒に参拝できる愛犬家にうれしい神社。手水舎横にはペット用の水場が用意されているほか、授与所ではペットのお守りや絵馬を頒布しています。社名の「神祇」は天照大神をはじめとする天の神と地の神を意味し、神社の祭神は八百萬神。つまり、天と地のあらゆる神様がお祀りされているということです。ですから、さまざまなお願いを聞いていただけそうです。境内にはソメイヨシノ、枝垂れ桜が多く植えられています。

春は枝垂れ桜を眺めながら参拝を

神社は伊豆ぐらんぱる公園の向かい側、国道135号沿いに鎮座。国道沿いは枝垂れ桜の並木で、3月下旬から開花が始まります。ほかにも、春はソメイヨシノや八重桜、冬は甘い香りのにおい桜が楽しめます。

主祭神

天神《アマツカミ》　天津神《アマツカミ》

国津神《クニツカミ》　八百萬神《ヤオヨロヅノカミ》

ほかにも金運、縁結び、学業成就などの御利益が……

みんなのクチコミ!!

神社の前は伊豆ぐらんぱる公園。犬も入れるレストランがあるなど、愛犬と一緒に楽しめるため参拝のあとに立ち寄って

墨書／奉拝、神祇大社　印／神祇、八雲の印、神祇大社埜印　●八雲は神聖な雲のこと。印は風水で運気が上がるとされる八角形です

お守り

「ペット用お守り」(500円)は、ペットの交通安全、健康守護の祈願がされています。首輪や散歩用リードに付けられるようになっています。愛犬はもちろん、愛猫にも!

絵馬

ワンちゃん用の絵馬(500円)。常備されているマジックで愛犬の顔を描いて奉納します。絵馬掛けには飼い主の願いが込められた、個性的な顔の絵馬がたくさん! 絵馬を頂くと神楽鈴で愛犬のお祓いをしていただけます

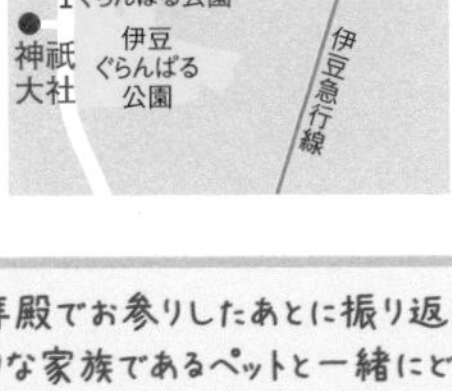

DATA

神祇大社

創建／不詳
本殿様式／高床神明造
住所／静岡県伊東市富戸1088-8
電話／0557-51-5151
交通／東海バス「ぐらんぱる公園」から徒歩2分
参拝時間／9:00～16:00
御朱印授与時間／9:00～16:00

神社の方からのメッセージ

八百万の神々をお祀りしている神社です。拝殿でお参りしたあとに振り返ると、伊豆の海が一望できます。境内にはゆっくり散歩できる小路もありますので、大切な家族であるペットと一緒にどうぞお参りください。

境内のいたるところに祈念された「縁起石」があります。石には象形文字をモチーフにした文字が刻まれていて、その数なんと約60。それぞれの石を踏むと御利益があるといわれています。すべての石を踏めば御利益が倍増しそう。愛犬と一緒にチャレンジしてみて。

悪癖を断ち、道を開く

祭神は剣の神様とされ、地震を起こすオオナマズを石で封じたという強力なパワーをもっています。

浜松市

曽許乃御立神社【そこのみたちじんじゃ】

剣から流れた血から生まれたという祭神は雷を司り、地震を封じるというパワフルな神様です。剣の神、戦いの神として武運を願う武士からも信仰されてきました。また、厄難を断つ力、災難を乗り切る力を与え、進むべき道を開く〝災除道開〟の神ともいわれています。そんな祭神が自ら、「この地に神社を建てよ」と指示、それが「そこみのみたち」という社名になったといわれます。祭神が立ったという境内一帯は緑豊かで聖地のパワーがあふれているようです。

こんこんと水が湧く御手洗池

祭神が「この地に」と告げたきっかけになったと伝わるのがコイの泳ぐ御手洗池です。コイは年月を経て天に昇るとされていることから、池のほとりに置かれた「こいねがい札」（1枚300円）に願いを書いて池に浮かべると、願いがかなうそうです。

主祭神
武甕槌命《タケミカヅチノミコト》

ほかにも厄除け、諸願成就、立身出世などの御利益が……

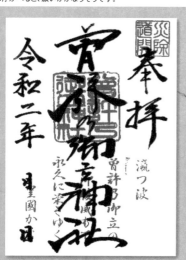

墨書／奉拝、曽許乃御立神社　印／災除道開、曽許乃御立神社、瀛つ波 曽許乃御立の 御神威もて 永久に栄ゆく皇國かな　●この地を治めた堀江城第20代城主・大沢基寿の祭神をたたえる短歌が書かれています

「神遣布（やらいぎれ）」（500円）。雷の絵の下に辞めたいこと（なまけ癖など）や縁を切りたいことを書いて、神前でふたつに裂き、一方を神社に一方を自分が持ち、祭神のパワーを頂きます

みんなのクチコミ!!

師走大祓式は誰でも参列できます。元日には社務所前で甘酒やお菓子が振る舞われるほか、力餅の授与もあります

授与品

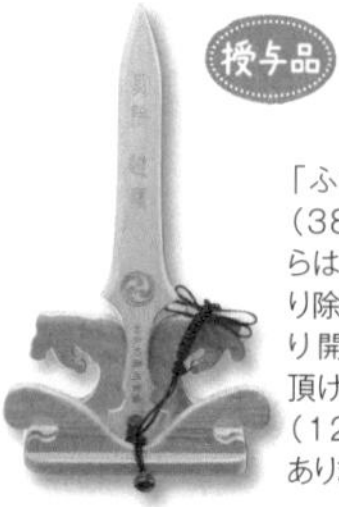

「ふつみたま」（3800円）からは、災いを切り除け、道を切り開く加護を頂けます。台座（1200円）もあります

お守り

「御太刀守」（500円）は、神札を入れる代わりに刀身を依り代としたもの。お守りのように携帯しましょう

DATA

曽許乃御立神社

創建／767（神護慶雲元）年
本殿様式／不詳
住所／静岡県浜松市西区呉松町3586
電話／053-525-6585
交通／遠鉄バス「鳥居先」から徒歩6分
参拝時間／自由
御朱印授与時間／要問い合わせ
公式Instagram：sokonomitachijinjya

神社の方からのメッセージ

浜名湖東岸に立ち、地元では「お鹿島様」と呼ばれて親しまれています。常陸国の鹿島神宮の大神様が大和国の三笠山に向かわれる途中、当地で休息されたのが神社の始まりとされています。

毎年9月最終土・日曜に例大祭が行われます。祭事では、女児による御神楽が奉納されたあと、本殿に祀られている御船が氏子によって担がれ、100mほど離れた御旅所まで渡御します。参拝者は千石船を模した御船にお賽銭を投げ入れ、神に感謝し、祈願します。

豊漁をもたらす漁業の守護神

御浜岬に鎮座。古来、沖を航行する船は航海の安全と大漁を祈願したといいます。

沼津市

諸口神社

【もろぐちじんじゃ】

戸田港から伸びる御浜岬《みはまみさき》の先端に位置します。創建年代は不詳ですが、10世紀に書かれた『延喜式』にその名が残されています。創建当時より、漁業関係者から豊漁をもたらす女神として信仰されてきました。今でも4月の大祭では港内の漁船は大漁旗を掲げ、お祭りを祝います。祭神は日本武尊の妃で、嵐から夫を守った夫婦愛で知られる女神です。そこで最近では、縁結びや夫婦円満を祈願する女子の参拝も増えています。

主祭神

弟橘姫命《オトタチバナヒメノミコト》

ほかにも財福、技芸上達、縁結びなどの御利益が……

みんなのクチコミ!!

神社周辺は国の天然記念物イヌマキの群生地です。静岡県の森100選のひとつにもなっています

富士山と鳥居のすばらしい景色

戸田港からは岬の先端に立つ赤い鳥居と、漁船、そして海の向こうに富士山が見え、戸田のビュースポットとしても有名です。また、富士山と海、両方のパワーを頂けるパワースポットとしても、ここ数年注目を集めています。

限定御朱印はP.17で紹介!

墨書／式内諸口神社　印／奉拝、直、諸口神社御璽、丸に左三つ巴紋　●駿河湾と御浜岬の先端に立つ鳥居、富士山の背景デザインは戸田港からの風景をイメージしています。神璽は古くから神札に用いてきたもの。書き置き

海に向かって鳥居が立ち、参道が続きます。境内は松がうっそうと茂ります。社殿は1953（昭和28）年の再建です

御朱印は拝殿内に書き置きで用意されています

駿河湾に向かって立つ鳥居。社殿の背後から海に続く道があります

DATA

諸口神社

創建／不詳 ※927（延長5）年の『延喜式神名帳』に記載あり
本殿様式／流造
住所／静岡県沼津市戸田2710
電話／090-1781-1737（宮司携帯電話）
交通／伊豆箱根鉄道駿豆線「修善寺駅」から車40分
参拝時間／自由
御朱印授与時間／書き置き対応

神社の方からのメッセージ

毎年4月4日に海上安全・大漁を祈願する例大祭を行っています。この日は海から参拝できるように戸田港から鳥居前の船着場まで渡し船が往復します。奉納余興ではプロの歌手が出演し、大変なにぎわいとなります。

神社のそばに造船郷土資料博物館があります。館内では日本初の本格的様式帆船「ヘダ号」の資料や船を展示しています。また、駿河湾深海生物館を併設。タカアシガニの標本など戸田地区で水揚げされる深海生物を中心に展示。希少なオロシザメのはく製もあります。

読者の皆さんからのクチコミを一挙公開！

御朱印＆神社 Information

『地球の歩き方 御朱印シリーズ』の編集部には読者の皆さんから、
神社の御朱印や御利益について、さまざまなクチコミが寄せられています。
本書掲載の神社のリアルな情報をご紹介します。

本書掲載神社のクチコミ！

富士山本宮浅間神社【ふじさんほんぐうせんげんたいしゃ】

浅間神社めぐりで富士山の周りをドライブしていたとき、いきなり会社から電話が。苦手だった上司が異動になり、私も希望の部署に配属になったとのうれしい連絡でした。

30代・女性

春の桜の季節には、富士山と桜と神社がコラボした風景が最高に美しいです。参拝客が無料で見られる雅楽や狂言などの催しもあります。

30代・女性

神社の詳細は▶P.46

伊豆山神社【いずさんじんじゃ】

赤と白の龍が描かれた「強運」守りを持つようになってからいいこと続きだったので、毎年必ず頂いています。

50代・女性

神社の詳細は▶P.55

三嶋大社【みしまたいしゃ】

境内がいつも明るい雰囲気で、訪れると元気がでます。商売繁盛を祈願したあと、名物のウナギを頂くのが定番コースです。

30代・女性

神社の詳細は▶P.56

大頭龍神社【だいとうりゅうじんじゃ】

最初に朱塗りの鳥居を抜け小高い丘に鎮座する社殿まで坂を上ります。そして社殿の前には青銅の鳥居が！ 鳥居をくぐるごとに神様に近づく感じがします。

50代・女性

神社の詳細は▶P.114

北口本宮冨士浅間神社【きたぐちほんぐうふじせんげんじんじゃ】

背の高い巨木に囲まれ空気が澄んでいます。とても神秘的な雰囲気で、お参りするたびに心身が浄化される感じがします。

30代・女性

神社の詳細は▶P.51

富知六所浅間神社【ふじろくしょせんげんじんじゃ】

季節を感じられる月替わりの御朱印がカラフルでかわいい！ 境内にある御神木のオオクスからはかなりのパワーを感じます。

40代・女性

神社の詳細は▶P.110

來宮神社【きのみやじんじゃ】

シンボルのオオクスが有名ですが、社殿横にいらっしゃる弁財天様も忘れずにお参りしてください。金運アップの御利益がすごいそうです。

30代・女性

神社の詳細は▶P.54

蒲神明宮【かばしんめいぐう】

緑に覆われたとても落ち着く神社です。境内がきれいに清掃されていて、とても気持ちがいいです。池で優雅に泳ぐ鯉の姿にも癒やされます。

40代・女性

神社の詳細は▶P.72

蜂前神社【はちさきじんじゃ】

「井伊の赤備え」を思わせる真っ赤な紙に井伊直虎の花押が押される御朱印がとてもすてきです。同じく花押が刺繍された御朱印帳もカッコイイですよ。

20代・女性

神社の詳細は▶P.64

翁稲荷社【おきないなりしゃ】

神職の方によって授与される御朱印の内容が異なります。「東海唯一の方位の神さま」と書いていただきたい場合は、女性宮司さんにお願いしましょう。

30代・男性

神社の詳細は▶P.61

初生衣神社【うぶぎぬじんじゃ】

オリジナルのお守りがたくさんあります。梅雨から夏の時期は境内に蚊が大量発生するので、虫除けスプレーをしてからお参りすると安心です。

30代・女性

神社の詳細は▶P.66

諸口神社【もろぐちじんじゃ】

エメラルドグリーンに輝く海沿いに鳥居が立っています。遠くには富士山も見えて、ロケーション抜群です！

20代・女性

神社の詳細は▶P.139

日にちを狙って参拝したい！

お祭り期間のみ頂ける御朱印

御朱印が頂けるのは祭事がある日だけです。“頂けたらラッキー”と思って参拝を。

浜松市

赤大蛇の宝珠が自動車を守護

有《あり》玉《たま》神《じん》社《じゃ》

自動車の……ことにあやかり、自動車関係者の崇敬を集めているのがこちら。伝承では坂上田村麻呂と子をなしたという赤大蛇の「宝球」を祀ったのが神社の始まりです。浜松はホンダ、スズキ、ヤマハの創業地。そんな浜松に鎮座する神社だけに、自動車関連の御神徳は期待大！

こちらの狛犬は不思議なことに2体とも大きく「あ」の口をしています

社務所が開かれるのは祭事日のみ。10月の例大祭で行われる流鏑馬は、江戸時代に浜松城主が毎年見物に来たという歴史あるものです

墨書／奉拝、有玉神社　印／有玉神社、神璽、宮司之印　●御朱印の授与は祭事日だけですが、神職さんはご多忙です。頂けるのは「超幸運」くらいの覚悟で参拝をしましょう

DATA

有玉神社

創建／1907（明治40）年
本殿様式／八幡造
住所／静岡県浜松市有玉南町1916
電話／053-433-4239
交通／遠鉄バス「有玉神社」からすぐ
参拝時間／自由
御朱印授与時間／祭事日のみ
URL https://ayucalifornia.wixsite.com/aritama

主祭神／
天照意保比留賣貴命《アマテラスイホヒルメキノミコト》
天手力男命《アマトタチカラヲノミコト》
萬幡豊秋津姫命《ヨロズハタトヨアキツヒメノミコト》
譽田別命《ホムダワケノミコト》
息長足姫命《イキナガタルヒメノミコト》　など23柱
御利益／商売繁盛、学業成就など

お寺
シリー

御朱印でめぐる
関東の百寺
〈坂東三十三観音と古寺〉
定価1650円(税込)

御朱印でめぐる
秩父の寺社
〈三十四観音完全掲載〉改訂版
定価1650円(税込)

御朱印でめぐる
高野山
改訂版
定価1650円(税込)

御朱印でめぐる
東京のお寺
定価1650円(税込)

御朱印でめぐる
奈良の古寺
改訂版
定価1650円(税込)

御朱印でめぐる
京都のお寺
改訂版
定価1650円(税込)

御朱印でめぐる
鎌倉のお寺
〈三十三観音完全掲載〉三訂版
定価1650円(税込)

御朱印でめぐる
全国のお寺
週末開運さんぽ
定価1540円(税込)

御朱印でめぐる
茨城のお寺
定価1650円(税込)

御朱印でめぐる
東海のお寺
定価1650円(税込)

御朱印でめぐる
千葉のお寺
定価1650円(税込)

御朱印でめぐる
埼玉のお寺
定価1650円(税込)

御朱印でめぐる
神奈川のお寺
定価1650円(税込)

御朱印でめぐる
関西の百寺
〈西国三十三所と古寺〉
定価1650円(税込)

テーマシリーズ

寺社の凄い御朱印を
集めた本から鉄道や船の印を
まとめた1冊まで
幅広いラインアップ

関東版ねこの御朱印&
お守りめぐり
週末開運にゃんさんぽ
定価1760円(税込)

日本全国ねこの御朱印&
お守りめぐり
週末開運にゃんさんぽ
定価1760円(税込)

御朱印でめぐる
東京の七福神
定価1540円(税込)

日本全国
この御朱印が凄い!
第弐集 都道府県網羅版
定価1650円(税込)

日本全国
この御朱印が凄い!
第壱集 増補改訂版
定価1650円(税込)

一生に一度は参りたい!
御朱印でめぐる
全国の絶景寺社図鑑
定価2497円(税込)

日本全国
日本酒でめぐる酒蔵
&ちょこっと御朱印〈西日本編〉
定価1760円(税込)

日本全国
日本酒でめぐる酒蔵
&ちょこっと御朱印〈東日本編〉
定価1760円(税込)

鉄印帳でめぐる
全国の魅力的な鉄道40
定価1650円(税込)

御船印でめぐる
全国の魅力的な船旅
定価1650円(税込)

沿線シリーズ

人気の沿線の
魅力的な寺社を紹介。
エリアやテーマ別の
おすすめプランなど
内容充実

御朱印でめぐる
東急線沿線の寺社
週末開運さんぽ
定価1540円(税込)

御朱印でめぐる
中央線沿線の寺社
週末開運さんぽ
定価1540円(税込)

聖地シリーズ

山・森・水・町・島の
聖地として
お寺と神社を紹介

御朱印でめぐる
全国の聖地
週末開運さんぽ
定価1430円(税込)

御朱印でめぐる
関東の聖地
週末開運さんぽ
定価1430円(税込)

www.arukikata.co.jp/goshuin/ 検索

編集後記　私の凄い御利益神社はココ！

満開の桜の季節に富士山本宮浅間大社（→P.46）を訪れ、あまりの美しさと心地よさで夜のライトアップまで終日滞在しました。全国さまざまな神社をめぐりましたが、富士山周辺の神社には特にパワーとご縁を感じます。（制作I）

石室神社（→P.90）はロケーションが最高！　石廊崎の断崖と大海原の絶景にパワーを頂きました！　服織田神社（→P.79）や伊那下神社（→P.108）、伊勢神明社（→P.111）は御神木がすてきで癒やされます。（ライターA）

妊娠中に訪れた來宮神社（→P.54）です。境内に入るとそれまで降っていた雨がピタリと止み、不思議なご縁を感じながらお参り。生命力みなぎる樹齢2100年超えのオオクスからもパワーを頂き、無事に元気な子供を出産しました。（編集N）

分器稲荷神社（→P.105）で書き置きの御朱印を頂いたあと、隣の市へ移動。ふと何か嫌な予感がし、頂いた御朱印を確認。しかし、どこを探してもない！　すぐに戻り再度御朱印を頂き安心。強いご縁を感じました。（編集S）

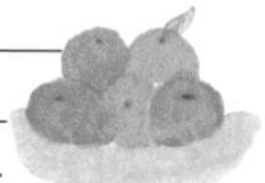

地球の歩き方　御朱印シリーズ 35

御朱印でめぐる静岡 富士 伊豆の神社　週末開運さんぽ　改訂版
2023年10月17日　初版第1刷発行

著作編集 ● 地球の歩き方編集室

発行人 ● 新井邦弘
編集人 ● 宮田 崇
発行所 ● 株式会社地球の歩き方
〒 141-8425　東京都品川区西五反田 2-11-8

発売元 ● 株式会社Gakken
〒 141-8416　東京都品川区西五反田 2-11-8

印刷製本 ● 開成堂印刷株式会社

企画・編集 ● 株式会社カピケーラ（佐藤恵美子・野副美子）
執筆 ● 株式会社カピケーラ、小川美千子、川口裕子、杏編集工房（中島彰子）
デザイン ● 又吉るみ子〔MEGA STUDIO〕
イラスト ● ANNA、湯浅祐子〔株式会社ワンダーランド〕、みよこみよこ
マップ制作 ● 齋藤直己〔アルテコ〕
撮影 ● 村岡栄治
写真 ● PIXTA
校正 ● ひらたちやこ
監修 ● 株式会社ワンダーランド
編集・制作担当 ● 松崎恵子

感想を教えてください！

読者プレゼント

ウェブアンケートにお答えいただいた方のなかから抽選で毎月3名の方にすてきな商品をプレゼントします！
詳しくは下記の二次元コード、またはウェブサイトをチェック。

https://www.arukikata.co.jp/guidebook/enq/goshuin01

●この本に関する各種お問い合わせ先
・本の内容については、下記サイトのお問い合わせフォームよりお願いします。
　URL ▶ https://www.arukikata.co.jp/guidebook/contact.html
・在庫については　Tel ▶ 03-6431-1250（販売部）
・不良品（落丁、乱丁）については　Tel ▶ 0570-000577
　学研業務センター　〒 354-0045　埼玉県入間郡三芳町上富 279-1
・上記以外のお問い合わせは　Tel ▶ 0570-056-710（学研グループ総合案内）

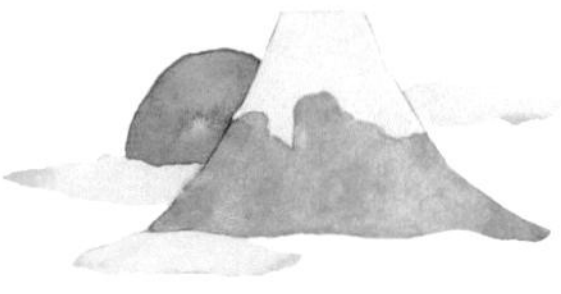

学研グループの書籍・雑誌についての新刊情報・詳細情報は、下記をご覧ください。
学研出版サイト　https://hon.gakken.jp/
地球の歩き方　御朱印シリーズ　https://www.arukikata.co.jp/goshuin/